The Soul of Humanities in Golf

영혼이 있는 골프 인문학

돌빛골사 이석광
경영학 박사 황복주

유원북스

국립중앙도서관 출판예정도서목록(CIP)

(영혼이 있는) 골프 인문학 / 저자: 이석광, 황복주. -- 서울 : 유원북스, 2015
p. ; cm

ISBN 978-89-97926-45-9 03190 : ₩13000

골프[golf]

695.8-KDC6
796.352-DDC23 CIP2015023457

성공한 사람이 행복한 것이 아니라 행복한 사람이 성공한 것이다.

PROLOGUE

"가장 현명한 자는 배우는 사람이고
가장 행복한 자는 감사하는 사람이다."

배우지 아니하고서도 현명할까요?

공자님도 불치하문不恥下問－모르는 것이 있으면 아래 사람에게 묻는 것을 결코 부끄럽게 여기지 않는 것－이라고 하셨습니다. 지식은 독서나 경험, 타인의 힘 등 외부의 도움으로 가질 수 있지만 그런 지식만으로 현명할 수 있을까요?

지식이 많으면 박식할 수는 있지만, 현명해지기 위해서는 소위 지혜로워지기 위해서는 가장 중요한 것이 경청傾聽입니다. 잘 듣는 것이지요. 예, 잘 들으면 잘 배울 것이고 그래서 더욱 더 현명해질 겁니다.

직위나 계급이 높다고, 나이가 많다고, 아는 게 많다고 상대가 하는 말을 경청하지 않고 상대방의 말을 자르고, 간섭하고 무시한 적은 없는지요? 그가 하는 말은 그에게는 중요한 것입니다. 경청하면 그는 자존감을 느끼지 않을까요? 현명한 자는 상대방의 말을 귀담아 듣고 그의 입장에서 이해하고 배우려는 사람입니다.

행복한 사람은 감사하는 사람입니다. 아침에 일어나면 아직 죽지 않고 살아 있음에 감사하고, 저녁잠 들 때까지 감사할 일이 이루 헤아릴 수 없이 무궁무진하지 않나요? 특히 골프칠 때는 더 감사하고 그리고 더 행복합니다.

이 글을 쓰고 있는 순간도 행복합니다. 그동안 쓰고 싶었던 골프 책을 완성했기 때문입니다. 이 책을 쓰게 해 주신 모든 분들에게 감사합니다.

골프를 어렵게 체득하는 모든 골퍼들에게 조그마한 도움이라도 줘야겠다는 마음과 제가 가진 지금까지의 경험과 골프에 대한 지식을 공유해야겠다는 일종의 도덕적 양심의 발로에서 책을 만들게 되었습니다. 이 책으로 골프하시는 분들이 즐겁고 행복한 골프를 하시는 데 조금이나마 팁이 되기를 바라고, 골프를 통해 내적 성장과 행복한 인생의 길라잡이가 되기를 기원합니다.

쓰는 자의 노고가 보는 자의 기쁨이 되기를 소망합니다.

배우려는 마음, 감사한 마음이 우리의 삶을 가장 현명하고 가장 행복한 길로 인도하리라 믿습니다. 이 책이 여러분의 즐거운 골프와 행복한 삶에 조금이나마 위안과 도움이 되시기를 기대합니다.

저자 일동

목 차

뭐하나? 모두 내려놓으면 되는 것을…

어떤 분이 영적靈的으로 뛰어나다는 어느 절의 스님을 찾아가 묻습니다.

"스님, 저는 얼마나 힘든 삶을 살고 있는지 모릅니다. 삶 속에서 이루어지는 스트레스로 인해 너무나도 불행합니다. 제발 저에게 행복해지는 비결을 가르쳐 주십시오."

이 말을 들은 스님께서는 "제가 지금 정원을 가꾸어야 하거든요. 그동안에 저 가방 좀 가지고 있어 주세요."라고 부탁을 합니다. 가방 안에는 무엇이 들었는지는 모르겠지만 그렇게 무겁지는 않았지요.

그는 스님께서 행복의 비결을 말씀해주지 않고 가방을 가지고 있어 달라는 부탁에 당황하기는 했지만, 정원 가꾸는 일이 급해서일 것이라는 생각에 가만히 가방을 들고 있었습니다. 별로 무겁지 않다고 생각했던 가방이었지요. 그런데 시간이 지나면서 점점 무겁다는 생각이 드는 겁니다. 30분쯤 지나자 점점 어깨가 쑤셔옵니다. 하지만 스님은 도대체 일을 마칠 생각을 하지 않았습니다.

참다못한 이 분께서는 스님에게 물었습니다.

"스님, 이 가방 언제까지 들고 있어야 합니까?"

이 말에 스님께서는 한심하다는 표정을 지으면서 이렇게 말씀

하십니다. “아니, 무거우면 내려놓지 뭐하러 지금까지 들고 계십니까?” 바로 이 순간 그는 커다란 깨달음을 얻었다고 합니다.

행복하기 위해서는 바로 자신이 들고 있는 것을 내려놓으면 되는 것이었습니다. 내려놓으면 편안해지고 자유로워지는데... 그 무거운 것들을 꼭 움켜잡고 가지고 있으려고 해서 힘들고 어려웠던 것이지요.

우리는 어떤가요? 혹시 내려놓지 못하는 것들이 너무나 많은 것은 아닌지요?

모두 내려놓으세요!!!

골프에서
우리가 알아야 할 것은
동반자보다 뛰어나게 더 잘 치는 것보다
동반자와 함께 즐거워야 한다는 것이다.

"그대, 골프 왜 하는가?"

"골프! 왜 하세요?"

마치 인생 왜 사느냐고 묻는 것과 같네요.

"그런데 인생 왜 사세요?"

어느 시인은 이렇게 대답했다고 합니다.

왜 사냐고 묻거든… "그냥 웃지요!"

"행복하기 위해서…" 아닌가요?

폼 잡으려고

건강을 위해서

인간적 유대를 위해서

사업상 어쩔 수 없어서

그냥 골프가 좋아서…

이유는 많은데 이 모든 것의 근본 이유는 내가 행복하기 위해서입니다. 행복하려면, 가장 우선적인 것이 내가 좋아해야 되고, 재미있고 즐거워야 하지 않을까요?

그런데, 골프가 짐이 되고 힘이 든다면 어찌 해야 하나요?

우리네 인생 두 번 사는 것도 아닙니다. 한 번뿐인 인생을 골프까지 힘들어 하면서 살아야 할 필요가 있을까요? 성공한 골퍼는 언더파를 치는 것도 아니요, 남들이 부러워하는 왕 싱글이 되는 것도 아닙니다. 골프를 즐기면서 행복하다면 그대는 이미 성공한 골퍼입니다. 인생의 궁극적 목표인 행복을 골프를 통해 얻었다면…

그까짓 스코어가 뭐 그리 중요하겠습니까?
점수는 숫자에 불과한데...

맑은 공기
파란 하늘
초록의 싱그러운 자연풍광
유쾌한 동반자
골프할 수 있는 건강한 육체와 정신...
모두 모두 감사할 일이지요.
골프를 시작하려는 그대!
그리고,
이미 시작한 그대!
행복한 골퍼가 되시길!
그리고 골프할 수 있음에 감사하시길...

> 골프를 보면 볼수록 인생을 생각하고, 인생을 보면 볼수록 골프를 생각케 한다.
>
> – 헨리 롱허스트

Never Up, Never In - #1

'도달하지 않으면 들어가지 못한다'라는 골프 격언입니다. 퍼팅 시 공이 홀에 도달하지 않으면 들어갈 수 없다는 표현입니다.

이 세상에 노력하지 않고 되는 일이 얼마나 될까요?

우리의 노력도 어느 정도 한계를 넘어야 성공할 수 있습니다. 공이 홀에 1센티 부족해도 안 들어가듯이… 물도 아무리 99도까지 데워도 100도가 안 되면 끓지 않습니다. 마찬가지로 우리의 노력도 어느 정도 한계를 넘어야 성공할 수 있습니다.

골프!

이놈(?)의 골프

이렇게 오랫동안 골프를 한 소감은…

먼저 결론부터 이야기하자면, "골프 절대로 하지 마라!"입니다.

"지금부터 그 이유를 말씀드리죠."

1. 시간적 문제입니다.

골프는 총 14개의 골프채를 사용합니다. 이것을 다 정복하려면 얼마나 시간이 걸릴까요? 무한대의 시간이 소모됩니다. 그것을 통달했다고 생각하는 그 순간, 골프는 숙였던 고개를 벌떡 들고는 내 주제를 파악하도록 해 줍니다.

그리고 소위 왕 싱글이 되려면 모든 것을 포기하고 골프에 올인해야 됩니다. 소중한 생명 같은 시간, 청춘을 골프에 다 쏟아붓는 게 과연 현명한 일일까요?

자신에게도 가정에도 직장에도 대인관계에도 정말 독이 됩니다. "너무 안 빠지면 되는 거 아녀?" 예, 이성적으로는 얼마든지 맞는 말입니다. 그런데 이 세상에서 마약보다 더 강력한 것이 게임과 골프입니다. 왜냐면 도달해야 할 끝이 보이지 않으니까요.

골프는 시간에 가장 큰 적입니다. 골프 그만두고 차라리 자기 계발하세요. 인간답게 사시려면...

2. 경제적인 문제입니다.

골프클럽 장만, 드라이버 교체, 공 값, 옷 값, 골프에 관한 모든 것이 비쌉니다. 그린피, 캐디 피, 음식값, 교통비, 내기 돈 등등. 휴일 혼자서 삼십 여 만 원 이상 쓰면서 혼자 노는 Mad Man이 제정신 있는 자입니까? 아니죠!

조그만 사업하면서 골프에 미친 분들, 거의 다 망했습니다.

지분知分, 수분守分, 안분安分이 안 돼서...

그 돈으로 가족과 함께 갈비 뜯고 아이 재능계발에 쓰세요.

3. 열정의 문제입니다.

당신의 에너지를 좀 더 생산적이고 가치 있는 일에 투자해야 될 텐데 허구한 날 작대기 짓이라니요? 타이거 우즈 같이 되면 얼마나 좋겠어요! 그런데 여러분은 그가 아니잖아요? 당신은 당신답게 사셔야 합니다. 우리 속담에 뱁새가 황새 따라가다 뭐 찢어진데요.

이상 세 가지만으로도 골프하지 말아야 할 이유로 충분합니다.

아니라구요?

네버 업 네버 인

골프 말고 다른 가치 있는 일을 찾아보시지요?

"그런데 제 말 안 들리시죠?"

행복 없는 골프는 무의미하고, 실력 없는 골프는 초라하다.
과학 없는 종교는 맹목적이고, 종교 없는 과학은 불구이듯.

마음 사용 설명서

고통은... 10개월 무이자 할부를 활용하고,
감동은... 일시불로 구입할 것.

사랑은... 30년 만기 국채를,
우정은... 연금처럼 납입할 것을 권함.

감사는... 밑반찬처럼 항상 차려놓고,
슬픔은... 소식할 것.

고독은... 풍성한 채소로 만든 샐러드처럼 싱싱하게,
이해는... 뜨거운 찌개를 먹듯 천천히,
용서는... 동치미를 먹듯 시원하게 섭취할 것.

기쁨은... 인심 좋은 국밥집 아주머니처럼 차리고,
상처는... 계란처럼 잘 풀어줄 것.

오해는... 잘게 다져 이해와 버무리고,
실수는... 굳이 넣지 않아도 되는 통깨처럼 다룰 것.

고통은... 편식하고,
행복은... 가끔 과식할 것을 허락함.

슬픔이면서 기쁨인 연애는... 초콜릿처럼 아껴 먹을 것.

호기심은... 마이너스 통장을 개설해서라도 마음껏 소비하고,
열정은... 신용대출을 권함.

은혜는... 대출이자처럼 꼬박꼬박 상환하고,

추억은... 이자로 따라오니 특별히 관리하지 않아도 되지만,

그리움은... 끝끝내 해지하지 말 것.

신뢰는... 선물.

의심은... 단기 매도를 권하며,

평화는... 종신보험으로 가입할 것.

변덕스러움은... 애널리스트가 분석하듯 꼼꼼하게 다루고,

아픔은... 실손 보험으로 처리하고,

행복은... 언제든 입출금이 가능한 통장에 넣어 둘 것.

'도道'란 무엇인가? - #1

우스갯소리 하나 할까요.

『엉큼한 스님』

핫팬츠를 입은 쭉쭉빵빵 팔등신 아가씨들이 더위도 식힐 겸 절에 놀러 갔다. 점심공양 하느라 목탁을 치며 염불하는 주지스님을 바라보다가 한 아가씨가,

"야! 저런 스님도 우리 허벅지를 보면 맘이 움직일까?"

그러자 한 아가씨가,

"명성 있는 고승인데 그러겠어?"

또 다른 쭉빵 아가씨는,

"야! 맨날 풀만 먹고 염불하는 저런 스님이 뭐가 움직이겠냐?"

옆에 있던 다른 아가씨가,

"아니야, 그래도 인간인데 본능이야 없겠어?"

어쩌고저쩌고 떠드는 소리를 들은 스님이 곁눈으로 지긋이 째려보더니 갑자기 목탁을 부서져라 때리면서 왈,

"조오바라 몬묵나"

"조오바라 모묵나"

공양이 끝난 뒤 상좌승이,

"아니 스님! 염불하시면서 왜 자꾸 속세녀들을 흘끔흘끔 보고 그러세요?"라고 말을 하자, 스님 왈,

"헐! 이놈아! 야! 이놈아, 금식한다고 메뉴판도 못 보냐?"

하하하 *^^*

제가 보기에는 저 스님은 道의 경지에 이르셨네요.

道라는 것은 있는 것을 그대로 보는 것이 아닐까요? 아가씨들이 예쁘면 예쁘게 보는 것이지 뭐 다른 것이 있나요? ㅎㅎ

이쯤되면 道 닦기는 틀렸죠? ^^

그런데 혹시 사시면서 道에 대해 생각해 보셨나요? 이번 기회에 잠시 저와 함께 道 좀 닦으시죠. 아직 때가 아니라고요? 그래도 알고 나면 언젠가 道 닦는 데 도움이 될 겁니다.

'조주'라는 스님과 남전선사와의 道에 관한 대화입니다.

- 조주: "道란 무엇입니까?"
- 남전: "평상심이다."
- 조주: "어떤 방법으로 거기에 도달할 수 있나요?
- 남전: "그곳에 이르겠다고 생각하는 순간 빗나가는 것이다."
- 조주: "그곳에 가겠다는 생각을 버리면 어떻게 그곳에 이를 수가 있나요?"
- 남전: "道라는 것은 알고 모르고의 문제가 아니다. 안다는 것은 그저 어리석은 생각에 지나지 않고, 모른다는 것은 그저 혼란뿐이다. 네가 아무 의심 없이 도를 깨쳐 안다면 너의 눈은 높은 하늘과 같아 한계와 장애를 벗어나 일체를 보게 될 것이다."

❙ 평상심平常心?

마음공부 하셨으니 마음을 어떻게 가져야 道를 터득할 수 있는지 조금은 감이 오지 않나요?

골프를 치면 행복합니다. 행복이란 어쩌면 마음의 평화가 아닐까요? 골프를 잘 치려면 평상심을 가져야 하고 평상심을 가지면 골프가 도가 됩니다.

어렵다고요?

예, 어려우니 道 닦는 것이 쉽지 않지요. 우리 道 같이 닦는 도반道伴이 되지 않을래요? 골프를 치면서 내 친구처럼....

> 골프!
> 믿을 수 없을 만큼 단순하지만 끝도 없이 재미있는 것이다.
>
> –치치 로드리게스

마음에 대하여 - #1

마음이 어떻게 생겼을까? 마음먹기에 달렸다는데 마음의 실체는 무엇일까? 그리고 내 마음은 어디로 가고 있나?

우리 마음공부 좀 해 보실까요?

황진이와 서경덕 선생의 대화 중에서 나오는 『마음』입니다.

- 서경덕: "나무 한 그루가 자네가 가야 할 길을 막고 있다면 어쩌겠는가?"
- 황진이: "나무를 피해 비껴갈 것입니다."
- 서경덕: "비바람이 앞길을 막는다면 어쩌겠는가?"
- 황진이: "비바람이 멎기를 기다리겠습니다."
- 서경덕: "자네를 막고 있는 그것들에 왜 화를 내지 않는가?"
- 황진이: "자연의 현상임을 어찌하겠습니까?"
- 서경덕: "자연이 너의 마음을 흔들지 않는 것은 자연에 마음이 없기 때문이다. 너를 힘들게 하는 것은 삶에 연연하는 너의 이기적인 마음이다."
- 황진이: "제가 그 마음을 버린다면 세상을 알 수 있겠습니까?"
- 서경덕: "세상 모두가 너와 하나임을 깨닫게 될 것이다. 그것이 진리요 그게 너의 참모습이다."

자연이 마음을 흔들지 않는 것은 자연에 마음이 없기 때문이고, 우리를 힘들게 하는 것은 삶에 연연하는 우리의 이기적인 마음 때문이라...

이런 이기적인 마음은 우리의 분별심에서 나온다고 하네요. '나와 너, 좋다 싫다, 많다 적다' 등등.

이 분별심이 끊어지면 우리가 궁극적으로 원하는 마음의 평온함을 얻는다고 합니다. 그래서 내가 일으킨 분별심을 내려놓고 세상의 모든 일을 단지 바라보면서 아무런 분별없이 받아들여야 한다는 거죠. 참 어렵지요! 그렇죠?

이 세상을 내가 원하는 대로 바꿀 수 있는 것은 거의 없습니다. 그 어떤 작은 것 하나도...

상대를 바꾸려는 마음은 나의 이기적인 마음이요, 상대를 받아들이려는 나의 마음은 자비(사랑)의 마음입니다. 세상을 바라보는 나의 마음을 바꾸어야, 세상을 보는 나의 관점을 바꾸어야 세상이 아름답게 보입니다. 행복해지려면... 아니, 최소한 불행해지지 않으려면...

슬기로운 사람은 지혜를 제 앞에서 찾지만
미련한 사람은 눈으로 땅끝을 더듬는다.

– 잠언 17장

'스윙의 삼총사' - 템포, 타이밍, 리듬

1. 템 포

스윙에 자주 등장하는 용어가 있는데, 그것은 템포, 타이밍, 리듬입니다. 문제는 세 용어가 전혀 다른 뜻인데도 불구하고, 대부분의 골퍼들은 그 차이를 정확하게 구분하지 못하고 세 용어를 비슷하거나 같은 뜻으로 알고 있다는 것입니다. 따라서, 스윙을 정확하게 하기 위해서는 우선 세 용어의 의미를 정확하게 이해하고 이를 실전에 응용할 수 있어야 합니다.

먼저, 템포란 어드레스부터 백스윙, 다운스윙, 그리고 임팩트, 폴로스루, 피니시에 이르기까지에 소요되는 전체 스윙시간을 말하는 것입니다.

스윙의 템포에서 꼭 알아두어야 할 사항은, 아마추어 골퍼는 가능한 한 천천히 스윙을 하는 것이 효과적이란 것입니다. 그 이유는 천천히 스윙을 하게 되면 스윙의 궤도도 정확해지고 중심이 스웨이되는(흔들리는) 것도 방지할 수 있을 뿐 아니라 생각하면서 모든 동작을 할 수 있기 때문에 자연히 정확하게 볼을 때릴 수 있기 때문입니다.

한 가지 불리한 점은 템포가 느리면 볼이 날아가는 거리가 약간 줄어든다는 사실입니다. 근력이 약하거나 연령이 많은 장년기의 골퍼들은 욕심내지 말고 천천히 해야 할 것입니다. 특히, 백스윙을 할 때에 템포를 천천히 하도록 해야 합니다. 연습량이 많고 근력이 좋은 청소년층이나 프로골퍼들이라면 어느 정도 속도가 있는 템포로 스윙을 하는 것이 효과적입니다. 그렇게 해야만 충분한 거리를 확보할 수 있기 때문입니다. 그러나 백스윙할 때만은 천천히 하는 것이 유리하다는 사실을 기억해야 할 것입니다. 잭 니클러스의 스윙 템포가 좋다는 것은 그의 백스윙 템포가 느리기 때문입니다.

2. 타이밍

타이밍이란 스윙을 시작하는 순서, 즉 스윙을 할 때 우리 몸의 어느 부분부터 움직이기 시작하느냐 하는 것입니다.

올바른 스윙의 타이밍은 우선 백스윙의 시작을 클럽을 잡고 있는 손을 제일 먼저 오른쪽으로 움직여 주고 다음에 왼쪽 어깨, 몸통, 즉 엉덩이, 무릎, 그리고 맨 마지막에 발바닥 순으로 움직여야 합니다.

다운스윙은 백스윙과 정반대의 순으로 해야 합니다. 즉, 발이 제일 먼저 움직여 체중을 왼발로 옮겨주고, 그 다음에 무릎, 엉덩이, 어깨, 클럽을 잡고 있는 손의 순으로 내려와 맨 마지막에 클럽헤드가 볼을 때려야 가장 이상적인 타이밍이 이루어지는 것입니다.

스윙이 순간에 이루어지는 단순한 동작이기 때문에 대부분의 골퍼들은 상기한 스윙의 순서, 즉 타이밍을 의식하지 못한 채 스윙을 하게 됩니다. 그러므로 스윙을 할 때에는 상기 순서를 일단 머릿속에 그려본 다음에 스윙을 해야 하는 것입니다.

3. 리 듬

리듬이란 언제 힘을 주고 언제 힘을 빼느냐, 또는 '최대한의 힘을 볼에 가하기 위해 어떻게 해야 하느냐'는 것입니다. 일반적으로 리듬이란 강약, 고저, 빠르게, 천천히 등을 말하는 것입니다.

골프 스윙 시 이상적인 리듬은, 다른 모든 동작을 취할 때는 힘을 빼고 천천히 하는 반면에, 볼을 때리는 임팩트 순간에는 최대한의 힘으로 해야 합니다. 그러나 말이 쉽지 이를 직접 실천에 옮기기는 극히 어려운 일입니다. 우선 알아두어야 할 운동 법칙으로서는 최대의 긴장은 최대의 이완으로부터 온다는 원리입니다.

스윙이 아름답고 부드러운 골퍼들은 정확한 리듬을 소유하고 있다는 증거입니다. 즉, 이완된 상태가 거의 대부분이고 긴장된 상태는 순간적이기 때문에, 육안으로는 항상 힘이 빠져 있는 것처럼 보이는 것입니다. 대부분의 초보자들은 우선 드라이버를 잡게 되면 멀리 보내고자 하는 욕심에서 클럽을 잡는 순간부터 손에 힘이 들어가고, 멀리 보내려면 역시 힘을 주어야 하는 것으로 잘못 알고 스윙을 하기 때문에, 공도 멀리 날려 보내지 못하고 엉뚱한 실수를 저지르거나 보기에도 어색한 것입니다.

스윙의 리듬이 정확하게 되면 장시간 공을 때려도 피로하지 않고 정확하게 공을 날려 보낼 수 있는 반면에, 리듬을 익히지 못하면 온몸에 힘이 들어가기 때문에 곧 피로해지고 팔이나 손바닥에 통증이 오는 등 여러 가지 부작용이 뒤따르게 됩니다.

따라서 이상적인 스윙의 리듬을 익히는 비결은 그립을 잡는 순간부터 손에 힘을 빼고 그저 클럽을 손으로 잡고 있다는 기분으로 클럽을 쥐고 팔, 어깨에 힘을 배분하여 온몸으로 스윙을 하면 자연히 올바른 리듬이 몸에 익게 됩니다. 항상 온몸에 힘을 빼고 공을 임팩트시키는 순간에만 힘을 넣도록 해야 합니다.

그런데 문제는 이상 설명한 템포, 타이밍, 리듬 세 요소가 독자적으로 기능을 발휘할 수 있는 것이고 세 요소가 동시에 정확하게 작용했을 때 올바른 스윙이 이루어지기 때문에 세 용어가 혼동되는 것입니다. 이상적인 스윙을 습득하는 비결은 세 요소가 갖고 있는 특성을 고루 활용하는 것입니다.

체격과 체력이 사람마다 다르기 때문에 자기에게 맞는 스윙은 오직 한 가지밖에 없다는 사실을 명심하고 자기 스스로 노력하여 자기 스윙을 개발해야 할 것입니다.

타이밍, 템포, 리듬! 스윙의 삼총사이다.

"One for All, All for One"

"Uno para Todos, Todos para Uno"

"하나는 모두를 위하여, 모두는 하나를 위하여"

– 삼총사에서

골프와 기본 *vs.* 골프의 기본

기본으로 돌아가라!(Back to the Basic!)

골프의 기본이라면 뭐가 될까요? 『그립』『자세』『정렬』입니다. 이 세 가지가 안 돼 있다면 골프가 어찌 될까요? 매 삼 분마다 배신을 때릴 겁니다. 왜 삼 분마다? 예, 샷과 샷 사이가 삼 분 정도 걸립니다.

기본이 중요한 거 다 아시죠? 예, 소위 ABC라고도 하는 이 기본이 튼튼하지 못하면 여러 가지 곤란한 상황이 벌어집니다. 게다가 성공하고는 그리고 골프싱글하고는 멀리 떨어지게 됩니다. 그런데 살다보니, 이 기본이 안 돼 있는 경우를 많이 보게 됩니다. 특히 군에서는 더욱 기본이 중요하지 않을까요?

군의 기본적인 임무는, 첫째는 부대관리, 둘째는 교육훈련, 셋째는 전투준비태세 유지 등 세 가지입니다. 이 세 가지 기본이 안 돼 있다면, 군의 생명과 가치를 잃어버린 것이죠. 그런 군대를 우리는 한 마디로 이렇게 표현합니다. "군대답지 않다!"

골프도 세 가지 기본을 지키지 않으면 골퍼답지 못합니다.

그립, 자세, 정렬.

지금이라도 잘 되지 않으면 골프든 인생살이든 잘하는 것과는 거리가 있게 됩니다. 기본으로 돌아가시길...

Back to the Basic!

'모죽毛竹'의 교훈처럼...

동북아에서 자라는 대나무 중에 최고로 치는 모죽이 있습니다. 이 모죽은 씨를 뿌린 후 5년 동안 아무리 물을 주고 가꾸어도 싹이 나지 않는다고 합니다. 하지만 5년이 지난 어느 날 손가락만 한 죽순이 돋아나 주성장기인 4월이 되면 갑자기 하루에 70~80cm씩 쑥쑥 자라기 시작해 30m까지 자란다고 합니다.

그렇다면 왜 5년이란 세월 동안 자라지 않았던 것일까요?

의문을 가진 학자들이 땅을 파보았더니 대나무의 뿌리가 사방으로 뻗어나가 10리가 넘도록 땅속 깊숙이 자리잡고 있었다고 합니다. 5년간 숨죽인 듯 아래로 아래로 뿌리를 내리며 내실을 다지다가, 5년 후 당당하게 세상에 모습을 드러내는 것입니다.

기초와 기본이 튼튼한 모죽과 같이 골프도 기초와 기본을 잘 닦아 놓으면 언젠가는 빛을 발하게 되지 않을까요?

세종대왕님도 용비어천가에서 말씀하셨네요.

"뿌리가 깊은 나무, 바람에 아니 흔들릴세."

골프는 기초와 기본이 튼튼해야 합니다. 운동, 공부, 직업, 생활 모두 기초가 핵심입니다. 작고 시시하고 귀찮아 보이는 것을 혼을 담아 반복하는 것, 피눈물나는 반복 훈련이 기초를 튼튼하게 해줍니다. 이를 건너뛰거나 대충대충, 허겁지겁 하게 되면 기초의 기초조차 기약할 수 없습니다. 모죽이 처음부터 기초를 다지듯이 골프도 기본기를 착실하게 닦아놓으면 실력도 빨리 늡니다.

"기초와 기본! 대학교수로 있으면서 많은 학생들이 손해를 보면서도 이 점을 무시하는 것을 보아 왔습니다. 여러분은 반드시 기초부터 제대로 익혀야 합니다. 그렇지 않으면 그 어떤 화려한 것도 해낼 수가 없습니다."

– 랜디 포시의 《마지막 강의》 중에서

골프의 기본 - 정렬

유식한 표현으로 '라인 업'이라고 합니다.

총은 정확히 조준하지 않으면 목표물을 명중시킬 수 없습니다. 군대 다녀오신 분들은 잘 아시겠지만, 사격 시 조준선 정렬이 최우선적으로 중요합니다.

그전에 에이밍(Aiming)하시고...

눈앞의 가늠자와 총구의 가늠쇠 그리고 이 둘 위에 목표를 일직선상에 놓아야만 목표를 명중시킬 수 있는 충분조건이 완성되는 것입니다. 물론 격발을 잘 해야 하는 필요조건이 있어야 하지만...

골프도 마찬가지입니다. 스윙 전에 클럽 페이스와 목표를 일치시키고 스탠스와 어깨선을 이에 맞추어야 됩니다. 공을 치는 것은 사격 시 격발(방아쇠 당김)과 같은 것이죠. 그전에 무엇보다 중요한 것이 정렬입니다. 우리 인생도 목표를 명확히 정하고, 이를 향한 마음도 계획도 실행방법도 목표에 정렬시켜야 성공하지 않을까요?

지금까지의 삶을 돌이켜 보면, 리더로서 조직의 목표를 달성하기 위해 조직의 비전과 가치, 규정과 규칙, 원칙 등을 잘 정렬하고, 구성원들을 이에 평행하게 라인 업시키는 것이 주요 임무였습니다. 정렬이 잘 되었을 때는 성공적으로 임무가 완성되었고, 그렇지 못한 경우에는 실패도 맛보았습니다. 골프나 인생, 우리의 조직 생활에서도 정렬, '라인 업'이 중요하지 않을까요?

특히, 골프는 "정렬 없이, 싱글 없다"는 것을 꼭 명심하시길!

정렬! 정렬! 정렬!

최경주 프로의 정렬

1. 가장 먼저 타깃, 볼, 클럽 페이스를 일직선으로 정렬한다.
2. 뒤이어 왼발 오픈 전 발끝 라인을 타깃과 정렬한다.
3. 마지막으로 왼쪽 어깨를 앞으로 내밀어 목표 방향과 평행하도록 한다.

"Keep a firm stance with a right alignment both in golf and in life!"

골프나 인생에서도 정렬과 함께 확고한 자세를 견지하라.

– 리크라테스

골프의 기본 - 자세와 그립

자세와 그립! 정렬 전에 이미 갖추어져야 할 두 가지입니다.

살다보니 골프뿐만 아니라 인생도 기본과 기초가 중요함을 느낍니다. 사람도 그렇고, 조직도 그러하고, 심지어 국가도 기본과 기초가 단단해야 하지 않을까요?

기본!

'골프가 인생이다'라고들 하는데, 골프나 인생이나 이 기본이 잘 돼야 되는데...

골프의 자세란 편안하고 안정적이며 유연한 스윙을 위해서 다양한 신체부위를 적절하게 배치하는 것입니다. 한마디로, 골프에서는 오리 궁뎅이를 한 기마자세입니다. 여기서 외형적인 자세도 중요하지만, 정신적인 자세도 중요합니다. "I can do!" 긍정적이고 적극적인 태도도 마음의 자세입니다.

다음은 그립입니다. 몸과 골프채를 연결하는 접촉점이죠!

접속(접촉)!

접속이 잘못되면 어찌 될까요? 나사가 풀리면 물건들이 덜렁거리죠? 당연히 기능발휘가 안 됩니다. 단단한 그립 없이는 좋은 경기를 하지 못합니다. 골프에서 별거 아닌 것 같이 보이는 이 그립, 손과 클럽의 접속이 견고하지 않으면 골프의 기본이 무너지는 것이죠!

마찬가지로, 원칙에 기초한 단단한 기본이 없다면, 우리도 조직에서, 특히 조직에서 좋은 리더가 되기 힘들지 않을까요?

부하와 나, 상관과 나, 동료와 나!

견고한 그립이 골프의 성공에 기본이듯이, 무엇이 우리의 인생에 기본이 될까... 관계? 단단한 관계가 아닐까...

골프의 기본 중의 기본인 정렬, 그립, 자세를 살펴보았는데 모든 레슨 프로들이 학생을 지도할 때 가장 강조해야 할 것들입니다. 좀 찔리는 레슨 프로님들도 있을 겁니다.

타이거 우즈를 골프의 황제로 만드는 데 가장 공헌을 했다고 볼 수 있는 부치 하먼의 골프지도 철학도 위의 세 가지입니다. 그는 'Harmonized method'에서 그립, 자세, 정렬을 강조하면서, 이 세 가지를 무시하고는 어떠한 스윙을 몸에 익혔다 하더라도 스코어를 줄일 수 없다고 단언합니다.

투어에서 뛰고 있는 프로골퍼들이 슬럼프에 빠졌을 때도 80 내지 90퍼센트가 이 세 가지 중에서 잘못을 찾게 된다고 합니다. 우리 아마추어, 특히 주말골프를 즐기는 골퍼들에게는 이 세 가지의 중요성을 모르거나 무시하는 경우가 많다고 합니다.

우리 모두가 많이 범하는 것 중의 하나가 정렬을 제대로 하지 못하는 것입니다. 초급자들은 대부분 몸을 타깃과 정렬 시에 목표의 오른쪽으로 몸을 맞춥니다. 어깨선이 그렇든지 발의 선이 그렇든지... 그러니 당연히 볼이 목표물의 오른쪽으로 갑니다. 거기다 슬라이스성으로 치니 오비가 많이 나올 수밖에요. 우선 양발 끝선을 목표에 맞추고 어깨선도 목표에 맞추는 연습을 하시길 바랍니다. (이거 엄청 큰 Tip입니다.)

기본은 아무리 강조해도 지나치지 않다고 봅니다. 골프의 기본인 그립, 자세, 정렬을 다시 한 번 생각해 보시길 바랍니다. 다시 용비어천가가 생각이 납니다.

"뿌리가 깊은 나무는 바람에 아니 흔들릴세..."

고개를 더 숙여

^^머들개^^

머리 들면 개××의 줄임말이래요! 영어로 'head up'이라고 하는데 골프에서 가장 나쁜 것이 이 헤드업입니다.

우리 나라 모 재벌 중의 재벌이신 이 아무개님이 미국의 '황금곰'이라는 분에게 어마어마한 레슨비를 내고 한 라운드 했는데, 그 프로가 마지막에 한 딱 한 마디 말씀...

"Don't head up, sir!"

이 한 마디가 백만 불짜리입니다. 골프 잘 치려면 머리 들면 안 됩니다.

Never! Never! Never head up!

왜 그럴까요? 이유는 아주 간단합니다. 공을 정확히 맞출 수 없어서... 머리를 들면 공을 정확히 때릴 수 없습니다. 머리를 들지 않아도 맞추기 힘든데 머리가 위아래로 움직이면 어떻게 조준한 대로 맞출 수 있겠어요! 차라리 머리를 좌우로 옆으로 움직이는 것이 보다 나을 거 같네요. 그래도 머리는 가급적 움직이지 않는 게 정석입니다.

인생도 좀 가지고 있다고, 좀 높이 올라갔다고, 또 좀 안다고 거만하면 안 됩니다. 벼는 익을수록 더 머리를 숙인다고 합니다. 빈 깡통이 더 시끄럽다는 속담도 있습니다.

겸손하지 못하면 '삼만이' 형제가 설치게 됩니다. 삼형제 중에 첫째는 자만, 둘째는 교만, 셋째는 오만입니다. 이 삼만이 형제는 누구도 좋아하지 않습니다. 그래서 결국에는 외롭게 사라지게 됩니다. 친구 하나 없이...

골프나 인생이나 머리 치켜들지 말고 겸손합시다.
"Don't head up, please!"

Never Up, Never In - #2

후회!

우리의 삶에서도 '하고 하는 후회'와 '하지 않고 하는 후회' 두 가지가 있다고 합니다. 어떤 후회가 오랫동안 남을까요? 하고 난 뒤의 후회는 해봤으니 여한이 없는데, 해보지 않는 후회는 아쉬움이 남아서 오래간다고 합니다.

퍼팅은 홀을 지나칠 정도로 쳐야 하고, 인생에서는 하고 싶은 거 모두 해봐야 후회를 덜 합니다. 우리의 일들도 한계를 넘어야 뜻한 바를, 그리고 성취가 가능하지 않을까요?

그만두고 싶을 때! 그것이 한계입니다. 그러나 조금만, 조금만 참고 나아가면 이루어집니다. 고개를 넘듯이 고비를 넘어야 합니다. 파이팅! 하면서...

부지런한 자에게는 한계가 없고, 게으른 자는 한 게 없다!

9월 9일

'9월 9일'은 두 가지 의미가 있는 날입니다. 하나는, 1945년 9월 9일은 일본 총독이 중앙청에서 미 극동사령부 하지중장에게 항복 조인식을 하고 무장해제를 당한 날입니다. 총독부에서 일장기를 내린 날로서 1910년 8월 29일 시작된 한반도 식민통치에 실질적인 종지부를 찍은 날입니다. 실질적인 해방의 날, 기쁨의 날이었습니다.

또 하나는 '9.9절' 즉 1948년 북한정권 창건일입니다. 한반도에 두 개의 정부가 만들어진 민족 비극의 날입니다. 그 때문에 결국 6.25전쟁과 수많은 생명과 자원을 낭비하는 역사의 비극이 잉태하게 되었습니다.

9월 9일은 기쁨과 슬픔이 같이 묻어 있는 날! 웃어야 하나요? 아님 울어야 하나요?

선과 악, 희망과 절망, 기쁨과 슬픔.

음양의 조화일까요? 기쁠 때 자제하고, 슬플 때 절망하지 않았으면 합니다.

우리 인생도... "이 또한 다 지나가리라..."

소 금

류시화 님

소금이
바다의 상처라는 걸
아는 사람은 많지 않다.

소금이
바다의 눈물이라는 걸
아는 사람은 많지 않다.

세상의 모든 식탁 위에서
흰 눈처럼
소금이 떨어져 내릴 때
그것이 바다의 눈물이라는 걸
아는 사람은 많지 않다.

엘도라도가 있는 증도의 소금박물관에서 찍어 온 시인데 잘 안 보여서 박물관 직원에게 부탁하여 받은 시입니다.

'소금'의 역사를 알아보니, 인류의 역사가 소금의 역사 같기도 합니다. 예수님께서 이 세상에 『빛과 소금』과 같이 되라고 하셨는데... 빛은 모르겠는데 왜 소금이 되라고 했을까요? 기독교나 카톨릭 신자분들은 설교를 통해 많이 접하신 내용일 것입니다. '소금 같이 꼭 필요하고 소중한 존재가 되라'는 말씀인데 정말 옛날에는 소금이 귀했답니다. 옛날에 부富의 상징으로 소금이 대두된 적도 있구요.

소금!

소금이 그냥 만들어졌겠어요? 소금 만드는 과정을 보니까 왜 바다의 상처, 바다의 눈물인지 알 것도 같았습니다. 제가 보기에는 염부의 상처와 눈물이 아닌가 생각이 드네요. 우리 식탁에 쏟아지는 하얀 눈 같은 소금은 우리가 모르는 누군가의 상처와 눈물로 만들어졌다는 것을 깨닫게 합니다.

우리가 사는 이 세상도, 이 평화도 소금 같은 그 누구의 희생으로 이루어진 것이 아닐까요? 당신은 누구에게 소금이 되고 있는가요?

골프 문화 1

문화란 무엇일까요? 우리는 문명과 문화라는 용어를 자주 사용합니다. 문명은 무언가를 발명하거나 발견한 물질적인 느낌을 주고, 문화는 정신적이나 생활적 풍습, 즉 삶의 느낌을 줍니다. 컴퓨터에 비유하면 문명은 하드웨어이고, 문화는 소프트웨어 같은 것입니다.

정확한 사전적인 의미로 보면, '문화'와 '문명'은 둘 다 인간이 자연상태에서 벗어나 물질적·정신적으로 진보한 상태를 뜻합니다. 대체로 '문화'는 종교·학문·예술·도덕 등 정신적인 움직임을 가리키고, '문명'은 보다 더 실용적인 생산·공업·기술 등 물질적인 방면의 움직임을 가리킵니다. '기술 문명', '토론 문화' 등과 같은 예를 들 수도 있습니다. 그래서 '문화'를 정신문명, '문명'을 물질문명으로 구분하기도 합니다. 일반적으로 정신적·물질적 움직임이 복합적일 텐데, 어디에 더 중점을 두느냐에 따라 달리 표현하는 것으로 보입니다.

예를 들어, '문명의 발상지', '황하 문명', '잉카 문명' 등은 농사, 토목 등 물질적인 움직임을 중시한 말이고, '한국 문화', '미국 문화' 등은 그 민족이나 국가의 도덕, 가치관, 종교 등 정신적인 움직임을 중시한 말로 생각됩니다. 요즘 흔히 '음주 문화', '자동차 문화' 등의 용어를 쓰는데, 이것 역시 음주와 운전에 관련된 예절, 풍습 등 정신적 측면을 고려한 말입니다.

골프 문화! 골프를 하면서 자연발생적으로 생겨난 예절, 풍습의 생활 형태나 정신적 영향을 포괄한 것을 말합니다.

우리 나라의 국민정서법(헌법 위의 법)에 의하면 골프는 사치성 운동으로 간주되고 있습니다. 유럽이나 미국에서는 대중 스포츠가 우리에게는 왜 사치스럽게 받아들여졌을까요? 그 이유들에 대해 대한민국 골프 발전을 위하여 대안을 제시하고자 합니다.

우선, 처음 골프가 한반도(그때는 대한제국이었음)에 들어올 때, 소위 양반님들부터 골프를 시작했습니다. 평민은 감히 골프를 염두에 둘 수도 없었지요. 먹고 살기도 빠듯한데 일하지 않고 신선놀음이라니요...

그런데 골프의 탄생지 스코틀랜드에서는 골프를 시작한 사람들이 평민인 목동들이었습니다. 양들이 풀을 뜯는 동안 양치기들은 양치기 막대로 조약돌을 쳐서 여우굴에 돌넣기 내기를 하며 무료한 시간을 때웠다고 합니다. 그 후 아랫것들이 재미있게 하는 걸 보고 배가 아픈 귀족들이 따라 한 것이지요. 그래서 골프에 미친 '메' 거시기 여왕은 남편이 죽어 묏자리에 풀도 나기 전인 삼일 만에 골프를 쳤다고 나중에 목이 뎅그렁 잘린 적도 있습니다.

어찌되었건 골프를 시작한 주체가 달랐습니다. 한국은 양반만의 골프! 서양은 아랫것과 귀족들의 골프!

어느녓 세월이 흘러 우리 나라에서도 박정희 대통령께서 경제개발을 외치시어 국민들이 끼니걱정이 없어지자, 먹고 살 만한 시민들(이제 신분제가 없어지고 '쩐' 많이 가진 자가 양반 행세하는 시대로 바뀌어서 평민이 시민으로 승격됨)이 양반행세를 하기 시작합니다. 그리하여...

도가의 장자(장주)가 중국 최고 유머리스트

어느 날 장자가 숲속으로 산책을 나갔다 돌아왔습니다. 그런데 그의 표정이 안 좋아보여서 제자가 조심스럽게 물었습니다.

"선생님, 안색이 다르시네요?"

그러자 장자는 제자에게 다음과 같은 이야기를 들려주었습니다.

"내가 산책을 하고 있는데 글쎄 상복을 입은 부인이 쭈그리고 앉아 새로 단장한 무덤에 부채질을 하고 있지 뭔가. 하도 이상해서 왜 그렇게 하느냐고 물었지. 글쎄 이 과부가 하는 말 좀 들어보게. '남편이 죽기 전에 재가再嫁하려거든 자기 무덤이 마른 다음에 하라'고 했는데, 이 빌어먹을 과부가 무덤에다 부채질을 해대지 뭔가. 봉분의 흙이 빨리 마르라는 거지. 급한가봐."

장자가 유머리스트라고? 위 얘기를 들어보면 확실히 맞는 것 같습니다.

이젠 당신이 유머로 동반자를 웃게 하시라.

신사들이 골프를 한다. 시작했을 때 신사가 아닐지라도 이 엄격한 게임을 하게 되면 신사가 되고 만다.

–빙 크로스비

골프 문화 2

어찌 되었냐구요? 돈 벌어 처음에는 룸살롱 가고 고스톱도 치고 거시기(?)도 하나씩 장만했습니다. 거시기는 다 아실 나이죠. 드라마에 많이 나온 스토리들이니까... 그런데 그것들에 단기간에 혼이 빠질 수는 있지만 한계효용체감의 법칙에 의거 곧 싫증이 나게 됩니다. 두 평짜리 위에서 하는 '욜프'하고는 게임이 되지 않는 것이 눈에 보인 것이죠.

'프'자는 같은데 앞 자가 다른 것입니다. "골프"라는...

홀도 18개나 있고 두 평보다 20만 배나 되는, 거의 40여 만평(대략 36만평)의 커다란 그레이트 킹 사이즈의 침대에서 마음껏 놀 수 있는 골프장입니다. 해보니(플레이) 거시기보다 엄청 재미있습니다.

거시기와 골프의 공통점을 대략 열 가지 정도 이야기하지만 골프가 거시기보다 좋은 이유는 셀 수 없이 많습니다.

무엇보다 열여덟(18)이라는 홀의 숫자에서 압도적이고 매번 같은 곳에서 플레이해도 항상 색(色?)다릅니다. 싫증이 난다? 그런 일은 절대 발생하지 않습니다. 한계효용체감의 법칙이 골프장에서는 선혀 먹혀늘 여지가 없습니다. 동의 안 하신다면 이 책을 잘못 선택하신 것이겠죠!

그래서 너도나도 골프장으로, 심지어 일^^^에서는 땅값이 올라 벼락부자가 된 모 농부씨가 트럭에 골프채 싣고 논에 가서 도랑 치고 바로 골프 연습장 가는 진풍경도 연출되었다네요. 장화 신은 채로, 사모님은 몸빼 입으신 채로...

그분이 이 글 읽으시면 매우 기뻐하시겠죠?

그래서 대한민국이 골프 강국으로 가는 신작로가 뻥 뚫리게 된 것이죠. 골프 인구가 산술급수가 아닌 기하급수적으로 늘어나게 되었습니다. 이제 모임에서 골프를 모르면 왕따가 되는 것은 식은 죽먹기보다 쉽게 되었습니다.

게다가 우리 시대의 영웅, 잔 다르크 '팍 세리' 선수가 미국 US 오픈에서 추아시리퐁을 뽀오옹 날려 버립니다.

맨발! 하이얀 맨발로 연못에 들어가서 극적인 역전승을 일구어 냅니다. 우리는 그것을 '맨발의 투혼'이라고 합니다. IMF에 국권을 빼앗긴 국민에게 삶의 투혼을 심어 준 골프의 대역사가 서막을 올리게 되자 이제 골프 광풍이 불게 됩니다. 이 이후로 골프가 대중 스포츠로 명함을 내밀게 되는데... 말이 그렇다는 것이지 대중 스포츠가 되는 데는 한참 멀었습니다.

겉과 속이 다른 골프 문화 때문입니다. 왜냐구요?

교무실에서 채점을 하던 선생님이 불같이 화를 내시며 뛰어 나갔습니다. "이 노므시키" 하시면서... 옆자리의 선생님이 무슨 일인가 싶어 시험지를 봤습니다.

시험지 답안에는 화이트가 칠해져 있다가 선생님이 벗긴 흔적이 있었습니다. 그리고 벗겨진 자리에 답은? "꽝! 다음 기회에..." 쌤 열 받게 생겼네요.

골프 문화 3

땅 문제입니다. 땅! 국토의 70%가 산지인 우리 나라가 골프 인구는 늘어났는데 그를 충족시킬 골프장이 있어야지요. 시장경제라는 것이 수요와 공급의 법칙에 따라 이루어지는 것인데, 골프 인구 즉 골퍼는 많은데 골프장 수가 턱없이 부족한 것이죠. 그래서 산을 깎아 골프장을 만듭니다. 백두대간 허리도 생채기가 나고 문전옥답도 덤프차로 흙을 메워 농사도 못 짓게 만듭니다.

어머니 같은 땅에게 못할 짓을 유사 이래로 엄청나게 해 댑니다. 환경을 졸卒로 본 것이죠. 그래서 인간이 자연에게 못된 짓을 해 대니 골퍼가 골프장에서 엿(어퍼컷)을 먹게 됩니다. 높이 되고 돈 많이 있어도 골프장이 그들에게 "니 꼬라지를 알라"하고 스트레스를 팍팍 줍니다. 마음대로 안 된다는 것을 가르쳐 주는 것이죠. 일종의 복수입니다.

땅이 좁아 땅값도 비싼데 골프장 때문에 땅값이 또 올라갑니다. 거기다 골프장 인허가 받는다고 무지막지한 로비가 들어가고, 공사비 비싸고, 떼어먹는 자도 많고, 거기다 아방궁 같은 클럽 하우스 짓고(유럽에 비하면 별 5개 수준임).

이러니 골프장 회원가격이 천문학직이고, 그린피가 쌀 한 가마니 값을 넘고, 카트 비, 캐디 피, 그늘집의 식사비 기본이 삼십만원이니 이거 서민이 하루 대여섯 시간 놀면서 쓸 수 있는 돈인가요? 교통비, 골프웨어, 공 값 거기다가 내기 돈 하면 어휴 돈다 돌아! 이러니 어찌 대중 스포츠가 되겠어요? 귀족 스포츠지!

자연이 훼손되는 것이 아니고 더 조경이 좋아졌다고 하시는 골프장 오너분들, 3번 아이언 들고 달려오는 건 아니죠?

왜 3번인지 다 아실 겁니다. ㅎㅎ

앞으로는 산 깎지 말고 간척지를 이용하면 좋겠네요. 군산 골프장처럼 간척지에다 퍼블릭 골프장 많이 만들어 주세요. 어! 이건 해양오염 되는 거 아닌가요? ♡^#^♡

군산 골프장들은 신혼들이 허니문으로 많이 온답니다. 왜?... 예, 초보들께서 머리(?) 올린다고요. 이참에 골프장 명칭을 Honeymoon C.C로 바꿉시다!!

골프 문화 4

골프장 경영입니다. 지금까지는 골프에서의 '갑'은 골프장입니다. '을'은 당근 골퍼들이죠. 모 분유업체와 모 항공사가 '을'에 대해 '갑질'을 하다가 단단히 혼이 났습니다.

저는 개인적으로 분유를 먹지 않습니다. 왜냐구요? 지금 제 나이가 몇인데 그걸 먹습니까? 그리고 전, 아이 때 순도 100% 엄마 모유만 먹고 컸습니다. 그래서 이렇게 튼튼합니다. 드라이버 거리도 짱이구요. ㅎㅎ 분유 더 안 팔리게 생겼네!

골프장 측에서는 영원한 갑이 되길 원할 겁니다. 그런데 그렇게 될까요? 이 세상에 영원이란 없습니다. 단지 영원하길 바랄 뿐이죠. 이웃나라 일본 보세요. 쫄딱 망했어요. 손님이 없어서... 우리도 얼마 안 남았어요. 솔개처럼 변신하지 않으면 안 됩니다.

경영 효율화! 효율 지향의 골프장 운영이 되지 않으면 시련이 올 겁니다. 그때 가서 후회하지 마시고 혁신하세요. 고객을 '을'로 보고 사업하시는 거 솔직히 기분 나쁩니다. 고객은 돈 낸 것보다 더 대우받기를 원합니다. 낸 것보다 덜 대우받는다면 언젠가는 발길을 돌리지 않을까요?

무슨 말씀 하실지 다 압니다. "우리도 수지가 맞아야 하지 않나?" 맞습니다. 맞고요!

『우리 인간이 생각을 바꾸기 위해서는, 하나는 압도적인 신지식, 둘은 죽음이나 질병과 고통, 셋은 말로 표현할 수 없는 감동적인 사랑 같은 것이 있을 경우입니다. 혁신적이고 훌륭한 생각을 하기 위해서는 몸의 건강을 획득하는 일, 정치적·문화적·물리적 환경에 대한 깊은 전문성과 통찰, 균형감 있는 태도를 갖추는 일, 그리고 모든 존재에 대한 경외감과 인간에 대한 사랑을 갖는 것이 중요합니다.』 이 말을 '갑'이신 골프장 측에게 들려주고 싶네요.

고객과 골프장이 윈-윈相生하는 방법이 없을까요? "Impossible"에다가 점 하나만 찍으면 "I'm possible"되는 거 다 아시죠? 전 쓸데없이 뭐하는 거 정말 싫어합니다. 공 떨어지는 페어웨이만 잘 관리하면 되는데 왜 모든 곳을 페어웨이같이 관리합니까? 디오픈이 열리는 스코틀랜드 골프장을 벤치마킹하면 안 될까요? 제가 다니던 저쪽 스페인 Cabanillas C.C도 코스관리에 돈 그리 많이 들지 않더군요. 꼭 필요한 부분만 관리를 하니까...

클럽 하우스 운영도 생각해 보시고요. 전국의 맛집이 골프장

주변에 많다고 합니다. 왜 클럽 하우스에서 안 먹고 나가서 먹을까요? 물 부족 국가가 곧 될 텐데 목욕하러 골프장 간 것도 아닌데 왠 대형탕은... 어휴! 열이 나네요. 골프하러 간 건지 뭐 하러 간 건지 헷갈립니다.

첫 티를 1번과 10번에서만 꼭 해야 하는지? 샷 건 방식도 있는데 처음 16개 홀을 왜 놀리는지? 티 없어 휴일 스크린골프 가는 사람도 많은데...

골프장 입구에 경비를 세워 일반인은 들어올 수도 없고, 물론 남의 회사를 함부로 들어오면 안 되겠지만... 외국에서는 골프장에서 결혼식도 많이 하고 동네 축제도 한다는데 우리 나라는 외부인 접근 금지입니다. 접근하면 '발포한다'식이죠. S 골프장에서는 콘서트도 열기도 하는데... 문화공간으로, 연인들의 데이트 장소로, 가족 외식장소로 하면 안 될까요? 합리적인 비용으로...

그만 하겠습니다. 사유재산인데... 쩝! 그래도 이제 '갑질' 그만 하셨으면 합니다.

우리는 좁은 땅에서 왜 비싸게 살아야 할까??

의문입니다. 의문이예요!

골프를 너무하면 지성이 마비된다. 머릿속을 비우면 비울수록 골프 솜씨는 향상된다.

– 워터 심프슨

골프 문화 5

앞에서 왜 그린피가 비싼지 알아봤는데, 이번에는 우리 골퍼들에게 건전한 골프 문화를 위해 당부 말씀을 드리고자 합니다. 골프장은 연습장이 아닙니다. 어느 정도는 실력을 갖추고 나오십시오. 연습장에 오신건지 골프치러 오신건지 헷갈리게 하면 안 되죠! 유럽, 특히 독일은 일정수준이 안 되면 입장 자체를 안 시킵니다. 골프장은 개인 혼자 쓰는 것이 아니고 모든 플레이어들 것입니다.

골프 매너의 칠거지악(?)이 '지연 플레이'입니다. 골프는 배려와 매너의 운동인데, 한 사람의 지연 플레이는 필드의 모든 골퍼를 짜증나게 합니다. 너무 지체되면 골프장 마샬에게(소위 '오토바이를 탄 사나이'라고 하는데) 혼납니다. 죄 없는 캐디는 벌당 먹고...

다음은 골프에 관한 기초지식을 공부했으면 합니다. 기초적인 룰, 매너, 에티켓을 알아야 신사가 될 수 있습니다. 골프가 신사의 스포츠라고 하는데 뭘 좀 알아야 신사노릇 할 수 있는 거 아닌가요? "골프를 잘 치면 부러움을 받지만, 매너가 좋으면 존경을 받습니다"라는 말은 신사에게 어울리는 것이죠.

나음은 캐디에 대한 태도입니다. 골프장은 『갑』, 골퍼는 『을』, 그리고 캐디는 『병』 정도 되는 것이 우리의 골프 문화입니다. 앞에서 『갑질』하지 말라고 했는데, 이제는 『을질』에 대해 한 말씀 드리겠습니다. 캐디는 라운드를 같이 하는 동반자입니다. 골프장 측에서 교육을 잘 시켜야 되겠지만 미숙한 캐디들도 많이 있고, 때로는 괘씸한 캐디님(?)도 가끔 만나게 됩니다. 그러나 일부 골퍼들은 마치 머슴이나 하녀 부리듯이 하고 막말도 함부로 합니다. 물론 돈 주고 샀다고 하면 할 말은 없지만 말이죠!

병은 을에 비해 약자입니다. 같은 일을 해도 즐거운 마음으로 해야 하는데 더러워서 못하겠다고 하니 이직률이 높을 수밖에요... 그러니 베테랑 캐디가 적을 수밖에 없고, 서비스 품질도 낮아지는 것입니다. 캐디한테 인격적으로, 인간적으로 대합시다. 부족하면 좀 가르쳐 주시고... 갑질보다 을질하는 거 보면 더 열 받습니다. 을질하는 사람하고 동업하지 말라는 격언을 명심하시길!

비록 골프장의 주인이 아니지만 주인정신을 가지고 운동합시다. 뗏장도 살살 떼고 떨어진 뗏장(스페인어로는 '츄레타'라고 하는데 영어로 말하면 비프스테이크입니다. 샷할 때 진짜로 스테이크 크기로 뗏장을 떼 내는 골퍼도 있음)도 원위치시켜 주시고요. 내 골프장처럼 아껴주면 부킹도 잘 되고 골신이 실력도 높여 줄 겁니다.

마지막으로, 정말 이것은 중요한 것인데 싸우지 마십시오. 대부분 내기가 커져서 그런 일이 생기는데, 행복하려고 왔다가 기분이 상해서 가면 되겠습니까? 道 닦으러 왔다가 뒤꼭지가 돌아서 가면 안 되잖아요.

골프 문화를 선도하는 것은 고수들입니다. 고수가 잘해야 하수가 배워 잘합니다. "선생이 바로 서야 학생이 바로 선다"입니다. 윗물이 맑아야 아랫물이 맑지 않겠어요? 고수님들! 건전한 골프 문화를 만듭시다. 올챙이적 생각을 하셔서...

골프 문화에 대해 대충 짚어봤습니다. 자세한 것은 책을 다 읽으시면 어느 정도 감을 잡으실 것입니다.

골프하는 목적? 즐거움을 얻어서 건강을 지키고 행복하기 위함입니다.

즐거운 골프 문화! 행복한 골프 문화!

우리가 만들어야 하지 않을까요?

문화는 일종의 패러다임인데 혼자서는 바꿀 수 없잖아요.

우리 모두가 힘을 모아야지요. 행복한 골프를 위하여...

골프 문화 6 - 군 체력단련장에 대한 변辯

사람의 생각을 변화시키는 것은 세 가지로 신기술의 발명, 죽음이나 큰 질병에 걸렸을 때, 정신적인 큰 충격을 받았을 경우라고 합니다. 앞에서 이야기한 대로 골프가 사치성 운동으로 국민들에게 비춰져서 아무리 타당한 이유를 들어도 쉽게 변하지 않습니다. 그러나 진실을 알면 국민의 인식도 바뀔 것이라고 믿습니다.

군 골프장인 체력단련장의 시작은 공군 비행장입니다. 비상 대기하는 공군 비행사들은 항상 기지 근방에서 대기를 해야 합니다. 비상시에는 1분 1초가 중요하기 때문에 소위 철창 없는 감옥살이(?)를 하는 것입니다.

헌법에 모든 국민은 거주 이전의 자유가 있다고 명시되어 있지만 특정 업무를 수행하는 사람들은 그 자유가 허락되지 않습니다. 그래서 비행사, 정비사, 관제요원들의 건강을 위하여 세계 모든 비행장에는 빈부지(공터)를 이용하여 골프장을 만들어 주고 있습니다. 예외가 있다면, 북한 등 구 공산국가에서는 서방국가들이 하는 골프를 자본주의의 산물이라고 이를 금지하고 있습니다.

그런데 왜 민주진영에서는 골프를 허락했을까요? 매일 축구하고 농구하고 야구하라고 하지 않고 골프를 하라고 했을까요? 축구 등 구기운동을 매일 하다보면 부상 위험도 높을 것이고 격렬한 운동 뒤에 조종을 하면 어찌 될까요? 안 되겠죠! 그런데 골프를 권장하면, 부상 위험도 적고, 정신을 맑게 해주고 자신을 성찰하게 해주며, 소위 심신을 단련시켜 주면서 재미도 있거든요. 공군 비행장에는 어디를 가도 골프장이 있습니다. 이에 이의를 제기하실 분이 있다면 상식 이하인 사람입니다. 그래서 해군기지에도 출동대기태세를 위해 골프장을 만들기 시작했고, 육군도 보편화되기 시작했습니다.

꼭 골프장을 만들어야 대기가 잘 되느냐고 하실 분들도 있을 겁니다. 군이란 유사시에 어쩌면 한 번 쓰기 위해 필요한 존재인지도 모릅니다. 그 유사시를 위해 초기출동인원이 있습니다. 그들도 마찬가지로 감옥 아닌 감옥 생활을 하는 거지요. 당연히 그래야지라고 하시면 이렇게 대답하고 싶네요. 그럼 당신이 왜 그 일을 하지 않는가? 이건 사촌이 땅 사면 배 아픈 것하고는 다른 문제입니다. 군인들이 골프하면 속이 뒤틀리는 일부 언론인들에게 배려와 상식을 가지기를 촉구합니다.

휴일에도 군인들이 멀리 나가지 않고 골프를 치며 대기하는 것이 낫지, 등산 가고 시내 나가고 멀리 출타하는 것이 더 낫겠습니까? 오히려 군 골프장을 더 많이 만들어서 군인들을 부대 주위에서 머물도록 만드는 것이 더 출동태세를 강화하는 것입니다. 즉, 안보에 도움이 되는 것이지요. 적군인 북한군의 동향이 심상찮으면 더 부대 근처에서 대기해야 되는 거 아닌가요? 등산 가면 골프 치는 것보다 몇 배 이상 복귀시간이 늦어집니다.

지금은 사회가 발전하여 우수인력이 군에 지원하는 비중이 줄어들었습니다. 그리고 근무환경도 사회보다 열악합니다. 그럼에도 불구하고 군에서 골프하는 것을 국민에게 잘못 전달하여 군의 명예와 사기를 실추시켜서는 안되겠습니다.

한 가지 더 첨가하면, 대부분의 군 간부들이 자녀의 학업을 위하여 별거 아닌 별거를 하고 있습니다. 그들에게도 건전한 놀이문화도 되면서 심신을 단련할 수 있도록 해 줘야 하는 거 아닌가요? 휴일에 운동 안 하고 다 가족 만나러 간다면 어쩌겠어요? 체력단련장인 골프장이라도 있으니 일부 인원들이 즉각 출동 가능한 것입니다. 군 체력단련장은 경비도 그다지 많이 들지 않습니다. 사치성 운동은 더욱더 아니구요. 그리고 군도 좀 당당해졌으면 좋겠네요. 적극적으로 대응하고 초연했으면 합니다.

세상이 바뀔 때마다 늘 도마에 오르는 것이 골프요, 철천지원수가 진 것도 아닌데 웬 죄가 그리도 많은지 모르겠지만. 세상천지에 어느 나라도 골프 때문에 망했다는 소리를 들어본 적도 없는데 만만한 게 홍어물건이라고 퍽 하면 껌인 줄 알고 씹어댄다.

– 장고의 『골프인생』 중에서

9.11

미국에게는 정말 가슴 아픈 날입니다. 뉴욕 월드 트레이드 센터가 테러범들의 비행기에 의해 폭파되어 수많은 피해를 입었습니다. 단지 이것이 미국만의 비극이었다면 얼마나 인류에 다행이겠습니까? 불행스럽게도 정말 불행스럽게도 이 사건은 『바벨탑의 신화』가 현세에서 재현된 것입니다.

이 비극적인 사건으로 우리 인류가 겪은 손실은 월드 트레이드 것에 비하면 수만 배, 아니 헤아리지 못할 정도로 재앙을 불러왔습니다. 마치 바벨탑이 무너져 인류가 재앙을 맞았듯이... 피의 보복으로 테러와의 전쟁이라는 명목으로 일으킨 이라크 전쟁, 아프간 전쟁, 그리고 보이지 않는 세계의 반목과 불협화음 등을 생각해보면 우리가 입은 피해는 상상을 초월합니다.

부富의 상징인 월드 트레이드 센터! 우리는 좀 더 갖기 위해 혹시 타인에게 상처를 준 적은 없을까요? 욕심이 화를 불러일으켰고 그 화가 또 다른 화를 불러일으킨 사건입니다.

첫째로 예수님 말씀입니다. "네 적을 사랑하라!"

진정한 뜻이 무엇일까를 일깨워 주네요. 적을 사랑해서가 아니라 나를 사랑해서가 아닐까요?

둘째는, 위기가 오고 화가 났을 때 어떻게 생각하고 처신해야 할 것인가? 부시의 대테러 전쟁이라는 명목의 복수전이 과연 이성적·합리적이었나요? 부시를 나무라기 전에 나부터 뒤돌아보고, 반성해야 되지 않을까요? 나도 저러했지 않았을까?

셋째는, 정말 중요한 것입니다. 아! 날마다 道 닦으면서 살아야 하는구나...

인생도 삶도 실수하고 화난 것은 빨리 잊어버리세요. 마치 내 적을 사랑하듯이...

☞ 한층 업그레이드된 골프를 치고 싶다면 마음가짐부터 한 단계 높이는 작업이 선행되어야 합니다. 그리하려면 아마추어들의 전형인 『9.11형 골퍼』에서 탈출해야...

1. 힘보다 머리를 쓰는 골퍼가 되라.
2. 구체적인 목표를 세워라.
3. 샷의 거품을 빼라.
4. 조급증을 버려라.
5. 실수 다음에 오는 실수를 조심하라
6. 부정적인 사고에서 벗어나라.
7. 우유부단한 샷에서 벗어나라.
8. 배려하는 골퍼가 되라.
9. 준비하는 습관을 들여라.
10. 자신을 위한 골프를 하라.

말로 많이 듣던 얘기들입니다. 이해는 하시겠지만 이해만으로는 안 됩니다. 행동으로 옮겨야 내 것이 됩니다. 진리는 단순함에 있습니다.

골프! 행하고 행하면 아니되는 일이 없다

골프칠 때 가끔 내기하시죠? “골프에 내기가 없으면 마눌님하고 블루스 추는 것과 같다”고 말했는데... 정녕 제가 한 이야기가 아니니 제 집사람에 제가 얘기했다고 하지 마십시오. (저는 가족과 블루스를 춰 본 적이 없어서 그 기분을 모릅니다.♬)

저는 이제까지 골프 내기해서 집 샀다는 얘기 들어 본 적도, 부자 되었다는 분도 보지 못했습니다. 내기에 목숨을 건다는데 제 목숨이 얼마짜리인데 거기다 목숨을 걸겠습니까? 자존심을 건다? 얼마짜리인데 자존심을 겁니까? 다 道를 안 닦아서 하는 소리들입니다. 내기는 즐기기 위해서 하는 것입니다. 이기건 지건 다 즐겁기 위해서 하는 것이죠. 몇 푼 안 되는 것에 당신의 영혼을 걸면 되겠습니까? 안 되죠! 그래서 이 책 이름이 ‘영혼이 있는 골프 인문학’입니다.

골프!

18홀 도는 동안 당신의 모든 것이 그대의 땀구멍으로 새어 나온다는 것을 아시기 바랍니다. 내기하면 더욱 더 자~~알 나옵니다. 그 별거 아닌 것에서... 이기고 싶으면 정당하게 싸워 이기십시오. 양심의 알까기 같은 거 하지 마시고...

그래도 ‘같은 값이면 다홍치마’라고 이기고 싶으면, 아래 글을 참조하시길 바랍니다.

내기 골프 이기는 법

1. 봉을 빨리 구분하라.
2. 장타 기대를 버려라.
3. 퍼팅이 좌우한다.
4. 룰(Rule)을 어기지 마라.
5. 버디가 올 때까지 기다려라.
6. 깨끗하고 품위 있게 올인한다.
7. 효과적인 연습, 수면을 관리하라.
8. 즐거움의 테두리를 벗어난 내기를 하지 마라.
9. 지는 것이 이기는 것임을 알라.

내기와 도박은 영어로 이렇게 구분합니다. 내기는 Bet, 도박은 Gamble.

침대는 과학이 아니고 잠자리입니다. 골프장은 도박장이 아니고 道 닦는 곳입니다.

^^ 오고가는 현찰 속에 싹트는 우정 ㅎㅎ ^^ 정말 그런가?!...

Thinking is easy, acting is difficult, and to put one's thoughts into action is the most difficult thing in the world.
생각하는 것은 쉽고 행동하는 것은 어렵다. 그리고 세상에서 가장 어려운 것은 그 생각을 행동으로 옮기는 것이다.

– 요한 볼프강 폰 괴테

내기 골프의 10도道

1. 버디와 파를 사랑하기 이전에 동반자를 먼저 사랑하라.

캐디의 실수를 탓하지 않으며, 동반자를 배려함에 소홀함이 없고, 자연의 질서 또한 거스르지 않는다. 〈이를 인仁이라 한다.〉

2. 배판을 두려워하지 않으며 기세를 중시한다.

두려움을 느끼면 벙커와 해저드 등의 장애물이 사고력을 지배한다. 소극적인 공략보다 적극적인 공략을 선호하며 오비와 해저드를 결코 두려워하지 않으니 〈이를 용勇이라고 한다.〉

3. 동반자가 아닌 자신과의 싸움임을 잊지 않는다.

승부에 대한 격정적인 감정은 패전의 지름길이며, 운이란 것도 길게 보면 공평하다는 것을 깨닫는다. 골프는 자신과의 싸움이며 자신을 이기는 것이 가장 어려우니 〈이를 강强이라 한다.〉

4. 우아하고 아름다운 스윙을 포기하자.

실전에선 자신이 추구하던 우아하고 멋진 스윙을 잊어야 한다. 내기 골프의 승패는 좋은 샷의 조합보다 나쁜 샷의 질이 얼마나 나쁜가로 결정된다. 80퍼센트의 힘으로 스윙하고 더 많은 파를 잡기 위해 필사적으로 노력한다. 〈이를 미美라고 한다.〉

5. 기술보다 좋은 기초를 닦는 데 올인한다.

좋은 기초는 50년을 보장하지만 기초가 없는 골프는 5분에 한 번씩 배신을 때린다. 최고의 골퍼들은 기술보다 기초에 올인한 사

람들이다. 이런 이치를 깨닫고 실행하는 것, 〈이를 현賢이라 한다.〉

6. 내기를 즐거움을 위한 수단으로 생각하라.

돈을 잃는 것은 작은 것을 잃는 거지만, 신용을 잃는 것은 모든 것을 잃어버리는 것이다. 즐거움의 범주 내에서 내기를 하며 이겼을 때는 아낌없이 전리품을 분배하니 〈이를 애愛라고 한다.〉

7. 깨끗하고 품위 있게 올인한다.

내기에서 패하더라도 깨끗하게 인정하고 어떤 변명도 하지 말아야 한다. 골프는 "신사처럼 행동하고 용사처럼 플레이하는 것이다." 매너를 갖추고 지갑을 여니 〈이를 예禮라 한다.〉

8. 룰을 어기지 않는다.

아무리 기술과 기량이 뛰어난 플레이어라도 성숙된 플레이를 보여 주지 못하면 대접은 커녕 지탄의 대상이 된다. 정직한 라운드는 매너와 에티켓, 예의범절, 인간성과 도덕성을 가르쳐 준다. 〈이를 신信이라 한다.〉

9. 하수에게 겸손을 잃지 않고 고수에게 예를 다한다.

골프는 학생보다 선생이 많은 유일한 스포츠다. 라운드 시 조언은 자제하고 기술적인 질문을 받았을 때 답변은 단순 간결하게 해준다. 그 위대한 질서를 거스르지 않으니 〈이를 각覺이라 한다.〉

10. 고수의 꿈과 이상마저 초월한다.

내기는 그저 해탈을 위한 과정이자 도구가 된다. 자연과 교감하며 좋은 벗과 함께 하는 라운드는 취미를 지나서 인생의 일부

가 되니 〈이를 도道라고 한다.〉

> "당신이 행복하지 않다면 집과 돈과 이름이 무슨 의미가 있을까요? 그리고 당신이 이미 행복하다면, 그것들이 또한 무슨 의미가 있을까요?"
>
> – 리크라테스

내기 골프에서 '같은 값이면 다홍치마'라고 이기고 싶으면 아래 글을 참조하시길...

내기골프, 절대 지지 않는 10가지 방법

골프하면서 내기하는 것은 이젠 아주 흔한 일이 되어버렸습니다. 걍 습관적으로 내기하는 것을 당연시하는 우리들.

한번쯤 생각해 볼 만한 주제라는 생각이 듭니다. 내기골프에서 지지 않는 법을 얘기하기 전에 내기골프가 우리에게 어떤 의미가 있는 것인지 생각해 보는 것도 나쁘지 않을 것 같습니다.

내기골프는 재미있지만 일반적으로 골퍼들의 스윙과 게임성격에 많은 부정적인 영향을 끼칩니다. 그리고 한번 굳어져버리면 다시 고치기 어려운 것이 스윙과 게임의 운영방법입니다. 소위 싸움닭 형 골프하시는 내기꾼들의 골프는 철학적이거나 예술적이지도 않고 그렇다고 스포츠 멋이 있거나 도전적이지도 못합니다.

내기를 해도 나쁠 건 없지만 판이 커져 사행성을 띠게 되는 것과 내기 없는 골프가 재미없어지는 중독성을 경계하여 걍 치는 골프 자체의 매력을 항상 간직하시기를... 하지만 일단 내기가 붙으면 결코 지지 않는 강인함도 함께 하시길 바랍니다.

1. 나보다 고수와는 내기를 하지 않는다.

웃으실지 모르겠지만 고수와는 내기하지 않는 것입니다. 간단명료한 논리입니다. 핸디캡 1~2개 정도 차이 나는 고수와는 붙어 볼 만하지만 4개 이상 차이가 나면, 이길 수 있는 확률이 극히 낮아집니다.

70대나 80 초반의 고수와 90 이상의 하이핸디 캐퍼 간의 게임에서 고수가 하수에게 깨질 확률은 10% 미만입니다. 몇 개를 접어주냐에 상관없습니다. 10번에 9번 이상은 고수가 이기게 되어 있습니다. 하수가 고수를 이길 확률은 2%도 안 됩니다. 돈이 문제냐... 고수랑 라운딩하며 배우는 게 좋다는 생각이면 OK, 하지만 돈과 승패에 민감하신 분이라면 고수와는 내기하지 마세요.

2. 실력과 무관한 자신감을 가진다.

상대가 자신보다 하수이거나 비슷하면 당연히 자신감을 가져야 하고, 상대가 고수이면 골프 핸디캡과 무관한 자신감을 가지려고 노력해야 합니다. 자신감이란 이길 수 있다는 긍정적인 생각입니다. 자신감이 없으면 승부의 반 정도는 접히고 들어가는 것입니다. 상대도 어차피 같은 인간이므로 승부는 결판이 날 때까지는 모르는 것입니다.

골프장의 분위기에 휩싸이지 말고 자신이 상대보다 우수한 분야에 대한 생각을 하시기 바랍니다. 예를 들면, 상대보다 당구를 잘 친다든가 술을 잘 먹는다든가 혹은 고등학교 때 공부를 더 잘했다든가... 약간 유치하다는 생각이 들 수도 있습니다만 내기골프 자체가 이미 유치한 승부입니다. 상대가 나보다 한 수 위인 골프 생각에만 휩싸이면, 상대는 점점 커지고 자신은 점점 작아질 뿐입니다. 어떤 상황에서도 자신감을 잃지 마시기를 바랍니다.

히딩크 감독의 명언을 항상 가슴에 품고 라운딩하시기 바랍니다. "지는 것을 두려워해서는 영원히 이길 수 없다."

3. 절대 먼저 샷을 하지 않는다.

티샷의 경우는 차례가 자연히 정해지므로 할 수 없지만 세컨샷부터는 절대 성급히 먼저 샷을 하지 않아야 합니다. 홀에서부터 먼 쪽이 먼저 샷하는 것이 골프의 룰이므로 상대보다 내가 먼저 해야 되는 경우가 있겠지만 그럴 때조차도 상대의 의향을 타진하는 게 좋습니다.

흥미 있는 것은 동반자의 반 정도는 성격이 급하거나 다른 여러 가지 이유로 자신이 홀에 가까워도 이쪽이 양보하면 먼저 샷을 한다는 겁니다. 이건 리듬에도 관련 있는 중요한 포인트입니다. 상대의 샷을 관찰하며 시간적 여유를 가지고 천천히 서두르지 않고 샷을 준비하고 실행합니다. 동반자와 비슷한 장소에 공이 있으면 무조건 상대에게 먼저 치라고 양보합니다. 모든 샷과 퍼팅에서 절대 해롭지 않은 전략입니다.

전략적으로 티샷을 상대보다 짧게 쳐 세컨샷을 먼저 그린에 올려 상대에게 pressure를 준다는 얘기가 있습니다만 그건 프로들 혹은 아마추어 고수들에게나 해당되는 말입니다. 자신에게 냉정히 질문해 보십시오.

그렇게 마음먹은 전략대로 샷을 할 수 있는 실력인지… 대답이 아니라고 나오면 나중에 샷을 하는 게 훨씬 유리합니다.

상대의 실수를 바라는 건 승부에 좋지 않은 영향을 주지만 걍 먼저 샷한 상대가 실수하면 게임을 풀어 나가기가 훨씬 수월해 집니다. 샷할 때 절대 성급하지도 말고 서두르지도 마시기를 바랍니다.

4. 경박하게 일희일비하지 않는다.

샷이 조금 잘못되면 금방 죽을상을 하고 조금 맞는다 싶으면 요란하게 방정을 떠는 골퍼는 발가벗고 라운딩하는 거나 마찬가지입니다. 상대에게 자신의 감정을 드러내지 않는 것을 강조하는 이유는 골프가 멘탈게임이기 때문입니다. 되도록 무표정으로 일관하시기를 바랍니다. 그렇다고 무뚝뚝한 라운딩을 하라는 얘기는 아닙니다. 예의를 갖추고 사려 깊게 행동하면서도 과묵하게 자신의 샷의 결과에 전혀 흔들림 없는 감정체계를 유지하라는 말입니다. 그걸 상대가 알게 되면 소름끼칠 정도로…

상대에게 얕보이면 상대는 더 이상 샷에 대한 정신적 두려움이 없는 게임을 하게 됩니다. 골프에서 정신적 두려움이 있는 상대와의 내기는 시작하기도 전에 이미 한수 접히고 들어가는 것입니다.

상대에게 감정의 등락을 쉽게 보여주지 않는 것이 상대의 정신적 게임에 도전하는 유일한 방법이며, 골프의 승부에 아주 중요한 포인트입니다. 특히 퍼팅 시 요란하게 몸 쓰지 마시고 아슬아슬하게 안 들어간 퍼팅에 속으로는 안타까워 미칠 것 같아도 겉으로는 무덤덤하시기를 바랍니다.

5. 끝까지 승부의 끈을 놓지 않는다.

승부를 일찍 포기하는 골퍼들이 의외로 많습니다. 그래서는 이길 수 없습니다. 내기골프에서 지지 않는 법은 바꾸어 말하면 항상 이기는 법입니다. 이기지 못하면 지는 것이므로 더 이상 희망이 없는 막다른 코너에 몰렸을 때조차 최선을 다하는 의지가 필요합니다.

마지막까지 물고 늘어지는 투지를 가지면 놓칠 것 같던 승부도 뒤집어지는 경우가 생기며, 설사 그 판을 지더라도 상대에게 강한 인상을 심어주게 됩니다. 결코 쉽지 않은 상대라는... 그 자체가 다음 판에 상대방에게 압력(pressure)으로 작용하게 되지요...

승부할 때 제일 안 좋은 것이 일찌감치 승부를 예측하고 포기하는 것입니다. 예를 들면, 홀매치의 경우 상대방의 티샷이 그림처럼 페어웨이를 가르면서 거리를 냈는데 나는 OB가 나거나 숲을 찾아 간 경우 홀 아웃하기도 전에 그 홀을 아예 포기한다거나, 스트로크 플레이의 경우 전반 9홀에 10스트로크 이상 차이 나면 후반을 포기해 버리는 골퍼는 백번 죽었다 깨도 소위 '강한 골퍼'가 될 수 없습니다.

끝까지 포기하지 않는 골프를 하시기 바랍니다.

6. 돈 따고 싶으면 숏 게임 연습을 많이 한다.

굳이 토를 달지 않아도 이해가 가는 대목일 겁니다. 내기골프에서는 숏 게임 잘하는 사람이 돈을 따게 마련입니다. 주위의 동반자들이 모두 내기를 즐겨 어차피 본인의 골프인생이 내기골프를 피해 갈 수 없는 운명이라면 죽어라고 숏 게임과 퍼팅을 연습하세요.

숏 게임과 퍼팅연습은 다른 것과 달라 연습장에 가지 않고 집에서도 할 수 있습니다. 거실에서 TV 틀어 놓고 뉴스 들으면서 계속 퍼팅 연습할 수도 있고, 소파에다 대고 칩샷 연습할 수도 있습니다. (마눌님들이 들으면 기겁할 얘기지만...^^)

웨지와 퍼터가 얼마나 손에 익었느냐가 몇 타를 좌우하는 법입니다. 오죽하면 퍼터를 끼고 잔다는 사람이 다 있을까요?

7. 집중력을 잘 관리한다.

물론 집중력을 18홀 내내 잃지 않고 유지할 수 있다면 가장 좋겠습니다만, 그렇게 하기는 프로들도 힘겨울 겁니다. 그렇다면 집중력을 잘 관리해서 결정적인 순간에 써야 합니다. 쉽지 않은 일이지만 경험과 동물적인 감각을 통해서 느낄 수 있을 겁니다. 아! 지금 이 샷이 결정적인 샷이구나... 그럴 때 놓치지 않는 집중력을 기르시기 바랍니다.

골프도 인생과 같아서 라운딩 전체를 통해서 2~3번의 기회가 옵니다. 다른 샷과 쉽게 구별이 안 가지만 상황과 분위기에 따라 결정적인 파 세이브라든가 클러치 퍼트를 성공시킴으로써 게임을 주도하는 흐름이 나에게로 흘러들어 오는 것입니다. 상대의 기를 꺾는 효과도 있습니다. 아시죠? 골프 특히 내기가 걸렸을 때는 기싸움이 중요하다는 거...

8. 구찌를 절제한다.

계속 상대에게 말빨을 구사하여 게임에 영향력을 행사하려는 시도는 좋지 않은 버릇이며, 자신에게도 부정적인 영향을 가져옵니다.

말이 많으면 상대가 아예 건성으로 듣거나 재껴 놓아 버리기 때문에 본인 입만 아프고 게임의 리듬과 게임 운영을 혼란스럽게 만들 뿐입니다. 가벼워 보이고 괜히 얕보이게 되는 지름길이지요... 말 많으면 그만큼 실수할 수 있는 가능성도 커지고...

침묵하다가 결정적인 순간에 툭 내뱉는 한마디가 진짜 [구찌]입니다. 구찌에 대한 항목은 룰에 없으므로 사용 여부가 각자의 개인판단입니다만, 한 라운딩을 통해서 아주 결정적인 순간에 한 번 정도 쓰는 게 바람직하다는 생각입니다. 너무 자주 쓰면 사람 우스워 보이고 어딘지 경박해 보이는 것이 구찌입니다.

9. 티샷이 말을 안 들을 때는 내기하지 않는다.

골프의 티샷은 건축의 주춧돌이며 화가에겐 밑그림의 구도 같은 것입니다. 내기골프란 어느 정도의 경쟁력이 있어야 가능한 것입니다. 골프는 건축의 설계와 같은 것입니다. 이렇게 티샷을 때린 후 세컨샷은 요렇게 하면서 전체적인 홀과 라운딩의 전략을 짜야 전체게임의 컨트롤이 가능한 법인데, 그 맨 밑바닥의 기초가 흔들리면 말짱 꽝입니다.

아이언 샷과 숏 게임, 퍼팅은 저마다 등락과 부침이 있고 그걸 잡아가는 과정 또한 도전의 여정입니다만, 티샷이 말을 안 들으면 매 홀의 시작부터 경쟁력을 잃게 되고 그래서는 정상적인 플레이가 불가능합니다. 간혹 티샷이 완전히 난조에 빠질 때가 있지요? 그럴 땐 내기 안 하시는 게 좋습니다.

10. Last but not least, play your own game.

평상심을 잃지 마시라는 이야기입니다. 절체절명의 순간에도 분위기나 상대의 게임에 영향 받지 않는 뚝심 있는 골프를 해야 내기에 강해집니다.

상대가 버디를 하건 더블파를 하건 내가 계획한 대로 내 골프를 하시는 겁니다. 남의 실수를 바라지도 말고 남의 굿 샷에 주눅들 필요도 없습니다. 상대가 잘 친 샷을 따라가려고 도중에 전략을 바꾸지 말 일이며, 상대가 실수했다고 방심하지 말라는 이야기입니다. 묵묵히 내 전략대로 최선을 다하면 어떤 승부도 유쾌하게 받아들일 수 있을 것입니다.

내기골프...

물론 재미있고 게임의 상승효과를 가져오기도 합니다만 골프 자체에서 느끼는 근본적인 매력을 잃지 말아야 합니다. 골프는 그 자체만으로 철학이고 예술이며 우리의 인생입니다.

* Golf Sky에서 모셔온 글인데 원저자분! 감사.

어떠한 스포츠건 내기의 목표는 내기에 걸린 돈이 아니라 게임을 즐겁게 하기 위해서입니다. 게임의 조미료 역할을 하는 내기가 경계선을 넘는 것은 경기 자체보다 내기에 걸린 돈에 집중하는 데서, 아니 집착하는 데서 비롯됩니다. 그리고 무엇보다 중요한 것은 자존심의 문제입니다. "꼭 이겨야 한다..."는.

돈을 따고 싶으면 라스베가스로 가셔야죠!!! 골프장에서 돈 따봐야 얼마나 되겠습니까?

자존심!

예, 고도리 쳐서 돈 잃을 때보다도 훨씬 기분이 나쁩니다. 고도리에서는 '운運'이라는 요소가 많이 작용하니 돈 좀 잃어도 운이 나빴다고 치부합니다. 그런데 골프에서 몇 푼 잃으면 왜 더 기분 나쁠까요? 그것은 자존심 때문입니다. 자존심에 손상을 입었다고 생각하기 때문이죠.

그냥 '道' 닦는 데 교습비로 냈다고 생각하면 안 될까요? 초보 때는 엄청나게 교습비 많이 내게 되어 있어요. 내기에서 배춧잎 좀 날려도 까짓것 그냥 '道' 닦는다고 생각하시길! 몇 푼 안 되는 것 가지고 우정을 해치고 골프의 재미를 훼손하는 도度에 넘는 내기는 자제하시길...

그래도 내기하시겠다면 이런 사람은 주의하시길 바랍니다.

첫째는, 느낌이 안 좋은 사람입니다. 사람에게는 원초적인 육감도 있고, 한 차원 높은 영감도 있습니다. 무협지에서도 보면, 절정 고수는 티내지 않아도 고수의 은은한 기가 풍겨 나옵니다. 초절정 고수는 아예 그런 기도가 보이지도 않습니다. 어떻게 그걸 알 수 있을까요? 그건 여러분이 고수가 되면 자연스럽게 알게 됩니다.

글로는 표현이 어렵습니다. ㅋㅋ

둘째는, '데이비드 마'라는 미국의 프로가 말한 것으로, '피부가 새까맣게 그을린 사람', '1~2번 아이언을 가지고 다니는 사람', '집념의 눈빛이 번쩍이는 사람'입니다.

셋째는, 매너가 불량한 사람입니다. 왜냐하면, 그 사람 때문에 여러분 스스로가 무너지기 때문입니다. 이런 경험 많이 하셨겠죠?

위 열 가지 유의사항을 잘 이해하시면 내기골프의 재미가 더해질 겁니다. 골프, 뭐 대단한 것도 아닙니다. 즐겁게, 재미있게 치십시오!

'도道'란 무엇인가? - #2

'평상심'에 대하여...

골프에서 가장 큰 적은 자기 자신이라고 합니다. 왜 그럴까요? 우리는 잘 치면 우쭐하고, 잘 못 치면 화내고... 자주 흥분하게 됩니다. 너무 기뻐도, 너무 화나도 골프를 망칩니다. 자기를 잘 다스리는 것이 골프에서는 무엇보다 중요합니다. 자신의 감정의 파도를 잘 다스리기 위해 자기 자신과 끊임없이 내적 투쟁을 합니다.

이 싸움에서 감정이라는 적을 잘 제압하여, 마음을 잔잔한 호수면 같이 유지해야, 즉 평상심을 가져야 합니다. 이 평상심은 있는 그대로를 진리로 받아들일 줄 아는 마음입니다. 전에 언급한 주지스님처럼 이쁘면 이쁜 대로 보면 되는 것이죠.

골프는 다른 어떤 스포츠보다 영적인 운동입니다. 아마 종교에 버금갈 정도로 여겨집니다. 종교라는 것이 신에게 귀의하는 것도 있겠지만, 무엇보다 마음을 닦는 것도 한 축을 이루지 않을까요? 골프가 종교와 비슷한 것은 이 평상심 때문입니다. 골프에서 샷이 무너지는 것은 기술 부족에도 원인이 있겠지만, 대부분이 평상심을 잃었기 때문입니다.

욕심이 제1의 적敵이오, 화내고 우쭐대는 희로애락의 감정 파도가 제2의 적입니다. 이런 적들을 평정하여 평상심을 유지하는 것이 '道' 닦은 것이며, 곧 골프도 잘 치는 비결입니다.

무운선사님은 평상심이 곧 '道'라는 것을 이렇게 시로 표현하셨네요.

"봄에는 꽃이 피고 여름에는 달이 뜨고
가을에는 서늘한 바람 불고 겨울에는 눈 내리네.
쓸데없는 생각만 마음에 두지 않으면
이것이 바로 좋은 시절이라네."

평상심이란 비일상적인 것이 아니라 언제 어디서나 우리들이 가지고 있는 마음입니다. 평상심이 곧 '道'라는 것은, 우리의 일상생활 속에서 늘 변함없는 마음, 그 자체가 '道'라는 것입니다.

우리는 골프장에 갈 때 '道' 닦는다는 마음으로 갑시다. 골프장에는 수많은 감정들이 일어납니다. "요걸 한방에!" 내 감정의 적들을 싸워 이겨야 평상심 즉 '道'를 얻을 수 있습니다. 매번 '혹시나' 하고 갔다가 '역시나' 하고 돌아오는 것이 현실이지만, 언젠가는 골프장에서 득도得道를 할 것이라고 믿습니다.

골프장에서 너무 일희일비하지 마세요. 남 오비 났을 때 가련한 마음 가지시고, 내가 버디했을 때 배춧잎 나오는 상대도 헤아려주시고, 내가 양파 먹어도 분노하지 말고, 양파는 피를 맑게 해준다는 의학적 효능을 증명했다고 자위하시길 바랍니다.

마음에 대하여 - #2

마음에 대한 궁금증으로 마음의 실체를 찾아보았습니다. 마음 공부를 하려면 최소한 마음이 무엇인지 개념을 잡아야겠다는 오기의 발로라고 할까요?

한 마디로 표현하면, "어렵습니다." 『마음 알기』가 마음대로 안 됩니다. 그래서 마음 닦는 것을 『道 닦는다』고 표현하나 봅니다. 그래도 마음이 정확히 뭔지 말하라고 하면?

"#@*&%#!!!"

선문답으로 하면, ^^마음은 그냥 마음이다!^^

실체도 색깔도 형태도 없는 관념을 어찌 설명해야 하나요? 이럴 때 쓰는 표현이, "마음 편하게 살아"입니다.

도교, 불교, 유교, 실학파, 기독교 모두 이 마음이라는 화두를 어떻게 풀어 가느냐에 관심이 집중되는 것 같습니다.

대표적으로 불교의 『일체유심조一切唯心造』로 '모든 것은 마음먹기에 달려 있다'고 합니다. 다른 종교들도 마음을 어떻게 다스려야 하느냐가 핵심이 아닐까요?

『사랑』이라는 것도 마음에 관련된 것이죠. '사랑과 미움'에서 뭐가 사랑을 만들고 뭐가 미움을 만드나요? 당연히 마음 아니겠어요!

마음과 관련하여 사전적 정의는 "마음은 지각하고 사유하고 추론하고 판단하여 자신을 통제하는 역할을 한다"입니다.

쉽게 불교용어로 풀어 드릴게요. 마음에는 4가지가 있답니다.

1. 마음자리: 근원적 마음의 바탕으로 평온한 바다 같은 존재.
2. 마음결: 마음이 외부에 의해 반응하고 감응하는 것. 마음 바다에 바람이 일어나는 것.
3. 마음씀: 마음결이 실제로 밖에 드러나는 것. 마음의 발현이며 바람으로 물결이 치는 것과 같음.
4. 마음씨: 마음결이 일어나고 마음씀이 드러날 때 어떤 모양이 되어 나타나는 것.

결론적으로 마음은 하나밖에 없는 마음자리, 즉 마음바탕이 어떤 움직임으로 발현되고 어떤 모양으로 나타나느냐입니다. 그래서 마음이 자꾸 변하는 것을 어떻게 잡느냐?

원래 고요한 바다 같은 마음자리를 자~알 유지하는 것이 수행입니다. 종교라는 것도 결국 우리의 마음을 바로잡게 하는 게 아닐까요?

내 마음은 어디에 있나? 내 마음이란 것이 가치 없이 남용되어 나를 어지럽게 하고 여러분을 불편하게 하네요. 내 마음을 『마음대로』 써서...

마음과 세상

내 마음이 쉬면
세상도 쉬고,

내 마음이 행복하면
세상도 행복하다.

내 마음 따로 세상 따로 있는 게 아니다…

'착각'에 대하여

'자신은 착각할 게 없다'는 것이 세상에서 가장 큰 착각입니다. 그런데 착각하면 좋은 점도 많습니다.

첫째, 착각은 자유다. 그래서 행복하다.

둘째, 착각을 즐겨라. 그래야 행복하다.

셋째, 착각을 활용하라. 그럼 더 행복하다.

착각도 정말 심하게 나타나네요. 왜 그런지 아시나요? 철저하게 자신의 관점에서 보기 때문입니다. 다른 사람의 마음은 안중에도 두지 않으니까요. 심하면 노망에 빨리 이른다고 하니, 상대의 입장도 헤아려보는 마음도 가져보시기 바랍니다. 치매까지 안 가려면…

인생은 착각의 연속!!

〈남자들〉 못 생긴 여자는 꼬시기 쉬운 줄 안다.

〈여자들〉 남자들이 같은 방향으로 걷게 되면 관심 있어 따라오는 줄 안다.

〈꼬마들〉 울고 떼쓰면 다 되는 줄 안다.

〈엄마들〉 자식이 공부만 잘 하면 다 되는 줄 안다. 자기 애는 머리는 좋은데 열심히 안 해서 공부 못 하는 줄 안다.

〈대학생들〉 철 다 든 줄 안다. 대학만 졸업하면 앞날이 확 필 줄 안다.

〈부모〉 자식들이 나이 들면 효도할 줄 안다.

〈육군 병장〉 제가 세상에서 제일 높은 줄 안다. 하긴 오대 장성 중 하나다.

〈아가씨들〉 저들은 절대 아줌마가 안 될 줄 안다.

〈아줌마〉 화장하면 다른 사람 눈에 예뻐 보이는 줄 안다.

〈연애하는 남〉 결혼만 하면 깨가 쏟아질 줄 안다.

〈시어머니〉 아들이 결혼하고도 자기 부인보다 자기를 먼저 챙길 줄 안다.

〈장인·장모〉 사위가 처갓집 재산에 관심 없는 줄 안다. 돌빛골 사는 예외나!

〈회사 사장〉 종업원들을 다그치면 다 열심히 일할 줄 안다.

〈골퍼〉 멀리건 받고, 긴 퍼팅도 OK 받고, 첫 홀 자동 보기로 적은 스코어가 자기 진짜 실력인 줄 안다.

〈아내〉 자기 남편은 젊고 예쁜 여자에 관심 없는 줄 안다. 남편이 회사에서 적당히 해도 안 짤리고 진급되는 줄 안다.

〈남편〉 살림하는 여자들은 집에서 노는 줄 안다. 돈 버느라 고생하는 남편이 불쌍해서 아침상에 반찬 좀 신경 써주면 지난밤에 밤일 잘해서 신경 쓴 줄 안다.

〈이 글을 읽는 사람들〉 자기는 안 그런 줄 안다. 자기만 고상하고 품위 있는 줄 안다.

"가장 힘든 일은, 자신이 틀렸음을 깨닫고 스스로 인정하는 것이다. 자신에 대해 솔직해지는 1분은, 자기를 기만한 며칠, 몇 달, 몇 년보다 값지다."

– 켄 블랜차드

골프에서 가장 무서운 적은?

예, 자기 자신입니다. 가장 큰 적이죠. 남을 속이기는 쉽습니다. 그런데 자신을 속이기는 어떤가요?

예, 한 마디로 저속한 표현을 하면, 드(?)럽습니다. 자기 자신을 속이는 것 절대 해서는 안 되는 것인데…

예, 많이 그리고 자주 자주 속입니다. 나와 나 자신이 속고 속이고… 또 속이고 속고… 끊임없는 투쟁 아닌 투쟁을 하는 것이 인생 아니겠이요?

그래서 자기 자신을 이기는 자가 세상에서 가장 강한 자라고

한답니다. 실 예로 골프를 든다면,

알까기,

볼 터치하기,

마킹할 때 조금 앞에 두기,

헛스윙,

타수 줄이기...

그러고 나면 다음 샷 잘 됩니까? 아니죠? 그냥 양심이 시키는 대로 하는 게 속 편합니다. 이제까지 우리들은 필드에서 자신을 속이고 단 한 번도 마음 편한 적이 없었을 겁니다.

서양 속담에 "The honesty is the best policy."라고 하던가! 정직이 최선의 방책입니다. 누구한테? 우선 자기 자신한테 먼저... 그리고 타인에게도...

아니라고요? 세상 살아보니 그게 아니더라구요? 그럼 그렇게 사시든가...

"나만의 골프 치는 비법"

골프 잘 치는 비법이 과연 무협지에 나오는 무공비책처럼 존재할까요? 소위 달인이 되기 위해서는 약 10년이 소요된다고 하고, 마스터 즉 장인이 되기 위해서는 20년 정도를 한 분야에 정진해야 된답니다. '마스터리 법칙'과 '전쟁의 기술'을 펴낸 Robert Greene이라는 사람이 얘기한 것이니 더 신뢰가 가는 주장입니다.

골프비법이란 책은 없습니다. 내공을 증진시키는 영과穎果인 신령스런 과일도 없구요. 아마 골프 책 지은 저자들이 제 말을 들으면 드라이버 대신 3번 아이언을 들고 달려 올 겁니다.

아니? 왜 3번 아이언이냐구요? 드라이버를 들지 않구... 골프해 보신 분들은 다 압니다. 3번 아이언 잘 치기가 얼마나 어려운지... 3번 아이언으로 살인을 해도 아주 관대하게 처벌 받을 수 있답니다. 그렇게 치기 어려운 골프채로 어떻게 사람을 죽일 수가 있을까 하는 불신 때문이죠. 단, 판사가 골프광일 경우에만 한해서...

다시 한 번 말씀드립니다. 이 세상에 골프비법이라는 책은 존재하지 않습니다. 그러면 어찌해야 될까요? 골프는 잘 하고 싶은데...

첫째는 좋은 선생을 만나는 것입니다. 인생도 군대도 학교도 그리고 골프도 어떤 스승을, 어떤 멘토를 갖느냐가 성공과 실패를 결정합니다. 왜냐면? 설명이 필요할까요?

둘째는 자기를 잘 알아야 합니다. 자기의 능력과 잠재력을 알아야 합니다. 소위 지분, 수분, 안분처럼... 자기 분수를 알고 자기 분수를 지키면 자기 분수가 안전합니다.

셋째는 근면성입니다. 성공의 필요충분조건이죠. 노력하는 자를 당해낼 자는 이 세상에 아무도 없습니다.

세 가지 비법! 다 아신다고요? 그런데 왜 최고가 안 됐을까요? 해답은 아주 단순한 데 있습니다.

"실행하라!"

> Manners make golfers: 매너가 골퍼를 만든다.
>
> – 스코틀랜드 속담

G O L F

Green, Oxygen, Light, Foot의 약자라네요.

파란 잔디 위를 맑은 공기 마시면서, 태양 아래에서 두 발로 걷는 운동입니다. 좋은 운동이죠! 그런데 거꾸로 배열하면 어떤가요?

F L O G!

개구리가 됩니다. 골프공은 어디로 뛸지 모릅니다. 특히 백돌이와 백순이 볼은 마치 개구리가 어디로 뛸지 모르듯이. 개구리처럼 되지 않기 위해서 고수들의 라운드 관리를 알아보겠습니다.

골프고수의 라운드 관리

1. 라운드 앞서 컨디션 관리

Pre-round routine이라고 합니다. 마치 Pre-shot routine처럼 라운드하기 전에 준비가 필요합니다. 최소한 라운드 한 시간 전에는 도착해서 몸도 풀고 마음도 정리하시기 바랍니다.

2. 라운드 전에 잘난 척 금지

자만하지 말고, 쓸데없이 힘 빼지 말라는 뜻입니다.

3. 퍼팅 연습은 전날 반드시 할 것

퍼팅에는 왕도가 없다고 합니다. 감이 중요하다고 합니다, 땡감보다는 홍시 같은 감이... 연습할 시간이 없으면 모포 깔고 퍼팅 연습이라도 하십시오. 요새는 퍼팅 매트에서 하시길! 모포 깔았다가는 그대 밥상에는 풀만 무성할 것입니다.

4. 한 수 배운다는 자세로

무릇 선한 사람은 선하지 않은 사람의 스승이요, 선하지 않은 사람은 선한 사람의 자원이라고 합니다. 이것이 밝은 도를 따르는 것입니다. 세상에 쓸모없는 사람이나 사물은 없습니다. 골프! 나보다 못 치는 사람에게서도 배울 점이 있습니다. 반면교사도 선생님입니다!

5. 긍정적인 사고와 태도를 견지하라

'긍정은 천하를 얻고 부정은 깡통을 찬다.' 골프만 그런 것이 아닙니다. 세상만사가 다 거기서 거기입니다. "골프와 인생 비슷비슷하다. 아니 너무 똑같다."

道를 닦으면 골프고수가 되나? 아니면 골프 잘 치면 득도가 되나?

퍼팅의 신 - #1

왜 '드라이버의 신神'이나 '아이언의 신'이라고 하는 표현은 없을까요? 아, 참! '어프로치의 귀재'라는 표현은 있습니다. 그렇지만 '어프로치의 신'이라고는 하지 않습니다.

왜 그럴까요? 이유는 아주 단순합니다. 골프에서 가장 중요한 것이 이 퍼팅이기 때문입니다. 싱글에게는 퍼팅이 차지하는 비중이 약 40%가 됩니다. 80타를 치는 싱글은 약 36개 정도의 퍼팅을 합니다. 14개의 골프채 중에 퍼터 한 개가 차지하는 비중이 전체에서 제일 큽니다.

아마도 『드라이버는 쇼, 퍼팅은 돈』이라는 말이 골프에서 '백미'라고 해도 과언이 아닙니다. 프로의 세계에서는 퍼팅 한 타에 수 억 원이 오갑니다. 한 번 스트로크에 수 억!

단, 1밀리라도 공이 홀에 도달하지 못하면 홀인이 안 됩니다. 300미터나 1센티도 똑같은 한 타입니다.

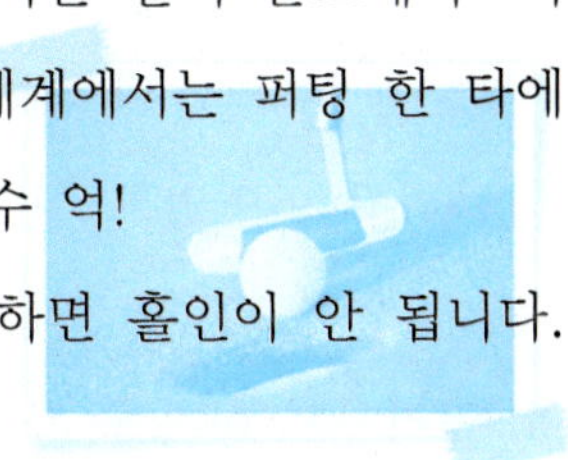

"Never Up, Never In"

퍼팅 잘하는 방법 전에, '골프의 3C'라고 들어 보셨을 겁니다. 3C는 Confidence. Concentration. Compose 또는 Control이라고 합니다.

'밥 로텔라'라는 심리학자가 하신 말씀인데 '밥' 먹고 할 일 없어 하신 말씀이 아니고, 골프 치는 데 제일 중요한 것이라고 정리한 것입니다.

그중에서 퍼팅에 가장 중요한 것이 자신감(Confidence)입니다.

"퍼팅은 자신감이다!" 다른 일들도 마찬가지로 이 자신감이 중요합니다. 자신 있는 자는 가슴이 펴져 있고 늠름합니다. 하는 일도 거침이 없습니다. 그런데 이 자신감은 어떻게 생길까요? 그냥 생각하면 생깁니까? 아니죠. 끊임없는 자기 성찰과 노력으로 만들어지는 것입니다.

자신감! 감나무에서 감 떨어지듯 생기는 것이 아닙니다. 그래서 "퍼팅에는 왕도가 없다." There is no royal road to putting! 고 합니다.

연습, 연습, 연습의 결과로 만들어지는 것임을 명심하시길… 드라이버 거리가 남보다 짧은 골퍼, 아이언에 자신이 덜한 골퍼에게는 이 퍼팅이 필살기必殺技입니다.

성경에 나오는 다윗과 골리앗의 싸움을 생각해 봅시다! 300미터 날리고 아이언도 잘 치는 골리앗 골퍼에게 당신은 어떻게 상대해야 할까요? 다윗의 돌팔매 같은 무기가 있어야 하지 않을까요. 골리앗의 이마를 한 방에 쳐서 녹다운시키는.

다윗 골퍼가 되기 바랍니다. 다윗의 돌팔매, 퍼팅! 퍼팅입니다. 퍼팅의 중요성을 왜 성경까지 들고 나와서 돌빛골사가 열을 토하는지 이해하시기 바랍니다.

"퍼팅으로 그대의 적을 일거에 제압하라!"

> 상대의 기선을 제압하고 가슴에 비수를 꽂는 것은 드라이버가 아니라 퍼팅이다.
>
> – 리크라테스

퍼팅의 신 - #2

다 아시는 것이지만, 다시 상기한다는 기분으로 보시기 바랍니다. 빌 게이츠는 '하늘 아래 새로운 것은 없다'라고 했습니다. 비법이란 게 다 그게 그겁니다. 어떻게 조합하고 풀어 놓느냐 하는 것이죠. 편의상, 『매경』에 나온 것으로 기준을 삼겠습니다.

1. 퍼팅은 공이 홀을 조금 지나친다고 생각하고 쳐라.

'조금'이라는 것은 다음 퍼팅으로 편하게 넣을 정도의 거리를 말합니다. 약 30cm라고 칩시다. 왜 그렇게 쳐야 할까요?

첫 번째는 퍼팅의 제1의 금언 때문입니다. "Never Up, Never In"입니다. 홀에 공이 미치지 않으면 안 들어갑니다. 몇 미터 앞도 아니도 홀 바로 앞에서 볼이 멎으면 열 받겠죠! 차라리 지나쳐서 안 들어가면 나은데 도달하지 못해서 못 들어간다면, 우리는 이를 '공무원 퍼팅'이라고 합니다. 소심한 넘(?)이라고 하죠.ㅎㅎ

두 번째 이유는 기술적이기보다는 상황인데 홀 주위를 본의 아니게 골퍼들이 많이 밟아서 홀 주위가 주변보다 다소 높습니다. 그래서 볼이 힘이 약해지면 홀컵에서 휘어지는 것입니다. 이런 것을 생각하면 과감하게 퍼팅해야 합니다.

자신감을 가지고...

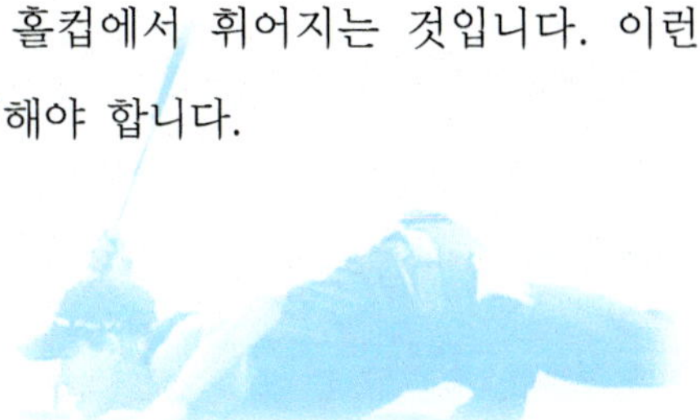

2. 폴로스루는 길고 부드럽게, 그리고 헤드 스윗 스팟에 공을 정확히 맞춰라.

공무원 퍼팅하는 사람들은 긴장하면 길게 빼서 짧게 치는 경향이 많습니다. 소심해서 그런 걸까요? 그래서 퍼터헤드를 홀에 주듯이 퍼팅하라고 합니다. 물이 위에서 내려오듯이 쫘아악~~~

3. 왼쪽 손등이 타깃 즉 홀 방향으로 향하도록 하라.

아마도 우리 주말 골퍼들이 퍼팅시에 당겨치는 버릇 때문에 나온 말입니다. 2번처럼 물 흐르듯이 홀을 향해 퍼터를 주면 다 해결됩니다. 보통 하수는 공이 홀 왼쪽으로 많이 빠지고, 고수는 오른쪽으로 많이 빠집니다. 그런데 진짜 고수는 공이 홀에 바로 들어가는 거 아시나요? 안 들어가면 다 '꽝'입니다. 다음 기회에...

4. 손목 움직임을 자제하라.

코킹 이외에는 손목 쓸 이유가 골프에서는 거의 없습니다. 숏게임에서 칩샷 할 때도 손목 쓰다가 낭패 봅니다.

조심, 조심!

절대 헤드가 손보다 먼저 나와서 공을 치지 않도록 핸드 퍼스트 개념 하에 퍼팅하시길...

퍼팅은 손목으로 하는 것이 아니라 어깨와 팔로 '원세트'로 해야 일관성이 생깁니다. 즉, 어깨와 팔이 하나가 돼서 퍼팅하라는 것입니다. 필요하면 꼭 레슨을 받으시길 바랍니다.

5. 퍼팅 그립은 중립으로, 그리고 가볍게 잡으라.

왜 중립? 중립으로 채를 잡아야 중립으로 치죠! 가볍게 잡으라는 것은 긴장을 풀고 채의 무게를 느끼라는 것입니다. 부드러움은 강함을 이길 수 있습니다. 꽈~~악 잡지 말고 연인의 손을 잡듯이...

세상사는 지혜

노자老子는 스승商容의 병이 깊어지자 마지막 가르침을 청했다. 스승은 자신의 입을 벌려 노자에게 보여주며 물었다.

"내 혀가 있느냐?"

"있습니다."

"내 이빨은 있느냐?"

"스승님의 치아는 다 빠지고 남아 있지 않습니다."

"이는 다 빠지고 없는데 혀는 남아 있는 이유를 아느냐?"

"이는 단단하기 때문에 빠져 버리고 혀는 부드러운 덕분에 오래도록 남아 있는 것 아닙니까?"

"바로 그것이다. 부드러움이 단단함을 이긴다는 것! 물방울이 바위를 뚫고 나무가 쇠를 닳게 하는 이치, 천하만사의 이치가 다 그러하고, 그것이 세상사는 지혜의 전부이니라. 이제 더 이상 너에게 줄 가르침이 없구나."

노자는 《도덕경》에서 물을 칭송한 부드러움의 사상을 강조하였습니다. 가장 훌륭한 것은 물처럼 되는 것이다(상선약수上善若水).

> "세상에 물보다 더 부드럽고 여린 것은 없다. 그러나 단단하고 힘센 것을 물리치는 데 이보다 더 훌륭한 것은 없다. (天下莫柔弱於水, 而攻堅强者, 莫之能勝)."

노자는 훗날 사람들이 힘만 숭상할 것을 미리 간파했음인지 간단명료한 한마디를 덧붙여 놨습니다. "부드러움을 지키는 것이 진정한 강함이다(守柔曰强)."

퍼팅을 애인 다루듯이 부드럽게 하라!!! 퍼팅을 잘 못한다는 것은 어찌 보면 지혜롭지 못한 것이다. 물처럼 퍼팅을 하자!

> 1m의 퍼팅은 미스하기에 충분한 거리이고 미스하면 불명예스러운 짧은 거리이기도 하다.
>
> – 필립 몽클리프

퍼팅의 신 - #3

6. 그린은 볼과 홀의 반대편에서 낮은 쪽으로 돌면서 읽어라.

프로 흉내 낸다고 왔다리갔다리 하는 아마추어 분들은 골프의 칠거지악의 하나인 지연플레이를 범하고 있다는 것을 알아야 합니다. 가장 자연스런 그린 읽기는 그린에 도착 시 홀 반대편으로 가서, 자연스럽게 그린이 낮은 쪽으로 반 바퀴 돌아 공 뒤로 와서 라이를 읽으면 됩니다. 이것도 습관화되면 일종의 프리 퍼팅

루틴(Pre-putting routine)이 되는 것이지요.

7. 가상의 홀을 향해 퍼팅하라.

오르막 라이는 홀이 실제보다 멀리 있다고 생각하고 가상의 홀을 이미지화하여 길게 퍼팅하시고, 내리막 라이는 경사의 각도에 따라 홀이 가깝게 있다고 생각하고 치시기 바랍니다.

옆 라이는 공이 어디서 속도가 떨어져 휠 것인가를 생각하여 가상의 홀을 만들고 퍼팅하되, 진짜 홀을 보지 않기를 바랍니다.

8. 롱 퍼팅은 방향보다 거리에 집중하라.

설마 5미터 이상 되는 퍼팅을 한 번에 넣겠다는 생각으로 치는 골퍼는 아니시겠죠? 보기 플레이어들, 즉 우리 주말골퍼들은 오케이 거리에 공을 갖다 놓는 것이 최선입니다. 그러다 들어가면 좋고. 거리감은 채를 뒤로 빼는 스트로크 크기로 거리감을 잡기 바랍니다. 공을 때려서 맞추기도 하지만 추천하고 싶지 않네요. 공도 애인처럼 살살 다루어야 도망 안 갑니다. 걍 1m 이내로 붙인다면, 3퍼트를 피할 수 있는 필요충분조건입니다. 그리고 가까운 거리는 자신 있게 쭈욱 밀어 치세요. 헤드를 홀에 가져다준다는 기분으로. 1m 정도의 퍼팅은 어깨로 민다는 생각으로 자신감을 가지고 하세요. 긴장하지 마시고.

9. 연습은 실전처럼, 실전은 연습처럼. 훈련은 실전처럼, 실전은 훈련같이.

연습 스트로크를 하는 것은 어느 세기로 이 그린에서 퍼팅을 해야 할지 가늠해 보는 것입니다. '연습 따로 실전 따로' 하는 게 아닙니다. 연습 스트로크 하는 이유가 무엇입니까? 실전에서도 똑같이 하기 위해 근육에 기억을 시키는 것입니다. 그 기억 그대로 퍼팅해야 흔들리지 않습니다.

골프는 지식으로 치는 것이 아닙니다. 퍼팅, 골프, 군생활, 어쩌면 인생까지도 우리가 열심히 연습하고 지식의 본질을 이해해서 자기 것으로 소화할 때, 비로소 생명을 얻는 것입니다. 즉, 지혜가 필요한 거 아닌가요? 퍼팅 기술은 연습으로 여러분의 근육 속에 새겨야 산지식이 됩니다.

인생도 골프처럼 실수를 허락하자!

골프의 황제 잭 니클러스는 『Golf My Way』에서 "골프를 치기 전에 나는 먼저 자신에게 6번 정도는 잘못된 퍼팅을 할 수 있다고 말해 줍니다. 그러고 나면 설사 잘못 쳤더라도 낙담하지 않게 됩니다. 아무리 좋은 상황에서도 사람은 실수할 수 있습니다. 하지만 이렇게 마음을 미리 편하게 가지면 부담이 훨씬 줄어 실수도 덜하게 됩니다"라고 하고 있습니다.

이 말은 골프뿐 아니라 인간관계에도 해당된다고 생각합니다. 우리는 가족이나 친구, 동료와 서로 교류하고 영향을 주고받으며 생활합니다. 이때 좋은 관계는 사랑과 이해를 더욱 깊게 만들어 주지만 나쁜 관계는 절망과 상처를 안겨 줄 수 있습니다.

그래서 우리는 항상 마음의 준비를 해야 합니다. 언제든지 잘못된 관계는 있을 수 있다고... 하지만 그럴 때 자신이나 다른 사람, 환경을 원망할 게 아니라 더 좋은 관계를 위해 노력해야 합니다. 당신이 남에게 잘못된 퍼팅을 날릴 수 있듯이 살면서 당신 친구가 당신을 향해 잘못된 퍼팅을 날릴지도 모릅니다. 그럴 때 이런 마음으로 그를 이해하고 감싸주면 어떨까요?

"아, 이건 그가 잘못 친 6개의 퍼팅 중 하나야……"

골프를 하면서 우리는 우리를 용서하는 법을 먼저 배우고, 나아가 타인도 이해하는 법을 배워야 하지 않을까요? 6개의 잘못된 퍼팅보다 더 많은 잘못을 범하면서 살고 있는 우리가 아닌가요? 열 개 정도는 잘못된 퍼팅을 허락하고 싶네요. 나에게...

진정한 리더십은 무엇인가?

모든 조직에서 성과를 내려면 부하를 닦달하는 것이 일반적입니다. 다그치면 부하들은 힘들겠지요. 부하들이 욕먹기 싫어서라도 정신없이 하다 보면 결과가 좋게 나올 수 있겠죠. 부하들이 죽든 말든, 나만 성공하면 된다는 생각으로 사는 윗분(?), 겉으로는 조직의 발전이라는 명분을 내세우지만 구성원들은 다 압니다.

비천한 가문에 태어났지만, 맥아더보다 더 훌륭한 '장군 중의 장군'이라고 불리는 니미츠 제독! 그의 리더십은 영원할 겁니다. 비록 그의 권력은 사라졌어도...

니미츠 제독의 다섯 가지 리더십의 특징

1. 동기를 유발하는 능력 ▷ 꿈과 열정 부여
2. 실수에 대한 관용 ▷ 질책보다는 만회할 기회 부여
3. 경청의 미덕 ▷ 부하의 말에 공감
4. 불간섭주의 실천 ▷ 관심과 관찰로 통솔
5. 외유내강의 카리스마 ▷ 자신에게 엄격, 부하에게 관대

니미츠 제독은 부하를 키우는 강한 리더십을 실천했습니다. 부하를 아끼고 사랑하는 그리고 성장시키는... 모든 리더가 니미츠 제독처럼 리더십을 발휘한다면 얼마나 좋을까요?

그런데, 그런데 말이죠. 위의 다섯 가지를 철저하게 반대로 하는 리더가 있다면, 당신은 어떻게 하겠습니까? "세상에 그럴리가요?"

예!

우리 나라 진급제도는 너무 훌륭해서 그런 사람 절대로 진급 안 시킬 겁니다. 아프리카 미개국가에서나 가능한 얘기죠!

'인생지사 일장춘몽人生之事 一場春夢'이라. 한숨 자고나면 다 끝 아니겠어요? 골프나 명예나 재산도...

아제! 아제! 바라 아제! (가자! 가자! 같이 가자!)

어디로?

골프와 리더십

골프와 리더십!

어떤 공통점을 발견할 수 있을까요? 골프는 철저히 개인적인 운동이라고 할 수 있는 반면에, 리더십이라는 개념은 조직이 전제되어야 합니다. 따라서 얼핏 생각하면 전혀 어울리지 않는 한 쌍처럼 보이지만 실제로는 그렇지 않습니다.

골퍼나 리더나 외로운 사람이기는 마찬가지입니다. 주변에서 조언을 듣기는 하지만 결국에는 혼자 결정을 내려야 하고, 그 결정에 대한 책임을 혼자 감수해야 한다는 점에서 공통점을 갖습니다.

둘 다 단순하지만 어려운 게임입니다.

골프! 단순히 채를 들어 공을 쳐서 홀에 보내면 됩니다.

리더십! 상식에 기초하여 기본원리를 실천하면 됩니다.

오랫동안 이 두 가지를 하면서 모두 만만하지 않다는 것을 느꼈습니다. 그런데, 다행스러운 것은 이 두 가지가 매우 연관성이 많다는 것을 깨달은 겁니다. '골프를 잘하면 할수록 리더십도 잘할 수 있다'는 것!!! 이 문제를 한 번으로 다 정리하기는 어렵지만 실전의 경험을 통해, 어찌 보면 임상실험처럼 입증이 되었습니다.

그럼 리더십 배양을 위해 모두 필드로 보내면 될까요? 여건이 허락되면 가능하겠지만, 골프 여건상 그럴 수는 없네요. 비용과 시간, 골프장 여건, 그리고 무엇보다 이를 지도할 멘토가 부족해서입니다.

국내 모기업 회장은 자신의 후계자를 그룹의 주요 간부들과 함께 골프를 하도록 시켰다고 합니다. 사실 여부를 확인할 수 없지만 충분히 개연성이 있다고 보입니다. 각 분야의 전문가이면서 고수인 그들과 함께 라운딩을 한다? 상상이 되시나요? 단지 운동만 하기 위해서일까요?

아닙니다! 아니예요! 이것처럼 확실하게 경영자 수업을 받는 방법이 있을까요? 대단한 발상입니다.

먼저 동반자가 어떤 사람인가?

어떻게 사물을 보는가?

상황을 어떻게 조치하고 극복하는가?

그리고 정말 믿을 만한가?

그들로부터 경영에 대한 노하우뿐만 아니라 수십 년의 내공도 전수받았을 것입니다. 정말 복받은 사람이죠?

여러분은 왜 사람들이 워렌 버핏과 점심 한 번 먹는 데 수 억 원을 내는지 이유를 아시나요? 설마 점심의 가치가 그렇다고 생각하시지는 않으시겠죠? 그것은 버핏과 함께 대화하고 그로부터 내공을 전수받는 수업료 값입니다. 지금도 그와 밥 한 끼 먹으려고 많은 이들이 줄 서 있다네요. 돈 싸들고 말이죠...

성공적인 리더의 덕목 중 으뜸은 인품!

–'명장의 코드'에서–

오늘날, 모든 조직의 리더가 조직의 성패를 좌우하는 중요한 존재라는 것은 대부분이 인정하고 있을 것입니다. 위 책('명장의 코드')의 저자(Edgar Puryear)는 성공한 명장들의 덕목을 비교적 객관적으로 분석하기 위해 약 35년 동안 100명 이상의 4성 장군과의 개인 인터뷰, 1,000명 정도의 준장급 이상 장성과의 연락, 만여 통 이상의 편지, 수백 권 이상의 일기와 자서전, 전기, 회고록, 전사를 참고했다고 합니다.

원제는 'American Generalship'이며 윤상용씨의 번역을 통해 '명장의 코드'로 재탄생했습니다. 책에 제시된 성공적인 리더의 덕목을 요약하면 첫째는 인품, 둘째가 능력, 셋째가 이를 계발하기 위한 꾸준한 노력입니다.

첫째, 인품은 리더의 덕목 중 가장 중요한데, 이는 조직을 위한 자기헌신(사심 없는 마음가짐)과 소신(예스맨에 대한 거부), 배려, 책임 등의 덕목들입니다. 역사에 길이 남은 명장들은 조직의 발전을 위해 개인을 헌신하고 희생하는 선공후사先公後私의 마음을 가지고 있었으며, 자신의 경력이나 직책을 과감히 버릴 수 있는 소신과 용기를 지니고 있었습니다. 미국의 국무장관을 지낸 마샬(Marshall) 장군은 개인의 영달을 위해 진급·보직청탁을 하는 장교를 싫어했으며, 그 역시 최고사령관으로 발탁될 수 있는 기회에도 불구하고 당시 힘들고 어려웠던 시기에 육군참모총장으로 남았습니다.

그는 2차 세계대전 중 지휘관으로 재임 시 남편·아들의 안부를 궁금해 하는 군인 가족들에게 전화를 직접 걸어 안부를 전해주는 등의 노력을 통해 조직의 사기를 진작시켰습니다. 이런 점들은 부하에 대한 관심과 애정, 상호 존중과 배려를 잘 보여주는 사례입니다.

둘째, 성공적인 리더가 되기 위한 능력은 결심 수립과, 이를 위한 육감(Feel of sixth sense 혹은 직관), 권한의 위임 등입니다. 명장들은 결심수립 과정에서 냉철하면서도 공정했으며, 참모들에게 충분한 지침을 주고 결심을 하게 되면 다시 번복하지 않고 그대로 추진했습니다.

아이젠하워 장군은 연합군 최고사령관 시절에도 불시 방문을 통해 병사들과 소통해 육감을 계발하고 인간과 현상에 대한 특성을 파악하려 노력했습니다. 본인이 기피하는 문제를 부하에게 위임하지 않았으며, 좋은 결과는 부하의 몫, 좋지 않은 결과는 본인이 책임지려 했습니다. 이 밖에도, 명장들은 직면한 문제에 대해 직접 해결해야 할 것과 부하들에게 위임해야 할 것을 명확히 구분했습니다.

셋째, 앞에서 다룬 인품과 능력을 계발시키는 데 좋은 방법은 독서와 멘토십입니다. 명장들은 특히 역사와 전기 등을 즐겨 읽었습니다. 독서는 이들이 리더로서 쓰이게 되었을 때, 육감과 창의력으로 발현되며 인간을 이해하는 지혜를 갖게 해주었습니다. 이런 리더가 바로 '롬멜 보병전술' 서문에 제시된 투사형 지휘관

(문학과 예술을 이해하며 교육적인 품위를 갖추고 전략과 전술, 야전 경험이 있는, 즉, 문무를 겸비한 지휘관)이라는 생각이 들었습니다.

또한 명장들은 자신의 멘토로부터 장점을 배워 자신의 것으로 만들고, 멘토링을 해줄 수 있는 위치에 가서는 출신 구별 없이 능력과 잠재력 있는 부하를 선별하여 능력을 계발시키도록 도와주었으며 끊임없는 성원과 지지를 보냈습니다.

결론적으로, 성공적인 리더란 '조직을 위해 헌신할 각오가 되어 있고, 인간에 대한 이해와 관심을 바탕으로, 독서와 멘토를 통해 인품과 능력을 끊임없이 계발하며, 부하의 마음을 움직여 조직의 목표를 성공적으로 달성한 사람'이라는 결론을 얻을 수 있었습니다.

'명장의 코드'에 첨언하면, 인품이란 사심 없는 마음가짐입니다. 성공적인 리더가 되기 위해서는 하나로 통합해야 할 것들이 여러 가지가 있습니다. 전문적인 지식, 결단력, 공정성, 용기, 신중한 판단, 권한의 위임 능력, 충성심, 사심 없는 마음가짐 등을 들 수 있습니다.

성공적인 리더십에서 '인품'보다 중요한 요소가 없다는 것은 두말할 여지가 없을 정도로 확실합니다. 리더십은 사실 리더의 인품과 성격을 무의식적으로 풀이한 단어일 뿐입니다.

군과 사회, 여러 조직의 많은 이들이 '명장의 코드'를 일독하고 인품과 능력을 계발하여 성공적인 리더로서 국가와 군의 큰 기둥이 되길 기원해 본다.

– 오제용 글에서

리더십은 교실에서 가르친다고 육성되는 것이 아닙니다. 선례를 공부하는 것도 중요하지만 훌륭한 지도자 밑에서 직접 보고 듣고 체험하며 길러지는 것이 아닐까요? 좋은 분 밑에서 같이 일하는 것이 최고의 리더로 가는 지름길입니다.

이 말에 동의한다면 지휘관이나 부서장 선발 시에 심사위원들은 책임감이 막중하다는 것을 느낄 것입니다. 자신이 뽑은 사람 밑에서 자신의 자녀를 일하게 만든다면 좋겠다고 생각하시면 그를 뽑으세요. 쉽지 않죠?

신이 아닌데 어찌 완벽하게 할 수 있냐고? 그러나 부모 입장에서 서 보세요. 그러면 다 보입니다.

품질의 원천은 최고 책임자인 경영자이다

– 피터 드러커

'도道'란 무엇인가 - #3

'道'는 땅강아지풀에도 개똥에도 세상 어디에도 있답니다. 그러니 '道'를 찾아 굳이 산에 갈 필요는 없을 것 같네요. 내가 살고 있는 이 시간, 이 장소가 아닐까요?

'道'를 통한 영적인 성장은 감정을 잘 조절하고, 내적인 명상, 적절한 섭생, 신체운동, 윤리 규약의 엄수 등을 통해 이루어지는 것이라고 합니다. 말로는 설명할 수 없는 것이 '道'라고 하네요. 눈으로 볼 수 없고, 귀로도 들을 수 없습니다.

'道'란 마음을 닦고, 몸을 가다듬어야 얻을 수 있습니다.

사람이 '道'를 잃으면 이로 인해 죽는 것이며, 사람이 '道'를 얻으면 이로 인해 태어나는 것이다.

수행하는 사람도 이를 잃으면 아무 것도 이룰 수 없고, 이를 얻으면 모든 것을 이룰 수 있게 된다.

'道'로 인하여 만물이 생겨나고, '道'를 기름으로써 만물이 자라난다.

이것이 '道'라고 한다네요.^^ 쉬운가요? 어려운가요? 아니면, 쓸데없는 말장난인가요!!!

'道'를 이루기 전에 우리가 할 일이 있습니다. 정성을 다하는 것! 한자의 정성 '誠'자를 보면 말씀 '言'에 이룰 '成'자가 합쳐진 것입니다. '말한 것을 이룬다'라는 뜻입니다.

모사재인 성사재천某事在人 成事在天이라. "일을 꾀하는 것은 사람의 일이요, 일을 성사시키는 것은 하늘에 달려 있다"고 하듯이, 정성을 다하는 것은 우리 인간들의 일이고 이를 이루는 것은 하늘의 뜻입니다. '道'라는 것은 인간이 정성을 다해 행하는 것입니다. 하나뿐인 목숨까지도 걸고...

삶의 道나 자연도 골프도 우주 삼라만상도 같은 이치가 아닐까 하는 생각이 듭니다.

마음에 대하여 - #3

"과거를 슬퍼하지 않고 미래를 욕심내지 않으며 마음을 '지금'에 매어두니 이처럼 편안하다." 석가모니께서 하신 말씀입니다.

여러분은 마음을 어디에 두고 있나요? 지금에 안 두시고 다른 데 두고 계시지는 않으신지요? 다른 말로는 이를 『집중』이라고도 한답니다.

마음, 지금, 집중.

마음을 지금에 매어(집중)두는 자세야말로 삶의 진정한 맛을 알고 삶의 참뜻을 살리는 길이 아닐까요?

『마음먹기』

즉, 마음을 어떻게 만들 것인가?라는 화두가 최우선이라고 생각됩니다. 그러기 위해서는 세상을 대하는 관점과 태도가 어떠해야 할까요? 선택의 문제가 대두되는군요.

'선택이 너희를 자유롭게 하리라!'는 소크라테스 동생인 리크라테스의 말입니다. 그리고 영어로 "Attitude is a little thing that makes a big difference."(태도는 비록 작은 것일지라도 나중에 큰 차이를 만든다.)라는 말씀도 있습니다.

이제 와서 보니, 모든 것이 오늘 마음의 결론을 위한 하나의 과정처럼 보이네요. (우연의 결과!)

마음!

『아는 만큼 보이고, 보이는 만큼 알게 되나니, 알게 되면 사랑하게 된다.』

마음도 마찬가지라고 생각합니다. 우리 인생도 이 마음을 잘 알아야 되지 않을까요? 그래야 자신도 사랑하고, 타인도 사랑하고, 이 사회도 사랑하지 않을까요!

마음에 대한 결론은 여러분의 마음에 달려 있다고 확신합니다. 왜냐하면, 마음을 만드는 것은 여러분 자신에게 달려 있으니까요. 마음을 따르지 말고 마음의 주인이 되시길 바랍니다. 저는 지금이라는 현재에 좀 더 충실해 보고자 합니다. 제가 유일하게 할 수 있는 것은 나의 마음먹기입니다.

세상을 보는 눈을 바꾸고, 세상을 대하는 태도를 바꾸고, 세상에 집중해서 살아보려고 합니다.

때로는 힘들고 고통스러울지도 모르겠습니다.

살다보니, (뭐 그리 오래 산 것도 아니지만...) 모든 것이 다 자기 마음먹기에 달려 있는 것 같습니다.

그리고 공자님 말씀대로, 주위의 모든 것이 나의 스승이 아닌 게 없습니다. 자연도, 사람도, 세상 모든 것이...

여러분도 모두 나의 스승님이십니다.

숏게임을 정복하는 자! 골프를 지배할 것이다

스코어에서 가장 영향을 미치는 요소는 숏게임이라 할 수 있습니다. 왜? 무엇보다 숏게임은 정직하기 때문입니다. 숏게임에 대해 얼마나 노력했고, 또한 얼마나 머리를 썼느냐의 결과가 스코어 카드에 정확히 반영되기 때문입니다.

오늘은 파(Par)에 결정적 영향을 미치는 칩샷에 대해 알아보겠습니다. 소위, '설거지'라고 표현되는데, 집에서는 설거지를 잘해야 안사람한테 귀염을 받습니다. 골프에서도 숏게임인 칩샷을 잘해야 여러분의 스코어 카드에 오리(2)가 떠다니고 갈매기(3)가 춤추는 호수나 바다를 피할 수 있습니다.

푸른 물결 춤추고 갈매기가 넘나드는 곳 ♫♪♬♪
내 고향집 오막살이는♫ ♪♬♪
(갈매기 그리는 골퍼들이 즐겨 부르는 노래 가사?)

뭐 호수와 바다를 좋아하신다면 드릴 말씀이 없네요...

• 짧은 칩샷을 할 때의 준비자세 점검은 기본적으로

1. 스탠스의 폭이 어깨너비 정도 되어야 한다.
2. 체중을 양발에 똑같이 분배한다.
3. 볼은 뒤쪽에 두고 샤프트를 앞으로 기울인다.
4. 손목을 약간 미리 꺾는다.
5. 몸통 스윙을 유도한다.

그린 주변 칩샷으로 홀에 한 뼘 거리로 붙이기

1. 양팔을 고정된 상태로 유지한다. 즉, 가슴과 양팔의 역삼각형을 그대로 유지해야 한다.
2. 백스윙과 임팩트 통과 때 손목을 지나치게 꺾어서는 안 된다.
3. 동작을 매끄럽게 하기 위해 약간의 무릎 동작과 어느 정도의 몸통 회전을 추가한다.
4. 단단히 고정시킨 양팔을 뒤로 가져가며 백스윙함으로써 손목을 어드레스 때 미리 꺾은 상태 그대로 유지한다.
5. 폴로스루를 할 때도 미리 설정해준 손목 각도가 바뀌지 않도록 한다. 오른 무릎을 앞으로 차주면서 몸을 틀어주면 좀 더 부드럽게 샷을 할 수 있다. 특히 공을 국자로 푸듯이 하는 소위 Scoop식의 샷을 하면 안 된다.

손목을 절대로 쓰지 마라. 손목을 깁스했다고 생각하라. 그리고 오른팔은 겨드랑이를 살포시 붙여서 닭날개가 되지 않도록 한다.

숏게임 레슨에 노력과 시간을 아까워하는 당신! 절대로 싱글이 될 수 없습니다. 투자, 투자, 투자하라!

☞ 처음에는 다소 어려울 것입니다. 단시간에 스코어를 낮추는 방법은 숏게임 개선이 최고입니다.

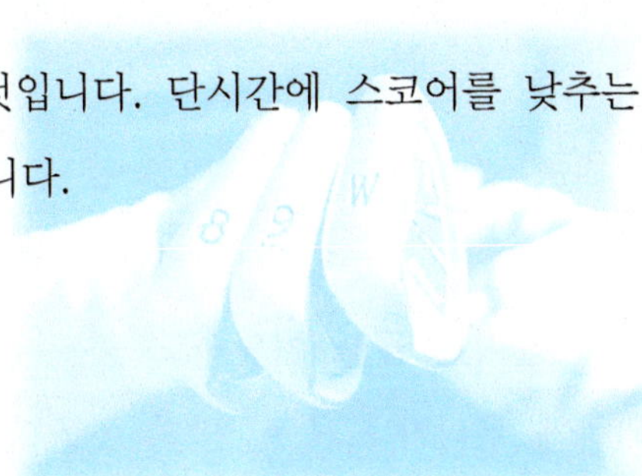

행복이란?

성취를 욕망으로 나눈 값입니다.

《행복 = 성취 ÷ 욕망》

이 등식에 동의하시나요? 좀 살다보니 이 공식이 맞다고 생각됩니다. 인생이란 성공해야 행복한 것이 아니라, 행복해야만 성공합니다. 그리고 지금 행복해야 나중에도 행복하지 않겠어요?

젊어서는 욕망도 크고 성취도 크니 상대적으로 행복도 커지겠지요. 그런데 이제 나이가 들고 보니 성취할 일이 작아지는 느낌입니다. 그러나 행복하고 싶은 마음은 작아지지 않으니 어찌해야 합니까? 욕망, 욕심을 버려야지요.

인생도 이제 살 만큼 살았으니 지천명이라! 주제파악을 하고 재정렬해야 할 때가 온 것 같습니다. 이것도 道를 좀 닦아서 그렇겠지요!

나이 들어 추하게 구는 것을 '노추老醜'라고 한답니다. 우리가 가장 경계해야 할 교훈 중의 하나가 아닐까 생각합니다. 돈이나 명예나 애정이나 심지어 골프에서도 모두 다 때가 있고 시간이 있는 거지요.

내려놓을 줄 알고, 포기할 줄도 알고, 해야 될 것과 하지 말아야 할 것을 구분하는 지혜가 필요한 시기가 오고 있습니다. 이 모든 준비는 골프 치면서도 충분히 가능합니다. 쓸데없이 욕심을 과하게 부리거나, 능력 밖의 샷을 구사한다든지 등등...내려놓아야지요!

골프에서 가장 흔하게 다치는 것이 허리와 손목입니다. 자신을 알지 못하고 수준에 맞게 플레이하지 않아서... 이제 허리 다치면 안 되잖아요? 운동하기 전에 충분히 몸을 푸시기 바랍니다. 땀이 날 정도로...

그리고 무엇보다 장타 욕심 버리세요. 그것은 젊은이들의 것이지, 이제 우리 것이 아닙니다. 쓸데없이 힘자랑 하지 마시고 송곳 같은 어프로치 연습하세요.

"남자는 드라이버다!"

우리는 이제 착각에서 벗어날 때입니다. 위의 말은 쓰레기통에 버리세요. 욕심과 함께...

행복은 세상을 바라보는 긍정적인 틀이라고 합니다. 욕심을 버리고 웃으면 되지 않을까? 웃으면 복이 온다는데... 하!하!하!

칭찬은 골퍼를 춤추게 한다!

고래도 칭찬하면 춤을 춘다는데 우리 인간들은 어찌하겠는가? 동기유발에서는 칭찬이 최고의 약입니다. 골프를 배우다가 그만두는 가장 큰 이유가 뭘까요? 레슨 프로에 의한 일방적인 교육태도가 가장 큰 문제입니다. 칭찬하기보다는 지적하는 것이 주된 가르침이기 때문입니다.

지적해야 잘 가르치는 것일까요? 아닙니다! 지적도 지적 나름입니다. 가르치면서 지적하는 게 당연하다고 믿는 태도가 문제입니다. 배우는 사람의 고충을 잘 듣고, 이해하고, 공감한 이후에 가르쳐야 하지 않을까요?

조직생활에서도 소위 장長이라는 작자가 아랫사람이 일을 못한다고 윽박지르고 바보 같다고 하면서 혼을 냅니다. 바보 같은 장입니다. 아랫사람이 자기 생각대로 못하는 것은 당연한 것입니다. 잘 가르쳐서 충분히 이해했다면 그러하지 않았을 것 아닌가요?

그리고 아랫사람들이 자기 생각처럼 잘 한다면 그 친구들이 자기 자리에 앉아 있어야 되는 거 아닌가요? 개구리는 올챙이 시절을 잊어버린다고 합니다. 인간 중에서도 개구리 과에 속한 부류들도 있는 모양입니다.

칭찬과 경청! 아주 밀접한 관계입니다. 칭찬하기 전에 먼저 잘 들어야 되고 잘 보아야 합니다. 상대에게 관심을 보여야 마음을 잡을 수 있고, 그 마음에 맞게 칭찬을 해야 동기유발이 되고 자신감도 가지게 됩니다.

골프는 평소 쓰지 않는 근육, 특히 왼쪽을 많이 쓰는 운동입니다. 그래서 배우기도 어렵고 시간도 많이 걸리는 것입니다. 배우는 자 입장에서도 힘든데 더구나 지적까지 받아가면서 하려니 울화통이 터져 그만두는 것이 아닐까요?

골프 잘 하려면 좋은 선생님 만나야 합니다. 경청하고 칭찬하는… 조직도 좋은 상사를 만나야 하지 않겠어요? 거인 같은 상사! 거인의 어깨에 올라서서 멀리 보려면…

골프나 인생이나 그게 그거네요!!! 칭찬하며 삽시다!

몸과 마음이 춤추도록…

〈좋은 레슨 프로의 조건〉

1. 지식–준비된 지식
2. 진단–학생 맞춤형
3. 소통–쉽고 재미있게
4. 격려–장점/잠재력 개발
5. 신뢰–실력으로 뒷받침된 인간관계

골프 비창悲愴 - 백돌이의 향수

넓은 코스 동쪽 끝으로
드라이버 오비나니 세컨샷도 휘돌아나가고
따블판에 동반자가 해설피 금빛~
비꼬는 웃음을 웃던 곳
그 배판이 차마 꿈엔들 잊힐리야 음~
지갑에 돈이 줄어들면
비인 그린엔 C－Par 소리
깃대를 꼽고 엷은 비웃음 겨운 미운 캐디가
뒤돌아 머리 숙여 인사하던 곳
그 양파가 차마 꿈엔들 잊힐리야. ♫ ♫ ♫
흙에서 자라난 양잔디와 (양잔디~)
파란 배춧잎이 그리워 (그리워~)
함부로 내지른 공을 찾으러 (찾으러~)
풀섶 이슬에 함추름 휘적시던 곳
그 오비가 차마~
꿈엔들 잊힐리야 ♫ ♫ ♫
깊은 해저드에 춤추는 잔물결 같은
허연 잔디머리 날리며
퍼덕거린 뒤땅
아무렇지도 않고 웃지도 않는
사철 돈만 따는 동반자가

따가운 눈총을 등에 지고 티를 꼽던 곳
그 쪼루가 차마~
꿈엔들 잊힐리야 우우우~
벙커에는 성근 공~
알 수도 없는 모래밭으로 발을 옮기고
미운 동반자 구찌하고 지나가는 떨방한 자세
흐릿한 시야에 몸 비틀며
헛손질에 버벅거리던 곳
그 벙커가 차마 꿈엔들~ 잊~힐리야 ♫~♫

이동원씨의 『향수』를 개인적으로 매우 좋아합니다. 이것을 애창곡으로 하시고 정말 잘 부르는 분도 계십니다. 그 시절이 그립고 아련하네요. 향수에 젖어... 골프에 대한 비애를 향수에 담은 심정, 다 이해가 됩니다. 이제는 골프 문화도 바뀌어서 옛날처럼 그리 가혹하지 않습니다. 그냥 애교로 봐주시길...

백돌이와 백순이 여러분! 힘내세요. 파이팅!!!

♬ 뒷땅을 영어로 하면? Back earth? Chili dip이라네요. 저는 전 세계에서 뒷땅이란 용어가 우리 나라에만 있는 줄 알았습니다.

> 스코어를 속이지 않았다고 나를 칭찬하는 것은 은행강도를 하지 않았다고 칭찬하는 것과 같다.
>
> – 보비 존스

골프와 리더십의 ADC

- Ability 능력
- Decision 결단력
- Concentration 집중력

첫째, 능력입니다.

골프에서는 부단한 노력을 통해 모든 종류의 샷을 할 줄 알아야 하고, 골프장에 대한 정보, 지형과 기상을 고려한 샷을 할 수 있는 능력이 있어야 합니다.

리더십에서는 실력이 없으면 자신감이 없게 되며 아랫사람들의 눈치를 보거나 막내무가로 윽박지르는 리더가 됩니다. 소위 지휘관이나 상사는 '어항 속의 금붕어'라고 합니다. 투명하게 다 보인다는 것이죠. 실력 없는 거, 안 보일 줄 알지만 다 보입니다.

리더는 태어나는 것이 아니라 만들어지는 것이라고 합니다. 골프에서 실력을 쌓듯이 리더도 실력을 배양해야 하지 않을까요? 옛날에는 완력으로 가능했지만 이제 그런 시대는 갔습니다. 그런 사람에겐 좋은 시대였지만 '아! 옛날이여'가 되어버렸습니다.

둘째, 결단력입니다.

상황이 불명확하면 자신에게 불리하게 생각하고 대책을 세워야 합니다. '7번 잡을까 8번 잡을까' 하고 생각하면 공이 잘 안 맞습니다. 홀을 직접 노릴까 레이업할까 하고 망설이면 안 됩니다. 정보를 종합해서 단호하게 결심하고 의심 없이 샷을 실행해야 합니다. 결단이란 어떤 것을 이루기로 선택한 다음에는 그 외의 모든 불필요한 사항들을 잘라내버린다는 의미입니다.

부하들이 가장 싫어하는 유형의 상사 중에 독선적인 사람도 싫어하지만, 어찌보면 우유부단한 사람을 가장 싫어합니다. 이 사람을 과연 믿을 수 있을까 하는 의구심이 들기 때문입니다. 골프나 리더십이나 냉정할 정도로 결단력을 발휘해야 합니다.

마지막으로 집중력입니다.

골프에서 가장 중요한 샷은 지금 현재의 샷입니다. 현재에 집중해서 공을 쳐야 합니다. 리더도 집중과 분산의 개념을 잘 이해하고 조직을 운용해야 합니다. 계속 집중하여 내리 누르면, 스프링이 망가진 차처럼 사고납니다. 편하지는 더욱 더 않구요.

최고의 집중력으로 당신의 모습을 도인처럼, 신사처럼, 큰 바위처럼 만드시길 바랍니다. 골프나 리더십이나 참맛과 참멋은 집중에서 나옵니다.

A.D.C! 다 가지고 계시죠? 여러분도 나중에 크게 되실 분들이니까.

인생의 스승은 시간이다

인생의 스승은
책을 통해서 배운다고 생각했는데
살아갈수록 그게 아니라는 생각이 든다.
언제나 나를 가르치는 건 말없이
흐르는 시간이었다.
풀리지 않는 일에 대한 정답도
흐르는 시간 속에서 찾게 되었고,
이해하기 어려운 사랑의 메시지도
거짓 없는 시간을 통해서 찾았다.
언제부터인가 흐르는 시간을 통해서
삶의 정답을 찾아가고 있다.
시간은 나에게 스승이다.
어제의 시간은 오늘의 스승이었고,
오늘의 시간은 내일의 스승이 될 것이다.
가장 낭비하는 시간은 방황하는 시간이고,
가장 교만한 시간은 남을 깔보는 시간이다.
가장 자유로운 시간은 규칙적인 시간이고,
가장 통쾌한 시간은 승리하는 시간이다.
가장 지루한 시간은 기다리는 시간이고,
가장 서운한 시간은 이별하는 시간이다.
가장 겸손한 시간은 자기 분수에 맞게 행동하는 시간이고,

가장 비굴한 시간은
자기 변명을 늘어놓는 시간이다.
가장 불쌍한 시간은 구걸하는 시간이고,
가장 가치 있는 시간은 최선을 다한 시간이다.
가장 현명한 시간은 위기를 슬기롭게 극복한 시간이고,
가장 분한 시간은 모욕을 당한 순간이다.
가장 뿌듯한 시간은 성공한 시간이고,
가장 달콤한 시간은 일한 뒤의 휴식 시간이다.
가장 즐거운 시간은 노래를 부르는 시간이고,
가장 아름다운 시간은 사랑하는 시간이다.^^

헐! "몸에는 음식이 필요하고 영혼에는 사랑이 필요하다"고 합니다. 그런데 몸과 영혼, 둘 다가 필요로 하는 것은 무엇일까요?

휴식! 휴식이 아닐까요?

"We can buy the watch, but not time!"

매일 입금되는 86,400원

여기 은행이 있습니다. 이 은행에 개설된 당신 계좌에는 매일 8만 6,400원이 꼬박꼬박 입금됩니다. 날마다 당신은 이 돈을 하루 동안 마음대로 쓸 수 있습니다. 어디에 어떻게 쓰느냐는 상관없지만, 명심할 것은 단 하루밖에 쓸 수 없다는 사실입니다. 남은 돈은 자동적으로 소멸되기 때문입니다.

이 은행이 바로 시간입니다. 시간 은행은 우리의 계좌에 매일 8만 6,400초를 입금해 줍니다. 물론 남은 시간을 저축해 두었다가 다시 쓸 수도, 다음날 시간을 미리 찾아 쓸 수도 없습니다. 당신이 다 사용하지 못하고 남긴 시간은 매일 밤 자정을 맞아 없어집니다. 그건 당신 자신에게 치명적인 손실이 될 수 있습니다.

시간 은행의 고객인 우리는 1분 1초를 소중히 사용해야 할 의무가 있습니다. 그래도 시간을 버리겠습니까? 아닙니다!!! 1분, 1초라도 충실하게 아껴 써야 되겠지요! 지금 잘못 보낸 시간이 언젠가는 당신에게 후회라는 것을 안겨 줄 것입니다.

굴릴 것인가? *vs.* 띄울 것인가?

칩샷에 대한 이야기입니다.

☞ Chip shot: 그린의 가장 자리에서 핀을 직접 공략하는 어프로치샷

낮은 각도의 채로 공을 굴려서 핀에 붙일 것이냐, 아니면 로프트가 높은 각도의 채로 공을 높이 띄워 핀에 붙일 것인가의 문제입니다. 골프 실력에 따라 상황에 맞게 공을 처리해야 합니다. 유연한 사고가 요구되는 것이죠. 그런데 세상에는 "꼭 이거 아니면 안 된다"는 고지식한 분들을 우리는 종종 만나게 됩니다.

아마추어는 그린 주변에서 볼을 굴려 핀에 붙이는 것이 띄우는 것보다 58% 정도 성공률이 높다고 합니다. 즉, 굴리는 것이 두

배 정도 안전하다는 말이죠. 단 앞에 장애물이 없을 경우에만 해당됩니다.

'난 사람'과 '보통사람'의 차이가 뭘까요? 저는 마주하는 상황을 '어떻게 처리하느냐'라는 능력이라고 봅니다. 즉, 상황 통제를 잘하는 사람이 '난 사람'이죠. 재능이야 하나님이 우리에게 공평하게 나눠주지 않았겠어요? '보통사람에서 난 사람으로...' 골프가 적격입니다.

굴릴 것이냐? 띄울 것이냐? 상황에 맞게 잘 대응하시길... 그래도 굴리는 것이 확률적으로 높다고 하니 굴리시길 바랍니다.

골프하는 그대, 보통사람은 아니잖아요? '난 사람'이지...

> 숏 게임을 잘하는 자는 롱 게임을 잘하는 자를 이기는 법이다.
>
> – 보비 존스

사람의 5질과 골퍼의 5질

- 악질: 남에게 피해를 주고 남을 뜯어먹고 사는 자→사기 골프 치고, 하수들 등골 빼먹는 고수 아닌 사이비 고수
- 저질: 남에게 폐를 끼치는 자→신사답지 못하고 매너와 배려심이 없는 골퍼
- 범질: 자기가 벌어서 자기가 먹고사는 자→남 신경 쓸 여유가 없고 겨우 동반자와 보조를 맞춰가는 골퍼
- 상질: 남에게 도움을 주며 사는 자→골프도 잘 치고 매너도 좋고 배려심도 많은 골퍼
- 특질: 인류 사회에 공헌하는 자→골프가 선의 경지에 이르러 성인의 반열에 오른 골퍼로 국가와 골프 세계에 공헌한 자

철학자인 안병욱씨가 사람을 다섯 가지로 분류를 하셨는데 골퍼도 거의 비슷합니다. 나는 어디에 속해 있나?

상질 속의 악질!...

악질 속의 상질!...

이 글을 읽으시는 분들은 최소한 범질 이상은 되시는 분들입니다. 악질이나 저질은 이 책을 사지도 않고 이런 글 자체를 읽지 않을 테니까요. 왜냐하면 그자들은 바쁘거든요. 남에게 몹쓸 짓 하느라고 이런 글 읽을 시간도 마음도 없을 테니까요. 그러나 골프에서는 난 어떤 부류에 속해 있는지 점검이 필요합니다.

골프장의 나! 사회에서의 나! 차이가 없겠죠?

그런데 골프장에서는 본의 아니게 남에게 피해를 주는 경우가 있답니다. 평범한 범질도 악질이나 저질이 될 수 있다는 겁니다. 그것은 골프 칠거지악七去之惡의 으뜸입니다. 뭘까요?

'늦장플레이'입니다.

골프에서는 천하의 잭 니클러스나 타이거 우즈라 할지라도 늦장을 부린다면 환영받지 못합니다. 경기 리듬을 깨고 짜증을 유발하는 슬로 플레이는 그야말로 금기 사항! 골프장을 혼자 전세 낸 것이 아니라면 나 하나가 전체에 모두 영향을 끼친다는 사실을 명심하셔야 합니다.

혹시 당신이 늦장 플레이어라면, 당신은 언제까지 슬로 플레이를 계속할 것인가..! 이 글을 읽으시는 분이라면 골프에서 특질은 못되더라도 상질은 되어야 하지 않을까요?

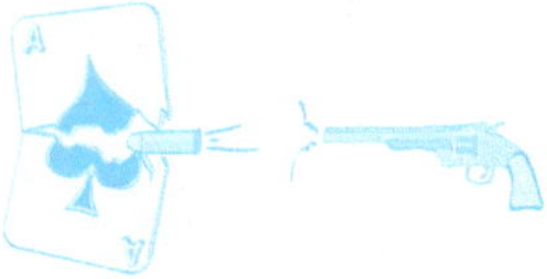

골프는 사람을 변하게 한다. 정직한 사람을 거짓말쟁이로, 박애주의자를 사기꾼으로, 용감한 사람을 겁쟁이로 각각 바꾸고 모든 사람을 바보로 만든다.

– 밀튼 그로스

골프 시詩편 23장

골프는 나의 목자시니 내가 부족함이 없으리로다.

그가 나를 가슴이 트이는 필드(field)로 이끄시며,

모든 골치 아픈 일로부터 벗어나도록 셸터(shelter)로 부르시는도다.

내 마음이 쉼을 누리고 GOLF(Green-Oxygen-Light-Foot)로 건강을 얻게 되는도다.

내가 사망의 음침한 해저드와 샌드(sand)에 빠져 허우적거려도 절망하지 않음은

주께서 슬라이스(slice)와 훅(hook)으로부터 나를 지키시고

우드 3번과 아이언 4번이 나를 위기에서 건져줌이라.

주께서 드라이브를 잘 쳤다고 뻐기는 자 앞에서 세컨드 샷으로 나를 위로하시고,

마지막 퍼터로 코를 납작하게 만드시니 홀 컵에 딱 들어감이로다.

나의 평생에 홀인원과 언더가 나를 따르리니,

내가 그린 위에 영원히 살리로다.

> 인생은 선택과 집중의 싸움이다. 누구의 선택이 옳았고, 누가 더 집중했는지가 승패를 가른다. 우선순위 외의 일은 과감히 포기하라. 이것저것 다 잘하려고 하면 아무 것도 잘하지 못한다.
>
> – 무사시노, 고야마 노부루 사장

중년의 아홉 가지 교훈

[첫째]... 학생으로 계속 남아 있어라. 배움을 포기하는 순간 우리는 폭삭 늙기 시작한다.

[둘째]... 과거를 자랑 마라. 옛날이야기밖에 가진 것이 없을 때 당신은 처량해진다. 삶을 사는 지혜는 지금 가지고 있는 것을 즐기는 것이다.

[셋째]... 젊은 사람과 경쟁하지 마라. 대신 그들의 성장을 인정하고, 그들에게 용기를 주고, 그들과 함께 즐겨라.

[넷째]... 부탁받지 않은 충고는 굳이 하려고 마라. 늙은이의 기우와 잔소리로 오해받는다.

[다섯째]... 삶을 철학으로 대체하지 마라. 로미오가 한 말을 기억하라. "철학이 줄리엣을 만들 수 없다면 그런 철학은 꺼져버려라."

[여섯째]... 아름다움을 발견하고 즐겨라. 약간의 심미적 추구를 게을리하지 마라. 그림과 음악을 사랑하고 책을 즐기고 자연의 아름다움을 만끽하는 게 좋다.

[일곱째]... 늙어가는 것을 불평하지 마라. 가엾어 보인다. 몇 번 들어주다 당신을 피하기 시작할 것이다.

[여덟째]... 젊은 사람들에게 세상을 다 넘겨주지 마라. 그들에게 다 주는 순간 천덕꾸러기가 될 것이다. 두 딸에게 배신당한 리어왕처럼 춥고 배고픈 노년을 보내며 두 딸에게 죽게 될 것이다.

[아홉째]... 죽음에 대해 자주 말하지 마라. 죽음보다 확실한 것은 없다. 인류의 역사상 어떤 예외도 없었다. 확실히 오는 것을

일부러 맞으러 갈 필요는 없다. 그때까지는 삶을 탐닉하라. 우리는 살기 위해 여기에 왔노라.

[열 번째]... 유연성을 가져라. 몸이 굳는다고 정신까지 굳어서는 안 된다. 상황에 맞게 자기 자신을 재창조하라.

– 펌글 중에서 저자가 수정함

성철 스님의 '산은 산이오, 물은 물이다'라는 말씀처럼 '골프는 그냥 골프다'라는 수준에 다가가야 합니다. 그냥 하루 즐겁게 골프치고 골프장 풍경도 즐기고, 동반자들과 재미있게 시간을 보내는 것으로 만족해야 합니다. 중년의 교훈은 겸손하고 겸허한 자세로 살라는 것입니다. 골프에서 헤드업 하지 말고 샷 하듯이...

명심할 무서운 말

"언제 어디서 무엇이 되어 다시 만날지 모른다."

남을 모욕하지 마라. 우리의 자존심은 모욕을 영원히 기억하기 때문이다.

숏게임을 지배할 7가지 비법

1. 가급적 굴려라.
2. 웨지를 고집하지 마라.
3. 헤드 무게를 느껴라.
4. 손목 사용은 절대 금물.
5. 홀에 가까운 샷일수록 '천천히.'
6. 거리 조절은 백스윙 크기로.
7. 뉴트럴 그립을 잡아라.

숏게임을 계속 강조하는 것은 왜 그럴까요? 당연히 중요하니까 그러지 않겠어요? 아마추어는 샷의 중요도가 드라이버, 퍼팅, 숏게임, 아이언 순이요, 프로는 퍼팅, 드라이버, 숏게임, 아이언 순이랍니다.

아마추어에게는 성적에 결정적 영향을 주는 것이 드라이버입니다. 드라이버 오비나면 최소한 트리플 내지는 양파입니다. 퍼팅할 여력도 없는 것이지요. 그런데 말이죠, 이 숏게임에 자신이 있으면 모든 샷이 문제가 안 됩니다. 실수해도 충분히 리커버리되게 하는 것이 숏게임이거든요. 보증합니다.

위에 나오는 숏게임 비법을 터득하시면 골프에서 큰 진전을 볼 것입니다.

『하늘의 뜻을 아는 자는 하늘을 원망하지 않고, 자신을 아는 사람은 남을 원망하지 않는다.』 –공자

골프 집중력

목표가 작아야 집중력이 좋아진다. 점을 찍어라!

어떤 일이든 운동이든 정확도를 높이기 위한 우선조건은 정확하게 보아야 한다는 것입니다. 그리고 정확히 보기 위해서는 끝까지 보아야 합니다. 골프에서는 방향도 정확해야 하지만 집중도 필요합니다.

공 위에 검은 점을 찍고 점에 집중하여 스윙하라. 미스샷도 줄고, 드라이버 거리도 늘고, 아이언 정확도도 늘 것입니다.

집중하는 연습을 하라! 왜 골프에서 3C에서 집중(Concentration)을 제일 중요하게 강조하는지 깨닫게 될 것입니다. 평정(Compose), 자신감(Confidence)과 함께.

인생!

이것저것

이리저리

한 듯 만 듯.

뭐하는 건가요?

이것은 분산이 아니고 산만입니다.

즉, 정신이 집중되지 못한 것입니다.

뭘 하나 해도 딱 부러지게 똑 소리 나게 해야 하는데 물에다 술탄 듯 술에다 물탄 듯 하다면 자기 자신은 어디 있을까요? 세상 이렇게 살지 맙시다. 집중해서 살아야죠! 낙수가 바위도 뚫는다는데 끈기 있게 집중해서 일을 합시다.

정신일도하사불성精神一到何事不成이라!

항상 집중하고 최선을 다하는 모습!

끝까지 물고 늘어지는 특유의 카리스마!

무슨 일이건 혼신의 노력을 다하고, 그리고 골프에 이것을 접목시키면... 싱글이 되겠죠!

집중, 집중, 집중!

골프에만 집중하면 골프 싱글이 되겠지만, 가족에게 왕따 당해 영원히 싱글(?)이 될 수도 있음에 유의하라!

골프 고수가 되려면

골프에서 고수가 된다는 것은 타 분야에서 장인, 즉 마스터가 되는 것과 같습니다. 우리가 달인이라는 경지에 가려면 약 1만 시간 이상이 필요하고, 장인이 되려면 약 2만 시간이 필요하다고 합니다. 한 분야에 하루 세 시간씩 투자한다면, 달인은 10년, 장인은 20년의 세월이 걸리는 셈입니다.

1. 장인이 되기 위한 근원적인 힘은 무엇일까?

'관찰하는 힘'이랍니다. 먼저 완벽한 관찰자가 되어 주변환경과의 관계를 느껴야 합니다. 그래서 장인의 근원적인 힘을 얻어야 합니다. '관찰자의 시각'과 '분석적인 두뇌'라는 기본적인 도구가 필요합니다. 골프에 관련된 것만 아니라, 사물과 현상을 볼 때도 외연보다는 본질을 보려는 마음으로 접근해야 합니다. 골프가 인생이고 인생이 골프니까요.

2. 극도의 집중력으로 총력을 기울여야 합니다.

집중력! 잘 관찰하려면 집중해야 하고 지속적으로 해야 합니다. 페스탈로치는 '집중을 창의적 사고의 핵심비결'이라고 말씀하셨네요. 상내성 이론에서 속도, 시간, 거리 모든 것이 상대적이지만 빛의 속도만은 결코 변하지 않듯이, 강인한 정신과 마음가짐만은 변하지 않아야 합니다. 골프에서의 집중력은 자신감과 통제력, 평상심 유지가 매우 중요한 요소입니다.

3. 연습을 통해 자신을 변화시켜라.

달인을 거치지 않고 장인의 경지에 들어갈 수는 없습니다. 또한 장인의 경지에 올라도 연습을 게을리하면 안 됩니다. 길고 긴 시간의 노력을 통하여 몸과 마음에 체화된 기술로 정착되어야 합니다. 연습과 자기 절제력, 그리고 훈련을 통한 기적의 힘을 발휘해야 합니다.

골프!

드라이빙 라운지뿐만 아니라 언제 어디서도 이미지 트레이닝 할 수 있는 자세가 필요합니다. 검술의 최고 단계는 이기어검술以氣於劍術입니다. 칼을 쓰지 않아도 되는 단계입니다. 이 세상에서 노력하는 자를 당할 자 없다고 합니다.

4. 세부적인 측면에 집중하라.

바티칸 성당에 가면 레오나르도 다빈치가 그린 천사의 얼굴이 있습니다. 살아 있는 듯한 생동감을 줍니다. 어떻게 그렸을까요? 아주 세부적으로 여러 번 그려 넣었다네요. 피에타 상을 보면 대리석 안에 핏줄도 보이는 듯합니다. 생명이 있는 듯합니다.

골프!

보이지 않는 것까지 볼 수 있도록 세부적으로 접근해야겠지요! 보이지 않는 것이 더 중요하니까요.

5. 전체적인 관점에서 시야를 넓혀라.

상대의 정신상태 파악, 장악 방법뿐만 아니라, 전반적인 기술전략을 펼쳐야 합니다. 장인은 우주의 이치까지도 자기만의 특유의 방법으로 풀어냅니다. 넓은 통찰력이죠.

위의 다섯 가지를 한 마디를 요약하면 "열심히 단련하라!" 단련! 한문의 '단段'이란 천 번의 연습을, '련鍊'은 만 번의 연습을 뜻한답니다. 그만큼 열심히 해야 된다는 것이죠. 또한 고수가 되려면 두 개의 안경이 필요합니다.

미세한 것까지 볼 수 있는 현미경!

멀리 볼 수 있는 망원경!

깊게 그리고 넓게 멀리, 참으로 어렵습니다. 보통사람들은 두 개 중 한 개도 제대로 갖기 힘듭니다.

그리고 진정한 고수라면, 장인이라면 심안을 가져야 합니다. 마음의 눈! 마음의 눈을 일명 통찰력이라고도 할 수 있습니다. 장인이 되면 통찰력이 생긴다고 하네요. 이를 개인적으로 '원의 경지'라고 봅니다. 시작도 끝도 없는 완전한 원처럼 되는 단계입니다.

동그라미! 많이 그려 보셨죠? 완전한 원을 그려보세요. 컴퍼스 쓰지 마시고. 돌아가실 때까지 연습하셔도 불가능할지도 모릅니다. 마치 道에 이르는 것처럼... 골프의 진정한 고수가 되는 것도 장인이 되는 것도 쉽지 않네요. 하긴, 세상에 쉬운 것이 어디 있을까요!

식은 죽 먹기?

글쎄요!

누워서 죽 드셔 보시길...

결코 쉽지 않습니다.

백돌이들이 즐겨 부르는 노래!

-킬리만자로의 백돌이-

잃어버린 공을 찾아 어슬렁거리는
백돌이를 본 일이 있는가?
티샷은 어디로 보내고
다 썩은 헌공만을 찾아다니는
산기슭의 백돌이
나는 백돌이가 아니라 싱글이고 싶다.
한 번에 올리고 여유 있게 기다리는 그 싱글이고 싶다.
사무실에선 위대해지고 필드에선 초라해지는
나는 지금
어느 오비말뚝 어두운 모퉁이에서 잠시 쉬고 있다.
이 큰 골프장 숲속에 이렇듯 철저히 혼자 버려진들 무슨 상관이랴
나보다 더 잘 친다는 박세리도 오비를 낸다는데.
바람처럼 왔다가 기분 잡쳐 갈 순 없잖아.
내가 쓸 카드 잔고는 남겨둬야지.
돈이야 연기처럼 가뭇없이 사라져도 빛나는 불꽃처럼 배판 쳐야지.
묻지 마라.
왜냐고 왜 그렇게 높은 곳까지 날리려고 애쓰는지 묻지를 마라
고독한 남자의 애타는 쪼루를 아는 이 없으면 또 어떠리~

뒷땅 치는 일이 허전하고 등이 시릴 때
그것을 위안해 줄 아무것도 없는 보잘 것 없는 세상을
그런 세상을 새삼 아름답게 보이게 하는 건
웬일로 배려하는 멀리건 때문인가?
멀리건이 사람을 얼마나 고독하게 만드는지
모르고 하는 소리지~
너는 버디를 사랑한다고 했다.
나도 버디를 사랑한다.
너는 파를 사랑한다고 했지.
나도 파를 사랑한다.
그리고 또 사랑한다.
화려하면서도 쓸쓸하고 간만에 잘 맞았지만
OB나서 멀리건 친 공에 건배!!!!

골프가 외로운 건 돈을 걸기 때문이지.
많은 돈을 거니까 외로운 거야.
점수도 내기도 실력을 요구하는 것
모두를 건다는 건 외로운 거야.
돈이란 양파가 보이는 가슴 아픈 정열
정열의 마지막엔 무엇이 있나?
판돈을 잃어도 매너는 후회 않는 것
그래야 개평이라도 회수하겠지....
아무리 깊은 해저드일지라도
나뭇가지 사이로 승부를 걸리라.

메마르고 다 털린 지갑일지라도
배판에 한방 꿈을 접지 않으리.
거친 폭풍우 초목을 흔들어도
훅이나 슬라이스를 두려워하지 않으리.
내가 지금 이 러프를 악착같이 뒤지고 있는 것은
눈치 없는 캐디가 공 안 찾기 때문이지.

마누라와 캐디의 공통점

- 언제나 자기의 파트너를 적당히 무시하고 비웃는다.
- 대개는 외모가 그럴 듯하면 꼭 얼굴값을 하게 마련이다.
- 끊임없는 잔소리와 주제넘는 참견에 능하다. 이건 전공이란다.
- 골프 성적이 좋지 않을 때, 더할 나위 없이 훌륭한 핑계거리가 될 수 있다. (마누라 때문에... 캐디 때문에...)

ㅎㅎ 비교가 좀 유치하죠? 이 세상 살다보니 완전한 인격체로 사는 게 쉽지 않더군요. 비록 유머로 표현되었지만 사실 어느 정도 맞는 말이구요.

핑계와 도피심리... 잘 되면 내가 잘 해서 그리 된 것이요, 못 되면 조상님 탓, 환경 탓, 동반자 탓, 이제는 부인과 캐디 탓까지... 여성 골퍼들은 남편 탓 그리고 자식 탓까지 하시려나? 사회나 군, 어디에서나 "~ 때문에" 하는 사람보다 "~그럼에도 불구하고" 하는 사람들이 성공합니다.

부인이 없는 분들도 있는데 현재 부인이 있는 것만으로도 감사할 일이고, 캐디가 도와주니 이 또한 고마운 일 아닌가요? 다 자기 자신이 생각하기 나름 아닐까... 성경에도 나와 있다네요.

'범사에 감사하라!'

예, 이 모두 감사할 일입니다. 특히 골프하시는 분들! 골프할 수 있는 육체적, 경제적, 시간적 여유를 가졌음에 감사하시길. 그리고 무엇보다 골프하도록 배려해준 배우자에게 감사드리길... 감사하는 마음으로 골프를 대하면 골프가 그대들의 요청에 응할 겁니다.

감사합시다. 이 대자연에, 동반자에, 마누라와 캐디에게도..

> 화내는 것을 모르는 것은 어리석다. 그러나 화내는 것을 알고 잘 참는 자는 현명하다.
>
> – 영국 속담

캐디들이 꼽는 진상 골퍼

다음 항목 중 7개 이상에 해당되면 진상(진짜 상종하기 싫은) 골퍼.

1. 거리를 의심한다. 한 홀에 두세 번씩은 다시 물어 본다.
2. 내 볼은 내 눈에 잘 보이지 않는다. 캐디에게 잘 봐 달라고 꼭 말한다.
3. 내 볼은 잃어버릴 수 없다. 반드시 찾아야 한다.

4. 중요한 퍼팅은 꼭 캐디가 라인을 봐야 한다. 실패하면 캐디 탓이다.
5. 어드레스는 무조건 신중하게 해야 한다. 라이가 아무리 평탄하고 좋아도 두세 번은 다시 봐야 한다.
6. 캐디가 실수하면 반드시 지적해 고쳐 줘야 한다.
7. 캐디가 날 무시하는 것 같다. 묻지도 않고 클럽을 가져 오기에 일부러 다른 것으로 바꿔달라고 한다.
8. 버디를 하고 기분 좋아 만 원 한 장을 줬다. 캐디 피(fee)에서 빼야 마땅하다.
9. 캐디에게 클럽을 가지고 세컨샷 지점으로 가라고 한다.
10. 전 홀에서 그늘집에 주문할 거 없다고 해놓고선 막상 그늘집을 보니 생각이 달라져 늦게 주문을 요청한다.
11. 오는 전화는 다 받는다. 뒤 팀이 좀 기다려도 전화 통화는 끝나야 샷을 한다.
12. 한 홀이 비었다고 뛰어가 달라고 하면 이해할 수 없다. 앞 팀이 빠른데 왜 우리가 뛰어야 하나.
13. 샷한 뒤 캐디가 클럽을 잘 닦는지 유심히 본다.
14. 캐디가 그린에서 마크하고 라인 보는 것이 너무 느리다. 유독 내 것만 늦게 해주는 것 같다.
15. 신중히 볼치고 싶은데 캐디가 자꾸 재촉해서 신경질이 난다.

디봇 자리

디봇(순 우리말로는 파인 홈, 작은 웅덩이)!

드라이버 잘 쳐서 공이 기가 막히게 잘 나갔는데... 으잉! 그 공이 남이 만들어놓은 디봇 안에 들어가 있다면 기분이 어떻겠습니까? 고수도 디봇 안에 든 공을 정확히 쳐내기가 어렵습니다. 결국 디봇을 보수해 놓지 않은 누군가에 의해서 한 타를 잃어버릴 수 있습니다. 열나죠! 열납니다.

그런데, 우리는 우리가 의식적이든 무의식적이든간에 말이나 행동으로 다른 사람들에게 디봇(상처라고 합시다. 잔디가 파진 것도 상처의 일종이니까요)을 남기지 않았을까요?

우화 하나 이야기할게요.

어느 부부가 살았습니다. 부인은 무능한 남편에게 할 말 안 할 말을 함부로 막 했습니다. 참다못한 남편은 집을 나가 열심히 공부하여 과거에 급제하였습니다. 세상이 다 그렇듯이 부인은 급제한 남편을 찾아왔습니다. 남편은 찾아온 부인을 받아들이지 않았습니다. 이에 부인이 항의하자, 남편은 하인에게 나무판자와 못을 가져오라고 했습니다. 남편은 부인에게 판자에 망치로 못을 박으라고 시켰습니다. 그리고 다시 못을 빼라고 했습니다. 남편은 부인에게 판자에 남아있는 못자국을 가리키며 이렇게 말했습니다.

"판자에 못을 뺐지만 못자국이 남아있는 것처럼 당신이 내 가슴에 박은 못자국은 없어지지 않는구려..."

우리도 부지불식간에 남에게 상처를 주지 않았을까요? 골프장에서 디봇을 만들어놓듯이… 골프칠 때 디봇 만들면 다시 원위치로 만들어 놓으시고, 타인에게 상처를 주는 언행도 조심합시다. 특히 부하들에게 가슴에 못박는 언행은 절대, 절대 안 됩니다.

골프 에티켓 중에 우리가 지켜야 할 『3R』이 있습니다.

• Replace: 샷할 때 떨어져나간 잔디 즉 디봇을 제자리에 갖다 놓고 밟아주는 것.

• Rake: 벙커에 난 발자국이나 스윙자국을 고르개로 평탄하게 하는 것.

• Repair: 그린 위 공자국이나 스파이커 자국을 없애는 복구작업을 하는 것.

이 모두 남을 배려하는 것이며 결국 자신도 덕을 보게 됩니다. 인과응보因果應報요, 사필귀정事必歸正이라!

동반자에 대한 배려

1. 동반자의 골프를 존중하고 캐디에게도 예의를 표하라.
2. 동반자의 샷에 항상 시선을 집중하라.
3. 입을 다물 시간을 알라.
4. 캐디처럼 플레이하라.
5. 정보 제공자가 되라.
6. 동반자의 잃어버린 볼을 찾아주라.
7. 그린에서 깃대보조를 하라.
8. 자신의 볼이 오비 나거나 산에 들어가면 버려라.
9. 우발 시를 대비하여 여분의 볼과 티를 준비하라.

여러분은 위 아홉 가지 다 실천하고 계시죠? 골프가 배려와 매너의 스포츠라고 하는데 아마 동반자에게 잘하기 때문이 아닐까… 골프에서 동반자에게 저 정도로 하시면 멤버가 없어 고민하는 경우가 없을 겁니다.

> 골프를 이기려면 게임으로가 아니라 연습과 노력으로 이겨야 한다.
>
> – 벤 호건

골프에 너무 빠지면, 다음 증상~~

1. 칫솔을 고를 때 샤프트의 강도와 그립의 생김새를 유심히 본다.
2. 당구를 치다가 자기 공 뒤에 동전으로 마크를 해놓는다.
3. 친구가 딸이 100점 맞았다고 자랑하면, "좀 더 열심히 하면 90점대 가겠네"라고 칭찬과 격려를 한다.
4. 놀이터 모래에 발자국이 있으면, 발자국을 지우고 지나간다.
5. 프로야구 선수들의 홈런이나 파울을 OB라고 생각한다.
6. 공원의 호수는 해저드로 생각하고, 아스팔트의 파인 부분은 디봇자국이라 생각한다.
7. 직원들과 식사 가서 먼 쪽에 앉은 놈이 숟가락질하고 나서야, 내가 숟가락 들어야 하는 줄 안다.
8. 영어의 "OK"의 반대말이 "MARK"인 줄 안다.
9. 어쩌다 마누라 마트 쇼핑 따라가서 지치면 "언니~ 몇 홀 남았지?"라고 한다. 그리고 가끔 집에서 마님 보고 "언니~ 시간 있어? 언니야... 19홀은 안되겠어?" 한다.
10. 골프장에 주차할 때 주차번호를 72가 넘어가지 않도록 하고 락카룸 번호도 72번이 넘어가지 않도록 한다.

중독! 스스로 통제할 수 없다는 점에서 치명적이고 빠지기는 쉬워도 헤어 나오려면 엄청난 노력이 필요합니다.

당구 200 칠 때는 천장이 당구대로 보였고, 볼링 200 칠 때는 모든 복도가 레인으로 보였고, 골프 100돌이 때는 모든 잔디밭이 페어웨이로 보였고.

선진국 중에서 우리 나라만이 청소년 마약 중독자가 적다고 합니다. 인터넷과 스마트폰 게임 때문이죠. 이게 마약하고 중독증세가 비슷하답니다. 뇌 과학적으로 입증도 되었구요.

경기도에서 2013년에 145만 명의 청소년들에게 스마트 폰 사용 시간을 조사했더니 하루에 약 3시간 정도랍니다. 그중에 약 10%는 하루에 5시간, 2%는 심각한 중독 증세를 보였다고 합니다. 뭐 한다고 그리 되었을까요? 물론 게임이죠...

내친김에 어린이들의 게임 중독 치료비법을 공개합니다. 왜 아이들이 게임을 좋아할까요? 답은 재미가 있기 때문입니다. 일은 재미가 없죠? 그러니 게임을 '일'로 만들어 버리세요! 올라가지 못할 수준을 제시해서 못 올라가면 조지는 거예요. 밥도 주지 말고 빙신같이 그것도 못하냐고 하면서... 잠도 재우지 말고... 아마 컴퓨터나 스마트폰을 깨부셔버릴 겁니다. '더러워서 못하겠다'고 하면서...

중독!
진정한 강자는 보통 스스로 선택을 한다.
무엇인가에 중독되어 있다면 그는 이미 약자다.
보통 사유思惟의 중독은 마약의 중독보다 위험한 상태다.
그것을 정상 생활로 인식하도록 중독시키기 때문이다.
어리석은 중독으로부터 벗어남!
이것이 우리를 약자화하는 거미줄로부터 벗어나는 지름길이다.

– 슬픔에 잠긴 약자를 위한 노트 중에서/김유정

벗어남! 불교에서는 이것을 집착이나 번뇌로부터 해탈한다고 합니다.

더 많이 가지려는 부와 물질에 대해 집착하는 것,
더 많이 올라가려는 집착인 권력과 명예에 대한 욕망,
더 알려는 집착인 지식에 대한 탐욕,
더 잘 하려는 집착으로부터...

"The more"

"더"라는 것은 방향성이 중요합니다. 선한 쪽으로, 우주가 하나님이 우리에게 요구하는 방향으로 말입니다. 높이 올라갔다고, 많이 가졌다고, 많이 안다고, 잘 한다고 강자가 되는 것이 아닙니다. 그것에 집착할수록 더 약자가 된다는 것을 이제 알 것 같습니다. 그럼 약자가 아닌 강자로 살려면 어찌해야 할까요??

삶은 목표보다 방향이다.
골프도 그러하지 않을까?
자유로운 강자인 싱글을 위하여...

골프 치매 증세

1. 동반자가 목욕탕에서 "오랫만이다"라고 악수한다.
2. 홀 아웃하고 깃대를 들고 다음 홀로 이동한다.
3. 앞 조와 함께 이동하면서 자기가 조인한 줄 안다.
4. 아침에 부인한테 식사되는냐고 묻는다. 식사 후 밥값을 지불한다.

5. 밤일하고 나서 다음 홀이 어디냐고 묻는다.
6. 보스톤백을 집에서 가져오지 않고서 프론트 계산하고 락커 열쇠를 받아와, 옷 벗고 나니 갈아입을 옷이 없다.
7. 땡볕찌는 날 아이언을 우산으로 생각하고 햇볕을 가리며 이동한다.
8, 골프장에 와서 채 내리고 집으로 바로 간다.

골프 아침을 여는 기도

오늘 하루
제가 만나는 모든 이들을
미소로 바라볼 수 있게 하소서!
저의 언어에 향기가 있게 하시고,
저의 행동에 겸손이 있게 하시며,
저의 가치관으로 남을 판단하지 않게 하시고,
작은 것들을 소중히 여기는 마음을 주십시오.
저의 마음 깊은 곳에 사람을 향한 이해와 따뜻한 동정의 마음을 주셔서
그 누구도 미워하거나 노여워하지 않게 하시고,
받으려 하기보다는 언제나 주고자 하는 마음으로
받은 것은 기억하고 준 것은 곧 잊어버릴 수 있도록 도와주십시오.

오늘 하루 목마른 이에게 샘물 한 잔의 위로를 줄 수 있게 하시며,
마음이 상한 자를 스쳐 지나치지 않게 하시고,
도움이 필요한 이를 외면하지 않게 하소서.
외로운 이의 친구가 되게 하시고,
소망을 잃은 이에게 소망을 갖게 하시며,
사랑이 필요한 이에게 사랑을 줄 수 있게 하소서.
제가 라운딩하는 동반자들을
당신이 바라보는 눈길로 바라볼 수 있게 하시고,
그들이 저를 통해 당신의 사랑을 느낄 수 있게 하소서.

영혼 깊은 곳에서 울려 나오는 찬미가 들꽃의 향기처럼 세상으로 가득 퍼져 가게 하시고,

오늘 하루 저의 마음으로, 행동으로, 언어로 그려진 그림들이 잠드는 시간에 아름다운 그림으로 당신께 드려질 수 있도록 종일토록 도우심을 간구합니다. 골맨!!!

골프 멘탈 - #1

Mental! 정신력이라는 뜻입니다. 골프는 멘탈이 80%, 기술이 20%라고 합니다.ㅎㅎ 이것은 골프 실력이 어느 정도 되었을 때 하는 말입니다. 완전 초보에게는 해당되지 않습니다.

금세기 최고의 골프 멘탈은 타이거 우즈라고 합니다. 그런데 요즘 그도 좀 약해진 것 같습니다. 멘탈에 관한 한, 불교의 일체 유심조가 가장 적절한 표현입니다.

"일체유심조一切唯心造!"

"모든 것은 마음먹기에 달려 있다"라는 뜻입니다.

하지만 마음먹는 대로 안 될 때도 많죠? 그래서 마음이 중요하다고 말씀 드렸습니다. 마음공부로 '道'를 닦아야 한다고도 했구요. 타이거 우즈가 멘탈이 강하다고 한 것은 '평상심을 유지하는 것이 강하다'는 것입니다. 평상심은 영어로는 Composure라고 하는데 골프의 4C 중의 하나입니다.

물론 Concentration(집중), Confidence(자신감), Control(통제력) 전부가 정신력, 멘탈에 관계된 것입니다. 특히 열 받고 화났을 때, 감정을 잘 조절하여 마음을 추스르고 평상심을 갖는 것! 누구나 할 수 있는 일이죠. 그런데 골프 해 보면 잘 안 됩니다. 그래서 골프의 가장 큰 적은 '자기 자신'이라고 합니다.

모든 것은 마음먹기에 달려 있지요?

그리 쉬우면 왜 다 안 했겠어요? 어렵습니다.

만약 골프의 80%가 멘탈이라면, 여러분은 멘탈을 연마하는 데 골프 연습의 80%를 할애해야 되지 않나요? 골프샷의 40%의 비중을 차지하는 퍼팅도 그만큼 시간을 할애하여 연습해야 맞는 것이 아닌가요?

에이! '어찌 그리 사람이 합리적으로 살 수 있나요'라고 생각하신다면 그대는 아직 멘탈에서 머~어~얼리 떨어져 있다는 것입니다. 멘탈! 골프에서 제일 중요한 것입니다. 그리고 우리 인생에서도...

골프 멘탈 - #2

'마음'이란 무엇인가?

'道'란 무엇인가?

이제는 '멘탈'이 무엇인가?

이와 관련 호기심은 어디까지인가요?

호기심! 호기심을 갖고 있다는 것은 어린아이 같은 마음을 가지고 있다는 거 아닌가요? 철없는 거하고 호기심하고는 다릅니다.

저는 철이 좀 부족하여 속에 있는 게 열 개면 일곱 개는 속에 감추고 있어야 되는데 열 개를 다 내보입니다. 속을 다 보이는 사람은 철이 없거나 어린아이들입니다. 저는 감추고 싶지 않으니 어린 바보 아닌가 생각됩니다. 솔직함이랄까! ㅎㅎ 이제 헤모글로빈인가 뭔가 하는 약을 먹어야 할 시기입니다. 호기심을 갖는다는 것은 배우겠다는 마음이 열려 있다는 것입니다. 배우기를 멈추면 비록 나이가 적어도 이미 늙은이요, 나이가 많아도 배움의 자세를 가진다면 젊게 사는 것입니다. 제 주변에는 나이 먹은 젊은이들이 많이 있습니다. 여러분도 그 중의 한 분이시구요!

밥 로텔라 박사는 골프 심리학의 대가이신데, 이 분이 지은 책 중 '골프는 자신감이다'를 읽어 보시기 바랍니다.

"Normanify *vs.* Tigerize"

혹시 들어 보셨나요? 전자는 호주의 백상어라고 불리는 그렉 노먼을 비유화한 것입니다. 저속한 표현으로 '죽 쒀서 뭐 (?)준다'는 표현입니다.

노먼은 마스터즈에서 뒷심이 약해 닉 팔도한테 대역전극을 당합니다. 왜냐구요? 평정심을 잃어버려서 그랬습니다. 그리고 마지막 라운드에서 번번이 역전패를 당했습니다. 뒷심 즉 멘탈이 약한 것입니다. 그래서 '노먼처럼 되다'라는 신조어가 생긴 겁니다.

반면에 타이거는 어떻습니까? 호랑이가 어슬렁거리다가 먹잇감을 포착하면 그대로 한입에 물어버립니다. 같은 조의 선수들이 호랑이 앞의 강아지 신세가 되는 것이지요. 타이거와 함께 플레이하면 심적 압박감으로 스스로 자멸합니다.

그런데 우리 나라 양용은 골퍼가, 바람의 아들인 타이거를 날려 버렸습니다. 그것도 PGA Players Championship에서... 양용은 골퍼가 한 말, "뭐 손해볼 거 있나요? 져봐야 본전인데..." 그렇습니다. 이런 게 멘탈입니다. 자신감을 가지고, '그까이꺼' 하면서... 평상심을 유지하면서...

골프나 인생이나 멘탈이 중요합니다.

하룻강아지 범 무서운 줄 모르는 젊음이 좋다.

골프 멘탈 - #3

멘탈 붕괴! 정신이 무너져 내린 것을 의미합니다.

"Mental collapse!" 삼풍 백화점과 성수대교 무너지는 것과 같습니다. 황당하죠! 골프장에서 멘붕이 오는 경우가 간혹 있습니다. 가장 흔한 경우가 플레이 도중 원치 않은 레슨을 받는 경우입니다. 뭐 필드레슨을 받겠다고 했을 경우에는 예외지만... 골프에서 가장 좋은 충고는 '충고하지 마라'는 것입니다.

멘탈 붕괴는 여러 가지 경우가 있는데, 그 첫째는 화가 나는 경우입니다. 왜 화가 날까요? 자기 뜻대로 안 되니 화가 나는 것입니다. 화를 내면, 화가 나서 화가 자신을 불처럼 집어삼킵니다. 그래서 '화마가 그를 삼켰다'는 표현이 나옵니다. 멘붕! 화가 나서 자신을 통제하지 못해 일어나는 현상입니다. 골프의 4C 중 왜 Control(통제)이 있는지 이해되시나요? 골프, 인생, 여러분 뜻대로 다 잘 됩니까?

예! 잘 되신다구요? 그럼 이 글을 읽을 필요가 없으십니다.....

두 번째 이유는 자기 자신을 잃어버렸을 때입니다. 소위 '넋 나갔다'고 할 때입니다. 넋이 언제 나갔는지 모르게 나갔을 경우입니다. 어리뻥뻥히 왔다가갔다가 하다가 정신이 나갔을 경우죠.

정신이 혼미할 정도로 멘탈이 붕괴되면 안 됩니다. 그럴 땐 주위의 도움도 받으시고 무엇보다 초심을 유지하도록... 절대로 "길 잃은 영혼"이 되지 말아야 합니다.

사실 멘붕에는 실연처럼 시간이 약입니다.

"세월이 약이겠지요." ♩♪♬♬

> 골프게임의 90%는 멘탈이어서 제대로 플레이하지 못하는 골퍼들에게 필요한 것은 레슨이 아니고 바로 정신과의 싸움이다.
>
> – 톰 머피

충동을 억제하라. 당신의 이성이 당신을 지배하게 하라.

– 마르쿠스 아우렐리우스

골프 멘탈! 멘탈의 중요성은 아무리 강조해도 지나침이 없습니다. 영문법의 "can not ~~too~~" 용법처럼 말입니다.

국가 안보도 물질적·경제적 요소보다 정신력에 달려 있다고 합니다. 이를 역사가 증명하고 있습니다. 로마제국에서 최근 월남 패망에 이르기까지 제국이나 국가, 심지어 개인도 정신력이 해이해지면 다 망했습니다.

골프도 멘탈이 무너지는데 원하는 좋은 성적이 나올까요? 어렵습니다. 그래서 마르쿠스 아우렐리우스 황제가 충동을 억제하고 이성을 찾으라고 했나봅니다. 그분이 현세에서 골프를 치셨다면 아마 타이거 우즈와 필적할 만한 선수가 되었을 겁니다.

멘탈 강화에 좋은 방법이 뭐 없을까요?

첫째, 연습 열심히 하십시오. 그래서 실력을 쌓아 두려움을 극복하세요. 소위 근육에 지능이 생길 때까지 반복연습을 하여 자신감을 기르세요.

둘째, 자기 자신을 성찰하십시오. 그래서 소크라테스가 말한 대로 자신을 잘 아시기 바랍니다. 소크라테스가 "Know yourself"라고 했는데... 실은 이 말은 소크라테스가 한 말이 아니고 그리스 아폴론 신전에 새겨진 Gnothi Seauton에서 유래된 것이라고 합니다. "너 자신을 알라!" 원뜻은 "너 자신, 아무것도 모른다는 것을 알라"입니다.

셋째, 긍정적이고 적극적인 사고와 자세를 가지십시오. "나는 할 수 있다!" 위기나 어려움이 오면 나를 단련시킬 좋은 기회라고 생각하십시오. 위기는 위태로울 '위危'와 기회라는 '기機'가 합쳐진 말입니다. 좋은 기회라고 생각하세요. 뭐 손해 볼 거 있나요?

넷째, '道'를 닦아서 마음의 평상심을 유지하기 바랍니다. 아마 네 가지 중에서 제일 힘든 일일 겁니다.

어느 한 가지 만만한 것이 없죠? 스님이나 도인들은 평생 수련하여도 道에 이를까말까 하는데, 우리 같은 평범한 사람들이 어디 쉽게 되겠습니까? 그래도 해봐야 하지 않을까요? 기왕지사 골프를 시작했으니 멘탈 수련을 통해 득도하시길 바랍니다.

> 가을 단풍잎이 봄의 꽃잎보다 아름다운 이유는 한 여름의 뜨거운 태양과 비바람의 폭풍우를 이겨냈기 때문입니다. 고난과 시련 없이 영광과 아름다움은 없습니다.

아름다운 마음! 아름다운 언행!

아름다운 것은 다이아몬드라고만 생각하지 않으시죠? 여자분들은 그리 생각할 수도 있겠지만... "진정 아름다운 것은 외부의 물질이 아니라 아름다운 마음을 가리킵니다. 즉 법칙, 진리, 인애를 따르고 절제하는 마음입니다." 돌빛골사가 한 말이 아니고 로마 황제이자 철학자인 마르쿠스 아우렐리우스께서 하신 말씀입니다.

아름다운 사람은 누구일까요? 돈 많은 사람? 권력 가진 사람? 잘 생긴 사람? 아니요! 아름다운 언행을 하는 사람입니다. 왜냐면 내재된 아름다운 마음을 비추어내기 때문입니다.

바닷가 언덕에 남루한 집이 있었습니다. 그 집엔 병든 할머니가 창가의 침대에서 해변가 사람들이 즐겁게 노는 모습을 보며 그들과 즐거움을 함께 했습니다.

어느 날 그 노인이 창밖의 풍경을 바라보고 있을 때 하늘의 조용한 변화를 감지했습니다. 바닷물 색도 변하기 시작했구요. 노인은 공포를 느꼈습니다. 여러 해 전에 이 같은 상황에서 갑작스런 지진해일이 일어나 가족을 잃은 슬픔이 떠올랐습니다. 노인은 소리를 질렀지만 병약한 노인의 소리는 사람들에게 전달되지 않았습니다. 노인의 눈빛이 등불에 닿았습니다. 그녀는 등불을 쥐고는 그 기름을 침대와 벽에 뿌리고 불을 질렀습니다.

마침내 사람들은 작은 집에 불이 난 것을 알고 불을 끄기 위해 언덕 위로 모여들었습니다. 곧바로 해일이 덮쳤고 사람들은 이미 불에 타 돌아가신 할머니를 이해했습니다. 사람들은 할머니 장례식을 성대하게 잘 치뤄드렸고, 할머니는 좋은 데 가셨습니다.

할머니의 희생하는 마음, 사람들의 불 꺼주려는 마음이 없었다면 어찌 되었을까요? 아름다운 마음, 아름다운 행동으로 오늘의 메르스 사태도 잘 해결되었으면 합니다.

할머니 사랑합니다.♥♥♥

골프가 나에게 전하는 말

너무 잘하려 하지 말라 하네.
이미 살고 있음이 이긴 것이므로...

너무 슬퍼하지 말라 하네.
삶은 슬픔도 아름다운 기억으로 돌려주므로...

너무 고집 부리지 말라 하네.
사람의 마음과 생각은 늘 변하는 것이므로...

너무 욕심 부리지 말라 하네.
사람이 살아가는 데 그다지 많은 것이 필요치 않으므로...

너무 연연해 하지 말라 하네.
죽을 것 같던 사람이 간 자리에, 또 소중한 사람이 오므로...

너무 미안해 하지 말라 하네.
우리 모두는 누구나 실수하는 불완전한 존재이므로...

너무 뒤돌아보지 말라 하네.
지나간 날보다 앞으로 살날이 더 의미 있으므로...

너무 받으려 하지 말라 하네.
살다보면 주는 것이 받는 것보다 더 기쁘므로...

로우 핸디캡!

남편이 골프광인 부인이 남편의 생일 선물을 사러 모자점에 갔습니다. 점원이 다가와서 물었습니다.

"사모님, 어떤 모자를 원하세요?"

부인, "예, 제 남편이 골프를 좋아하는데 항상 로우 핸디캡을 원해서요. 어떤 모자예요? 제가 생일 선물로 사주려구요."

점원, "? ? ?"

☞ 골프에서 로우 핸디캡은 Low handicapped의 준말로 '싱글'을 말함. 모자는 Cap...

법륜스님이 전해주는 잘 늙는 법

1. 욕심을 내려놔라.
2. 절대로 과로하지 마라.
3. 과음, 과식을 하지 마라.
4. 말을 줄여라.
5. 재산을 절대로 다 물려주지 마라.

법륜스님의 다섯 가지 주의사항을 명심하시길 바랍니다. 삶과 죽음의 문제는 종교를 떠나 우리 모두의 운명입니다. 자연에 봄 여름 가을 겨울이 있늣이, 우리 인간은 생노병사가 있는 존재입니다. 아름답게 물든 단풍잎이 봄꽃보다 아름다울 수 있다고 하는데, 그렇게 되려면 조건이 붙네요.

우리 모두는 언젠가 법륜스님의 주의사항을 귀담아 들어야 할 시기가 도래할 겁니다. ㅎㅎ 너무 이르다구요. 예, 이런 것은 아무리 빨라도 지나침이 없습니다.

골프도 그렇습니다. 준비해 놓지 않으면 낭패를 당합니다. 비 오는 날 우산 안 챙겨오고 우비도 없고 여분의 마른 수건이나 장갑도 없다면 게임이 잘 될까요? 고수들은 준비부터 하수와는 다릅니다. 원하는 스코어를 위해 골프 코스도 미리 확인하고 몸도 워밍업하고 퍼팅 연습도 해 놓습니다. 허겁지겁 도착해서 첫 홀부터 오비 내는 하수와는 준비 자체가 다릅니다. 우리는 '하나를 보면 열을 알 수 있다'고 합니다. 골프장에서의 모습이 그의 인생을 사는 모습과 비슷합니다.

"준비하지 않은 것은 실패를 준비하는 것이다."

아름다운 노후! 아름다운 단풍잎처럼 누군가의 책갈피에 끼워져 있는 그런 존재가 될 수 있을까... 골프를 통해 내 인생의 단풍잎을 아름답게 물들이기를 기원해 봅니다.

골프는 영혼을 구제하는 약이다

골프라는 놈은 인간들에게 사회적으로 직업적으로 아무리 성공하고 큰 업적을 이룩했다고 해도 자신들이 일개 인간에 불과하다는 엄숙한 진리를 가르쳐 줍니다. 이 대자연에 비하면 개인이라는 것이 얼마나 미약한 존재인지 그리고 대자연과 더불어 내가 얼마나 소중한 존재인지 깨닫게 해 줍니다. 골프는 이 자연의 힘을 빌어 우리에게 겸손과 겸허함을 일깨워 줍니다.

또한, 골프는 우리에게 전혀 다른 세계를 보여 주기도 합니다. 골프를 제대로 알고 즐긴다는 것은 곧 새로운 세계에 대해 눈을 뜬다는 것입니다. 즉 개안開眼이죠. 비록 골프의 심취 정도에 따라 각자의 세계가 좀 다르겠지만...

골프의 세계를 잘 누리려면 좀 낙천적이고 건망증도 있어야 합니다. 나쁜 샷, 잘못된 결과는 빨리 잊어야 스트레스도 덜 받습니다. 그래서 건망증도 골프에서는 재능이 됩니다.

"영혼이 있는 골프", "The golf with soul" 어떻게 해야 골프에 영혼을 불어 넣을 수 있을까요? 그리고 영혼이라는 게 뭘까요? 참 형이상학적인 문제입니다. 교육학적 의미로, 영혼이란 육체 또는 물질에 대한 대립개념으로서 인간의 의식이 담겨져 있는 본질이라고 합니다. 어찌 보면 마음이라고 할 수도 있겠네요.

또한, 기독교에서는 영성(Spirituality), 불교에서는 불성, 유교에서는 심성, 힌두교에서는 참된 나(Atman) 등으로 표현되는데, 우리 인간의 가장 핵심적인 본질로 우리를 존재하게 하는 정수精髓라고 합니다. 우리가 삶을 살아가는 궁극적인 목적 중의 하나는 이러한 영성, 불성, 심성의 내적 본성, 즉 영혼을 꽃피워내는 것입니다.

골프를 통해 마음공부도 하고 육체와 정신을 정화시키기도 하면서 '참된 나'를 되찾는 진한 노력(?) 我理郞(참 나를 아는 것이 즐거움)을 노래하는 겁니다. "더 나은 나를 위해서..."

행복하지 않은 골프는 무의미하고, 실력 없는 골프는 초라하다

골프하는 이유는 여러 가지가 있을 것입니다. 건강, 사교, 비즈니스, 돈 등등... 그러나 그것들이 모두 무엇 때문일까요? 행복! 행복하기 위해서입니다.

행복하지 않다면 골프를 접어야 합니다. 구태여 아까운 시간과 노력, 열정을 의미 없이 쏟아부어야 할 필요가 있을까요? 행복하지 않다면 골프는 무의미한 작대기 짓일 뿐입니다.

두려움은 왜 생기는 걸까요? 확실히 알지 못하기 때문에, 마음이 안정되지 못하고 불안해서 생기는 것입니다. 시험공부 열심히 한 학생은 시험을 두려워하지 않을 것입니다. 골프에서는 요행수가 잘 통하지 않습니다. 어쩌다 그님이 오셨을 때는 예외겠지만, 그님이 오는 날은 일 년에 한 번도 채 되지 않을 것입니다. 평소 열심히 실력을 닦아 놓아야 그님을 맞이할 수 있습니다. 그래서 우리는 '성공이란 준비가 기회를 만났을 때 온다'라고 합니다.

실력 없는 골프! 정말 초라해집니다. 남들은 페어웨이로 걸어나갈 때 산으로 러프로 헤매고 다니는 모습! 보는 이도 안쓰럽습니다. 그리고 진한 고독을 느낍니다.

실력을 쌓아야 합니다. 골프도, 직장도.

인생도 실력 없으면 초라해지기는 마찬가지입니다.

그래서, 첫째도 실력, 둘째도 실력, 셋째도 실력.

부모님에게서 물려받은 것이라고는 튼튼한 육체와 어려움에 직면해서도 포기하지 않는 정신력뿐입니다. 쉽지 않은 삶이지만 현재의 나를 있게 한 것은, 그리고 내가 믿을 수 있는 것은 내 자신의 애절한 노력과 이에 따른 조그만 실력입니다. 우리 시대 거의 모든 사람들의 모습이겠죠?

보릿고개 세대들! 젊어서 고생은 사서도 한다는데... 혹시 고생 사실 분 있으면 연락 주세요. 제 것을 좀 나눠 드릴께요. 그것도 공짜로...

골프! 실력을 쌓으면 골프가 편해집니다. 특히 드라이버, 어프로치, 퍼팅 실력을 연마하십시오.

> "나는 항상 믿어 왔다. 어떤 사람이 무엇인가를 하겠다는 생각을 머릿속에 품고 오로지 거기에만 헌신한다면 어떤 어려움에도 불구하고 반드시 성공한다. 그런 사람은 능히 총리나 교황도 될 수 있다."
>
> – 카사노바 어록에서

단일 목표, 단일 과업에 집중하라는 뜻입니다. 세인들은 카사노바가 좋아하는 여성에게만 집중했다고 하지만, 문학과 법학 분야에서도 많은 성과와 업적을 남겼다고 합니다. 집중을 잘해서... '지능이란 집중의 정도'라고 쇼펜하우어가 말했습니다. 그럼 카사노바는 지능이 높은 거지요! ㅎㅎ

골프에서 최고의 전략은 누구보다 강해지는 것입니다. 골프를 궁극적인 수준까지 올리기 위해서는 무엇보다 중요한 것이 집중입니다. 집중적인 연습, 집중적인 실전, 집중적인 노력과 정신, 그리고 행동이 요구됩니다. 그리고 골프 기술과 멘탈과는 불가분하게 연관이 있습니다. 기술이 뒷받침이 되어야 멘탈도 안정됩니다. 골프 기술에서는 드라이버, 어프로치 그리고 퍼팅에 집중적인 노력을 하십시오.

이 세 가지만 숙달된다면 여러분의 골프실력이 일취월장 발전할 겁니다. '오리'는 잘 아시겠지만, 육·해·공군입니다. 육지에서 달릴 수 있고, 물에서 수영도 할 수 있으며, 하늘을 날 수도 있습니다. 근데 뭐 하나 제대로 잘 하는 게 없네요. 땅에서는 말처럼 달릴 수 없고, 물고기처럼 헤엄을 잘 칠 수 없고, 새처럼 하늘을 잘 날지도 못합니다. 그냥 고만고만한 거죠.

집중은 당신에게 탁월성을 부여하여 최고의 골퍼가 되게 할 겁니다. 집중! 집중하시죠!

장타를 지향하되 경쟁은 하지 마라

골프장에서 제일 폼 잡는 사람이 장타자입니다. "남자는 비거리다!" 신형 드라이버 선전이나 골프공 선전 시에 많이 인용되는 말입니다. 그런데 장타자가 티잉 그라운드에서는 각종 폼을 잡는데 최종 스코어도 좋은가요? 정교하지 않은 장타자! 그리 부러워할 필요 없습니다. 장타와 정확도가 공존하는 경우는 매우 드뭅니다.

타이거 우즈가 한때 골프계를 휘젓던 시절에는 장타와 정확도가 일치했던 시절이었습니다. 이제는 드라이버 정확도가 떨어져 빛이 많이 바랬습니다.

타이거 입장에서는

아! 옛날이여! ♬♬♬

이선희 노래가 들릴 것입니다.

『드라이버는 쇼, 퍼팅은 돈』이라고 하지만 여전히 우리에게는 장타의 꿈을 버릴 수 없네요. 마초(남성) 근성 때문일까요?

길다고 다 좋은 거 아닙니다. 때로는 작은 고추가 맵고 튼튼합니다!!! 골프에서 승리는 드라이버 거리로 결정되는 게 아니고 스코어로 결정되는 것입니다. 너무 장타에 집착하지 마시고 『장타의 노예』가 되지 말기 바랍니다.

장타의 유혹! '골프의 마약'과 비슷합니다. 빨리 끊고 정확하게 공을 보내는 데 정성을 기울이기 바랍니다. 그리 쉽게는 안 될 겁니다. 그래도 유혹에서 벗어나려고 노력하다보면 싱글이 성큼 다가와 있을 겁니다.

"장타 경쟁은 바보들의 경쟁이다." 누가 누가 빨리 망하느냐의… 그대가 장타의 유혹을 이길 때에만 진정한 골프의 멋을 알게 되리라.

> 장타치기를 단념했다면 그것으로 인생도 끝이다.
>
> – 나카무라 도라키치

그래도 장타내고 싶다면 다음 사항을 명심하시기 바랍니다

1. 드라이버 잡을 때와 안 잡아야 할 때를 구분하는 지혜와 남들을 의식하지 않고 우드나 아이언을 잡을 수 있는 진정한 용기를 가져라.
2. 왼손 악력을 키우고 하체 근육을 단련하라.
3. 채를 가볍게 잡고 헤드스피드를 빠르게 하라.
4. 헤드 중앙 스윗 스팟(sweet spot)에 공을 맞추는 연습을 하라.
5. 오버스윙 하지 마라. 그리고 왼손 엄지로 코킹을 유도하라.

'Small is Beautiful' 'Simple is Beautiful'

많이 들어 보셨던 표현이죠? 위의 것은 폭스바겐의 딱정벌레차인 'Beetle'의 광고카피입니다. 작지만 실하고 튼튼하고 좋다는 표현입니다. 크다고 꼭 좋은 것은 아니죠!

조각가는 돌덩어리를 어떻게 조각할까요? 그냥 막 정으로 돌을 깨는 걸까요? 아닙니다. 조각가는 돌덩어리 속의 자기가 만들 상像을 봅니다. 그리고 그 상에 불필요한 부분들을 정으로 떼어내는 것입니다. 즉 상을 만드는 것이죠.

골프도 이론적으로 보면 매우 복잡합니다. 스윙 원리도 분석해 보면 매우 복잡합니다. 그러나 스윙 시에는 군더더기 하나 없이 그냥 심플하게 해야 합니다. 그래야 아름답습니다.

경제법칙은 '최소의 비용으로 최대의 효과'를 내는 것입니다. 골프도 경제적으로 해야 하지 않겠어요? 최소의 힘으로 최대의 효과를 내기 위해서는 스윙이 단순해야 합니다. 공심空心과 무심無心으로 스윙을 해야 보기도 아름답습니다.

폼생 폼사(폼生 폼死)?

오버스윙하면 폼 안 납니다. 최대한 단순하게 치십시오.

인생도 심플하게! 뭐 그리 복잡하게 살 필요 있나요? 소박하게 단순하게 살면 안 될까요.

『단순함이 경쟁력이다』라는 시대가 곧 올 겁니다.

인생도 simple하게! 스윙도 simple하게!

아우토반의 강자 : 모닝

독일에 사시는 어르신께서 애국한다는 마음으로 국산차를 사려고 알아보다가 '모닝'을 사셨습니다. 어르신께서 속도 무제한의 고속도로인 ‘아우토반’에 모닝을 몰고 들어갔는데, 그만 기름이 떨어져 갓길에 비상등을 켜고 세웠습니다.

어떻게 할지 고민하던 할아버지는 마침 지나가던 포르쉐를 손짓해 세우고 사정을 말하곤 태워 달라고 하셨습니다. 모닝을 쳐다보던 포르쉐 운전자는 실실 웃으면서, “까지꺼~ 차 뒤에 매달고 가지요. 내가 너무 달리면 경적이나 울리세요.” 하고는 모닝을 포르쉐 뒤에 밧줄로 묶고 달리기 시작했습니다.

이때 포르쉐 옆에 페라리가 나타나더니 엄청난 속도로 추월하더랍니다. 자존심 상한 포르쉐 운전자는 속도를 높이기 시작했습니다. 놀란 어르신은 모닝 운전석에서 ‘빵~ 빵빵~’ 경적을 울리며 속도를 줄이라고 했으나, 포르쉐 운전자는 페라리 추월에만 정신이 팔려 노인과의 약속을 잊어버렸습니다.

200킬로에 가까운 속도에서 페라리와 포르쉐가 만나 다시 경주가 시작되었고, 속도는 무려 300킬로에 육박했습니다. 급기야 어르신은 졸도 직전까지 갔습니다.

다음날 아침… 유럽시장에 ‘모닝’ 붐을 일으키는 기사가 모든 신문에서 ‘대서특필’로 실렸습니다.

Guten Morgen! (Good Morning=국산차 이름)

“어제 아우토반에서 포르쉐와 페라리, 모닝 3대의 승용차가 경주를 벌였는데… 모닝 운전자가 경적을 계속 울리면서 포르쉐가 비켜줄 것을 요구했으나 그들은 끝까지 비켜주지 않았다”고!!!

모닝 만쉐!!! ㅎㅎㅎ

오늘도 Good Morning입니다.

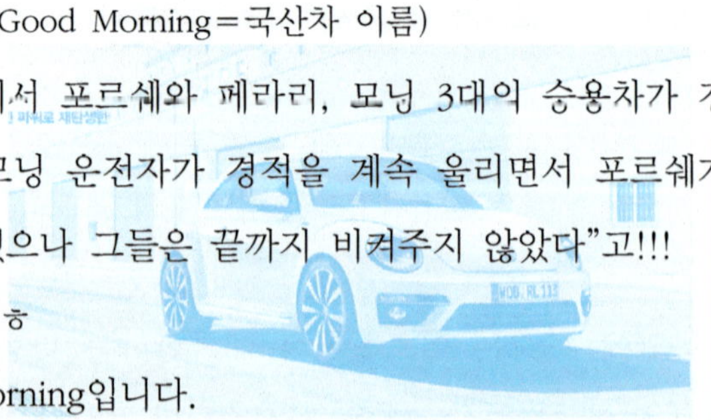

골프와 계영배戒盈杯

충만을 꿈꾸는 것이 바로 욕심입니다. 욕심은 무한하고 우리의 자원은 유한합니다. 골프를 잘 치고 싶은데 몸과 마음이 잘 안 따라줍니다. 그럼 어찌할까요? 욕심을 줄여야겠지요.

욕심과 절제!

선인들의 지혜를 볼까요?

고대 중국에는 기기와 박만이라는 것이 있었고, 우리 나라는 계영배라는 술잔이 있습니다. '기기'는 우리 계영배와 같은 원리로 만든 그릇인데, 비면 엎어지고 반쯤 차면 반듯하고 차면 엎어지는 그릇입니다. 비워도 안 되고 다 채워도 안 됩니다. '박만'은 나무나 토기로 만든 돼지 저금통으로 나중에 돈이 다 차면 사용하기 위해 만든 것입니다. 비어 있으면 온전하고, 차면 깨지는 것이지요.

계영배도 70% 정도 술이 차면 그대로 있다가, 넘으면 엎어지는 술잔입니다. 과함을 경계한 것이죠. 우리 나라 조선후기 실학자였던 하백원과 우명옥이란 도공이 만들었다고 합니다. 우명옥은 강원도 산골에서 질그릇을 굽다가 뜻을 품고 광주분원에서 정진하였다고 합니다. 마침내 그는 '설백자기'라는 훌륭한 도자기를 만들어 왕에게 진상, 명성과 부를 얻었으나, 이후 술에 빠져 방탕한 생활을 하다가 정신을 차리고 만든 것이 이 계영배라고 합니다.

과함을 경계한 교훈적인 작품인 것이지요. 거상 임상옥이 항상 이를 옆에 두고 과도한 욕심을 경계하며 살았답니다. 외국 귀

빈에게 이 계영배를 선물할 때 통역 설명하느라 어려움이 있었지만, 실제 실험으로 보여주니 이해를 쉽게 했다고 합니다.

과유불급過猶不及!

우리 인생도, 골프도 과하면 부족한 것보다 못할 때가 있습니다. 욕심이 문제죠. 위의 기기들은 우리에게 절제의 미덕을 상기시켜 주는 것들입니다. 어쩌면 우리 인생 자체가 계속 배우고 스스로를 갈고 닦아야 하는 수련의 기간입니다. 우리가 깨어 있기만 한다면, 삶에서 일어나는 모든 일들이 우리에게 배움을 가져다준다고 합니다.

우리는 어느 한 분야에서 탁월한 업적을 쌓았다 할지라도 열린 마음으로, 긍정적인 태도를 유지하고 절제하면서 살아야 하지 않을까요? 그것이 나의 삶을 풍성하게 하고 살아있는 영혼을 유지하는 방법이 아닐까요? 배움을 멈추고 자만하는 순간이 곧 추락하는 시점입니다. 골프에서도 만사가 잘 풀릴 때가 곧 위기입니다. 너무 잘 나가면 '내가 조심해야 되겠다'라고 생각해야 하는데, 말처럼 쉽지 않습니다.

그런 점에서 골프는 성찰하고 성찰하도록 만드는 골프... 골프와 계영배, 그리고 인생! 너무나 우리에게 주는 메시지가 큽니다. "진지하고 절제하라!"고...

골프는 멋진 교훈을 주는 게임이다.
그 첫째는 자제, 즉 여하한 불운도 감수하는 미덕이다.

– 프란시스 위멧

파도는 보았는데 바람은 보지 못했다

'관상'이라는 영화 마지막 부분에 나오는 대사입니다. 파도를 만드는 것은 바람입니다. 흔히 우리는 눈에 보이는 현상만 중시하고 눈에 보이지 않는 본질은 간과해 버리지 않나요? 하지만 현상을 주도하는 것은 본성과 본질입니다. 특히 골프에서 샷이 잘 안 될 때는 채를 원망하지 마시고 채를 사용하는 골퍼의 무엇이 문제인가를 확인해야 합니다.

'하수는 결과를 무서워하고 고수는 원인을 두려워한다'고 합니다. 하수는 현상인 파도만 보고 고수는 본질인 바람을 본다는 뜻입니다.

골프의 본질이란 무엇인가?

샷의 본질은 무엇인가?

퍼팅의 본질은 무엇인가?

그럼 골프를 치는 나의 본질은 무엇인가요? 현상보다는 본질을 보려고 하면, 뭐가 생깁니다. 일명 통찰력이라는 것이! 골프나 인생이나 이것이 있으면 본질에 다가갈 수 있습니다. 또한 '道'도 이루겠죠! 골프에서 통찰력을 과연 어떻게 얻을 수 있을까요? 영어로 통찰력을 Insight 또는 Penetration이라고 합니다. Insight에서 in은 '안에'라는 뜻이고 sight는 '보다'라는 의미입니다. 즉 '안을 본다'는 것입니다. Penetration에서 pene라는 것도 '뚫다'라는 뜻을 가지고 있습니다. 한 예로 '그는 인간에 대한 통찰력을 가지고 있다'라고 표현할 때는 'He has insight into human nature'라고 합니다.

통찰력이란 겉을 보는 것이 아니고 안을 보아야 생기는 능력입니다. 잘 보아야 좋은 통찰력이 생기지 않겠어요? 관상에 나오는 주인공도 자신은 잘 본다고, 통찰력이 있다고 했지만 본질을 잘 보지 못해서 결국 비극으로 끝나게 됩니다.

골프를 통한 통찰력! 가능할까요? 예! 어느 정도는 가능할 것으로 봅니다. 18홀 도는 동안 인생에 대해 최소한 몇 번은 생각해 볼 기회가 있으니까요. 라운드 하나에 인생 하나! 인생 하나에 라운드 하나!

골프는 우리에게 삶을 어떻게 살아야 하는지 통찰력을 줍니다. 단, 골프에 임하는 자세가 올바를 경우에...

캐 디

영국 스코틀랜드의 메리라는 여왕이 골프 칠 때 사관생도를 도우미로 쓴 데에서 유래되었다고 합니다.

Cadet! 생도라는 의미인데 어찌어찌하여 caddie로 바뀌었답니다. 골프를 치다보면 동반자의 배려심과 인간성을 알아보기 쉬운 것이 캐디한테 대하는 태도로 알 수 있습니다. 캐디를 하인처럼 대하는 사람, 인신공격과 욕설을 하는 자, 작업거는 자 등등 인간성이 훤히 드러납니다. 캐디에게 함부로 하는 자와는 절대 같이 사업하고 싶지 않습니다. 왜냐하면, 제 상황이 안 좋아지면 그는 언제 나를 우습게 대할 줄 모르기 때문입니다. 사업 파트너될 사람을 음식점에 데려가서 그가 종업원에게 하는 태도를 보면 동업 가능성을 확인할 수 있다고도 합니다.

캐디는 경기를 도와주는 전문 도우미이며 동반자입니다. 골퍼는 캐디로부터 조언과 영감, 도움을 받습니다. 캐디의 임무 중 가장 중요한 것은 경기의 원만한 진행을 도와주는 것이며, 특히 거리와 그린 경사에 대해 경기자에게 도움을 주는 것입니다. (실제로 훌륭한 캐디들은 이 두 가지에서 탁월합니다.)

캐디는 직업분류 시 프리랜서로 전문 직업에 속합니다. 즉, 프로페셔널인 것이죠. 프로는 뭔가요? 프로는 자기의 일에 있어서 특정한 전문기술을 가진 전문가여야 합니다. 그리고 캐디는 골프 치는 데 대여섯 시간을 고객과 같이 지냅니다. 골프장의 얼굴은 화려한 클럽하우스가 아니고, 그림 같은 페어웨이도 아니고 바로 캐디입니다. 명문 골프장으로 만들고 싶으면 우선 캐디교육부터 잘 시켜야 합니다.

캐디가 잘 쓰는 얘기 10가지

10위: 사장님 벗겨드릴까요?

☞ 클럽 커버 벗겨놓을까요?

9위: 올라가시기 전에 몸 풀고 올라가겠습니다.

☞ 체조합시다.

8위: 한 분씩만 올라가세요.

☞ 티잉 그라운드는 한 사람씩 올라야 위험하지 않습니다.

7위: 아직 하시면 안 됩니다. 하라고 할 때까지 기다리세요.

☞ 앞 조가 완전히 위험거리를 지났을 때 샷하시라.

6위: 끝이 휘어 밖으로 나갔습니다.

☞ 슬라이스나 훅입니다.

5위: 손으로 만지시면 안 됩니다.

☞ 공은 있는 그대로 쳐라.

4위: 몇 번 드릴까요?

☞ 몇 번 아이언 채 드릴까요.

3위: 너무 짧아서 안 들어갔습니다.

☞ 홀에 공이 미치지 못해 들어가지 못했습니다.

2위: 앞에 분 빼고 나서 넣으셔야죠.

☞ 홀 아웃하고 퍼팅하라.

대망의 1위는... 마지막 분이 좀 꽂아주세요 ^^

☞ 깃발은 최후에 홀인한 사람이 꽂아주세요...

*

테러가 따로 없다.

돈 버는 것이 얼마나 어려운 것이라는 것을 깨닫게 해주려고 하는 것 같다.

갖가지 좋은 생각을 하며 웃었다.

어이없어서 웃고..

황당해서 웃고..

힘내시라고 웃고..

바보처럼 많이 웃었다.

– 어느 슬픈 캐디 일기 중에서

*

진상 고객을 만났다.

작렬하는 태양...

모자 안에서도 라면을 끓일 정도로 김이 모락모락 난다.

비가 오기를 바랬지만...

그러나 고객은 날씨보다 가혹했다.

– 진상 고객을 만난 캐디 일기 중에서

캐디 은어 베스트 11

-캐디분들은 속으로만 하세요. 들키면 곤란…-

1. 택시: 택도 없다! ㅅㅂㄴㅇ
2. 버스: 버리고 가! ㅅㅂㄴㅇ
3. MS: 마크해! ㅅㅂㄴㅇ
4. 집시: 집어! ㅅㅂㄴㅇ
5. 물개: 물론이지! ㄱㅅㄲㅇ
6. 장미: 장하다! 또는 장난 하냐? ㅁㅊㄴ
7. 물안개: 물론 안 되지! ㄱㅅㄲㅇ
8. 아가씨: 아직도 가라스윙 하냐? ㅅㅂㄴㅇ
9. 아저씨: 아직도 저 지랄하냐? ㅅㅂㄴㅇ
10. CEO: ㅅㅂㄴㅇ! 에지도 '온'이가?
11. IOC: 이것도 '온'이가? ㅅㅂㄴㅇ
12. 시캐: 시끄럽다! ㄱㅅㄲㅇ

골프와 유머에 대하여

골프는 신사의 운동이라고 합니다. 그러면 골프에서 하는 유머도 신사다워야 하는 것이 아닐까요? 소위 말하는 구찌하고는 차원이 달라야 하고, 쓸데없는 이야기가 되어서는 안 됩니다.

골프에서 섹스와 관련된 유머는 조금은 지나칠 정도로 많은 것이 사실입니다. 물론 스트레스가 심한 골프에서 긴장감을 해소하고 즐겁기 위해서 야한 이야기로 분위기를 부드럽게 하기 위함입니다. 남자들은 좀 괜찮다고 해도 듣는 여자들은 기분이 어떨까요? 좀 야한 여성을 제외하고는 아무래도 성적 수치심을 유발시키는 것 같습니다. 여성과 같이 라운딩하시는 남성들은 입조심하시길! Sexual harassment라는 뭐 유식한 말로 '성희롱'이라고 하는 거에 걸려들 수 있으니 조심하시라...

유머에는 최소한 다음 세 가지를 충족시켜야 합니다.

첫째는, 품격이 있어야 합니다. 단지 사람을 웃기기 위한 품격 없는 유머는 쓸데없는 이야기로 취급됩니다. 들었을 때 뭔가 인격을 향상시켜주는 듯한 풍부한 위트가 있고, 고상한 미소를 짓도록 만드는 것이어야 합니다. 온화한 마음과 밝게 웃을 수 있는 그런 유머가 품격 있는 것입니다.

둘째는, 들었을 때 도움이 돼야 합니다. 상대의 의욕을 북돋우고 즐거움을 주는 유머가 돼야 합니다. 우리의 뇌는 즐겁고 도움이 될 때 활발하게 움직인다고 합니다.

셋째는, 가르침이 있어야 합니다. 사람들이 미처 깨우치지 못한 것을 깨닫게 해 주어야 합니다. 촌철살인의 유머 한마디가 우리의 무지와 몽매함을 날려버립니다.

결론적으로, 품격이 있고 도움이 되며 가르침이 있는 유머가 품격 있는 유머가 되는 것입니다. 그래서 유머는 많은 노력을 요하는 것입니다. 인격이 하루아침에 만들어지지 않듯이... 너무 과하지도 너무 부족하지도 않은 유머! 쉽지 않습니다. 그래서 유머도 훈련과 노력이 필요합니다.

골프 유머! 위 세 가지를 충족하려면?? 그것도 스트레스다. 골프도 힘든데 "아니! 유머, 너까지..." 줄리어스 시저가 생각난다. AE! 입을 차라리 닫고 살자... ㅎㅎ 골프와 유머! 결코 이혼할 수 없는 사이, 아니 결코 떨어질 수 없는 관계입니다.

A man received a message from his neighbor...
"Sorry sir, I am using your wife...
I am using it day and night...
I am using when U R not present at home...
In fact I am using it more than U R using it...
I confess this because now I feel guilty very much.
Hope U will accept my sincere apology..."

The man went home and had a big fight with his wife...
A few minutes later he received another message...
"Sorry sir, spelling mistake... it's not wife, but wifi."

충분히 가능성이 있는 일? wifi와 wife의 철자는 똑같이 "i : 이"와 "e : 이"네요. 이 정도 영어는 아셔야 해외원정 골프도 가실 수 있는데...

겸손 - 머리 숙여 #1

골프와 겸손!

리더십과 겸손!

골프와 리더십과 겸손!

겸손은 골프나 리더십에서 마법과도 같은 말입니다. 마법의 힘을 발휘한다는 것이지요. 겸손하면 복 받습니다. 많이 겸손하면 많이, 적게 겸손하면 적게...

골프 책도 리더십 책도 대부분 이 겸손을 가르치는 경험으로 가득합니다. 골프에서 지금 드라이버 샷의 성공이 다음의 세컨샷에서 사라져버릴 수 있고, 리더십도 지금의 성공이나 성취, 인정도 다음에 보장되는 것이 아닙니다.

지금의 성공적인 샷, 지금의 성공적인 리더십이 지속되려면 어찌해야 할까요? 골프에서는 기고만장하지 말고 겸손하게 머리를 숙여야 하고, 리더십에서는 허세부리지 말고, 타인의 인정에 겸손해야 합니다. 초심을 견지하라는 말도 같은 뜻이 아닐까...

지금의 성공은 내일이면 아침이슬처럼 사라질 수 있습니다.

겸손합시다!

어찌 보면 겸손의 핵심요소는 "제 자신에게 정직하라"는 것입니다. 일시적인 성공에 거드름을 피우거나 화려한 무대 조명에 눈이 멀지 않는 것입니다. 더구나 부당한 보상이나 과도한 인정을 바라지 않아야 합니다. 이것이 자신에게 정직한 것이고 밖으로 드러난 것이 겸손 아닐까요?

대부분의 골프 챔피언은 비록 승리했지만 다른 스포츠처럼 기고만장하지 않습니다. 승리의 과실을 자기 것만으로 독차지하지 않습니다. 나누는 겸손함이 보입니다.

훌륭한 리더들도 겸손한 사람들입니다. 그들은 남에게 특히 상관에게 인정받기 위해 일하는 경우가 드뭅니다. 훌륭한 리더는 그것이 정당하기 때문에, 그리고 책임져야 하는 사람이기 때문에 스스로 책임지려 했을 뿐입니다. 우리는 책임지는 그리고 겸손한 리더의 길을 골프에서 찾아야 하지 않을까요?

숲속으로
물로
벙커로
러프로 가지 말고
아름다운 페어웨이로 갑시다.
리더십을 키우면서...

나누며 살다 가자!

남은 세월이 얼마나 된다고
가슴 아파하며 살지 말자.

버리고 비우면 또 채워지는 것이 있으니
마음의 보시를 하던 물질의 보시를 하던
나누며 살다 가자~~~!!

내 마음이 부처님 마음이면
상대도 부처로 보일 것을!
누구를 미워하지 말자.
누구를 원망하지도 말자.

많이 가졌다고 행복한 것도
적게 가졌다고 불행한 것도
아닌 세상살이~~~

재물이 부자이면 걱정이 한 짐이요.
마음이 부자이면 행복이 한 짐인 것을~~~

죽을 때 가지고 가는 것은 마음 닦은 것과 복 지은 것뿐이라오~~~!!

누군가를 사랑하며 살아갈 날도 적은데
누군가에게 감사하며 살아갈 날도 적은데

남은 세월이 얼마나 된다고~~~
가슴 아파하며 살지 말자!!

버리고 비우면 또 채워지는 것이 있으니
보시는 갚을 수 없는 사람에게 하여야 참 보시인 것을~~~

마음의 보시를 하든 물질의 보시를 하든
나누며 사랑하는 마음으로 살자
감사하는 마음으로 살자~~~~^^*

세상에 본시 내 것이란 없습니다. 내 것처럼 보일 따름이죠. 빈손으로 와서 현재 많은 걸 가지고 있지 않나요? 많이 가졌거나 적게 가졌거나 갈 때는 또 빈손으로 갈 겁니다.

개인적으로 제가 알렉산더 대왕을 존경하는 것은 그의 마지막 모습 때문입니다. 그는 그의 관에 구멍을 뚫어 두 손을 밖에 내놓게 하였답니다. 거대한 제국을 이룬 그였지만 갈 때는 빈손으로 간다는 것을 사람들에게 일깨워주기 위해서였다고 합니다.

역시 대왕답습니다.

"공수래空手來! 공수거空手去!"

그런 사람

집착 없이 세상을 걸어가는 사람
아무것도 가진 것 없이
자기를 다스릴 줄 아는 사람

모든 속박을 끊고
괴로움과 욕망이 없는 사람
미움과 잡념과 번뇌를 벗어 던지고
맑게 살아가는 사람

거짓도 없고 자만심도 없고
어떤 것을 내 것이라 집착하지도 않는 사람

이미 강을 건너 물살에 휩쓸리지 않는 사람
이 세상이나 저 세상이나 어떤 세상에 있어서도
삶과 죽음에 집착이 없는 사람

모든 욕망을 버리고 집 없이 다니며
다섯 가지 감각을 안정시켜
달이 월식에서 벗어나듯이 붙들리지 않는 사람
모든 의심을 넘어선 사람

자기를 의지처로 하여 세상을 다니고
모든 일로부터 벗어난 사람
이것이 마지막 생이고 더 이상 태어남이 없는 사람
고요한 마음을 즐기고
생각이 깊고
언제 어디서나 깨어 있는 사람

— 숫타니파타 중에서

겸손 - 머리 숙여 #2

고개를 숙이면 부딪치는 법이 없다.

열아홉의 나이에 장원 급제를 하여 스무 살에 경기도 파주 군수가 된 맹사성은 자만심으로 가득 차 있었다. 어느 날 그가 무명 선사를 찾아가 물었다.

"스님이 생각하기에 고을을 다스리는 사람으로서 최고로 삼아야 할 좌우명이 무엇이라고 생각하오?"

그러자 무명 선사가 대답했다.

"그건 어렵지 않지요. 나쁜 일을 하지 말고 착한 일을 많이 베푸시면 됩니다."

"그런 건 삼척동자도 아는 이치인데 먼 길을 온 내게 해 줄 말이 그것뿐이오?"

맹사성은 거만하게 말하며 일어나려 했다. 무명 선사가 녹차나 한 잔 하고 가라며 붙잡았다. 그는 못이기는 척 자리에 앉았다. 그런데 스님은 찻물이 넘치도록 그의 찻잔에 차를 따르는 것이 아닌가.

"스님, 찻물이 넘쳐 방바닥을 망칩니다."

맹사성이 소리쳤다. 스님은 태연하게 계속 찻잔이 넘치도록 차를 따르고 있었다. 그리고는 화가 나 있는 맹사성을 물끄러미 쳐다보며 말했다.

"찻물이 넘쳐 방바닥을 적시는 것은 알고, 지식이 넘쳐 인품을 망치는 것은 어찌 모르십니까?"

스님의 한 마디에 맹사성은 얼굴이 붉어졌고 황급히 일어나 방문을 열고 나가려고 했다. 그러다가 문에 부딪치고 말았다. 그러자 스님이 웃으며 말했다.

"고개를 숙이면 부딪치는 법이 없지요."

골프에서 미운 7넘 & 미운 7놈

〈미운 7넘〉

1. 비거리 줄었다고 투덜대면서 제일 멀리 보내는 넘.
2. 장타이면서도 숏게임에 실수가 없는 넘.
3. 공이 왔다 갔다 하면서도 파(par) 하는 넘.
4. 돈 한 푼 못 먹었다고 투덜거리다가 막판에 싹쓸이해가는 넘.
5. 얼굴 시커멓게 그을었는데도 공친 지 오래라고 우기면서 80대 초반 치는 넘.
6. 매일 공치는데도 회사 잘 돌아가는 넘.
7. 새벽 공치러 나오면서 마누라한테 아침 밥 얻어먹고 왔다고 자랑하는 넘.

〈미운 7놈〉

1. '툭' 치는데도 멀리 보내는 놈.
2. '아999!' 비명 지르면서 홀 속으로 쏙 집어넣는 놈.
3. 매일 땡볕에서 놀아도 기미 안 낀다고 자랑하면서 씻고 쌩얼로 집에 가는 놈.
4. 허구한 날 공치러 다니는데도 자식이 공부 잘 해 SKY대 다니는 놈.
5. 안 된다고 궁시렁거리면서도 절대로 90타 안 넘기는 놈.
6. 그늘집마다 들어가 처먹고, 마시고, 회식 땐 미친 듯이 먹는데도 똥배 안 나오는 놈.

7. 이렇게 얄미운데도 동반자 구하는 데 어려움이 없는 놈.

그래도

그래도

골프치는 넘과 논은 내 친구♡♡

사람의 기지가 발명한 놀이치고 골프만큼 건강한 요양과 상쾌한 흥분, 끊임없는 즐거움의 원천을 주는 것은 없다.

– 아서 밸푸어

골프 후배에게

인생이나 골프 모두 극복해야 할 장애물이 있고, 늘 불확실성과 의외성이 존재한다네. 동시에 끊임없이 자기 자신과 싸워야 한다는 점에서 공통점이 많으이. 골프나 인생이나 수많은 시간 동안 내가 흘린 땀과 눈물, 정성의 결과가 보람으로 다가오는 것이지. 그러나 고생만 한다고 열심히 한다고 다 해결되는 것이 아니라네. 드라이버 거리 많이 나가도 방향이 잘못되어 오비나면 뭐하나? 인생 열심히 노력하면 뭐하나? 방향이 올바로워야지! 그래서 골프에서나 인생에서 전략적 마인드가 필요한 걸세.

전략적 마인드! 인생에도 전략이 필요하듯이 골프도 전략이 필요하다네. 머리로 이길 수 없는 적은 싸워도 이길 수 없는 법이야. 전략이라는 게 뭔가? '싸우는 꾀'야. 고상한 표현으로 전략적 마인드, 실은 계획이라고 하는 것이지. 골프도 무조건 열심히 한다고 다 되는 게 아닐세. 꾀! 꾀가 있어야 돼. 내가 '전략학' 선생 출신이라서 그런가? ㅋㅋ

골프 때문에 마음 아파하지 마시게. 골프라는 놈은 뭐 좀 됐다 하면 고개를 빳빳이 세우고 배신을 때리는 존재야. 그런 놈과 맞짱 뜨면 안 되네. 기다리시게나. 참고 기다리면 그날이 온다네. 조바심 내려놓고 욕심을 비우고 기다리게나. 골신이 자네를 부를 때까지...

지금 해야 할 샷에만 집중하고 아무 생각 없이 친다.

골프를 하면 할수록 머리가 단순해져서 그만큼 더 많이 공부하게 된다.

균형된 마음을 위해서!

청 춘 - Samuel Ullman

청춘이란 인생의 어느 기간을 말하는 것이 아니라 마음의 상태를 말합니다. 그것은 장밋빛 뺨, 앵두 같은 입술, 하늘거리는 자태가 아니라 강한 의지, 풍부한 상상력, 불타는 열정을 말합니다.

청춘이란 인생의 깊은 샘물에서 오는 신선한 정신, 유약함을 물리치는 용기, 안이를 뿌리치는 모험심을 의미합니다.

때로는 이십의 청년보다 육십이 된 사람에게도 청춘이 있습니다. 나이를 먹는다고 해서 우리가 늙는 것은 아닙니다. 이상을 잃어버릴 때 비로소 늙는 것입니다.

세월은 우리의 주름살을 늘게 하지만 열정을 가진 마음을 시들게 하지는 못합니다. 고뇌, 공포, 실망 때문에 기력이 땅으로 들어갈 때 비로소 마음이 시들어버리는 것입니다.

육십 세이든 십육 세이든 모든 사람의 가슴 속에는 놀라움과 끌리는 마음, 젖먹이와 같은 미지에 대한 끝없는 탐구심, 삶에서 환희를 얻고자 하는 열망이 있는 법입니다. 그대와 나의 가슴 속에는 남에게 잘 보이지 않는 그 무엇이 간직되어 있습니다. 아름다움, 희망, 용기, 영원의 세계에서 오는 힘, 이 모든 것을 간직하고 있는 한 언제까지나 그대는 젊음을 유지할 것입니다.

영감이 끊어져 정신이 냉소라는 눈에 파묻히고, 비탄이라는 얼음에 갇힌 사람은 비록 나이가 이십 세라 할지라도 이미 늙은이와 다름없습니다. 그러나 머리를 드높여 희망이란 파도를 탈 수 있는 한 그대는 팔십 세라도 청춘의 소유자일 것입니다.

가을은 봄에 뿌린 씨앗을 여름에 잘 가꾸어 수확하는 시기입니다. 수확의 계절은 우리에게 지난온 삶을 되돌아보게 합니다. 과연 난 잘 살고 있는 것인가요?

골프장에서는 노인이 없습니다. 나이를 먹어도 좋은 결과를 얻겠다는 뜨거운 열정이 있기 때문입니다. 어찌 보면, 나이 드신 분들이 오히려 젊은이보다 더 활기찬 곳이 골프장입니다. 어느 운동에서 그런 모습을 볼 수 있나요?

골프하다 필드에서 생을 마감하는 것이 골퍼에게는 최고의 선물입니다. 우리 근대사에서 가장 큰 거목이신 정 ㅇㅇ, 이 ㅇㅇ 회장께서도 생을 마감하기 직전에 골프장을 찾으셨다고 합니다. 비록 몸이 허락하지 않아 골프를 못하셨지만... 마지막 가시는 길, 골프장의 아름다운 모습을 마음 속에 담아 가시기 위해 그러시지 않았을까요? 그분들은 나이가 드셔도 청춘을 만끽하고 가셨습니다.

청춘과 골프!

골프장에서 청춘을 만끽하시길...

클럽하우스 락커룸

클럽하우스 락커룸에서 몇 사람이 옷을 갈아입고 있었다. 그때 벤치 위에 있던 휴대폰이 울렸고 한 친구가 받았다.

"여보세요?"

"여보? 나야."

"응"

"아직 골프장이야?"

"그래"

"나 지금 백화점인데 마음에 꼭 드는 밍크코트가 있어서..."

"얼만데?"

"천 오백"

"마음에 들면 사."

"고마워. 그리고 좀 전에 벤츠 매장에 갔었는데 신형 모델이 2억밖에 안한대. 작년에 산 BMW 바꿀 때도 된 것 같구..."

"그래. 사도록 해. 이왕이면 풀 옵션으로 하고."

"자기 고마워. 참! 한 가지 더 말할 게 있는데..."

"뭔데?"

"아침에 부동산에서 전화 왔는데, 풀장과 테니스 코트가 딸린 바닷가 전망 좋은 저택이 매물로 나왔는데 좋은 가격이라네."

"얼마?"

"20억이면 될 것 같대."

"그래? 바로 연락해 사겠다고."

"알았어요. 자기 사랑해. 이따 봐요. 쪽~~~"

전화를 끊은 남자, 갑자기 전화기 든 손을 번쩍 들더니 하는 말.

"이 휴대폰 누구 겁니까?"

!!!!!

골프장에서 전화로 유세 떠는 골퍼치고 실한 사람을 본 적이 없습니다. 필드에서나 락커나 식당에서도 신사다운 품위를 유지하시길 바랍니다. 우리 나라에서는 서민이 골프 치기에는 좀 사치스럽습니다. 그린피도 비싸고 회원권도 만만찮고...

골프 하시는 분들! 혜택 받고 사는 사람들입니다. 누리는 그만큼 품위도 지켜야 하지 않을까요?

긴 눈으로 보면 운이란 평등하고 공평한 것이다.

– 보비 존스

골퍼 주기도문

티샷은 70%의 힘만을 사용하는 지혜를 주시옵고
아이언 샷은 간결하게 채를 떨어뜨리는 용기를 주옵소서.

OB나 쪼로에도 쫄아들지 않으며
대자연 속에서 본전도 감사하는 골퍼가 되게 하소서.

실수한 나의 샷들을 요행의 길로 인도하여 주시고
상대의 약은 샷들은 숲이나 연못으로 인도하옵소서.

러프나 디봇에서도
똑바로 나가는 볼 내게 주옵시고

최악의 경우에도
동반자의 실수로 이기는 행운을 주소서.

상대방의 마음이 유혹으로 가득차게 하여 주시고
오비로 괴로워하는 상대를 위로할 수 있는 기회를 주소서.
아멘^^

여러분! 기도의 목적이 무엇일까요? 뭐 해달라고 하는 거 아닌가요? 공짜로... 아니면 자신을 잘 쓰게 해 달라는 다짐?

골프장에서 기도하면 하나님이 다 들어주던가요? 미국의 유명한 빌리 그레이엄 목사님도 골프장에서는 기도 안 한답니다.

왜냐면... 유명한 목사님이 기도하셔도 골프장에서는 단 한 번도 그분이 들어주시지 않았다네요. 이제 골프장에서는 하나님도 슬라이스 나고 오비도 나고 등등... 뜻하시는 대로 안 된다는 것을 알았기 때문이랍니다. 골프 주기도문을 이렇게 바꾸면 하나님도 들어 주실 겁니다. 어떻게?

☆ 주여!

오늘도

제가 동반자들에게

행복을 주는 사람으로 쓰게 하옵소서! 골맨 ☆

ㅎㅎ

아주 간단하죠?

하나님이 100% 그대의 기도를 들어 주실 겁니다.

영혼이 있는 골프

인생에서 제일 중요한 것은 만남입니다. 만남은 인연입니다. 만남이란 우연을 가장해서 다가오는 필연이 아닐까요.

독일의 문학자 한스 카롯사는 "인생은 너와 나의 만남이다"라고 말했답니다. 인간은 만남의 존재이고 산다는 것은 만난다는 것이죠. 제일 중요한 것이 부모와의 만남이고, 스승과의 만남, 친구와의 만남, 좋은 책과의 만남 등등 많은 만남이 있습니다. 인간의 행복과 불행은 이 만남을 통해서 결정됩니다.

골프와의 만남! 앞에서 골프가 시간과 돈과 정렬이 많이 필요하니 가급적 하지 말 것을 권유했습니다. 즉, 골프와의 만남에 대해 부정적으로 표현을 했습니다. 그런데 어찌하나요? 벌써 시작했는데... 만남이 깊어졌는데... 그렇다면 어쩔 수가 없지요. 잘 하는 수밖에요. 행복하기 위해서는 만남을 소중하게 여기고 최선을 다해 갈무리해야 되지 않겠습니까? 골프를 통해 불행한 만남이 아닌 행복한 만남이 되시기 바랍니다.

우리는 육체적인 몸과 정신, 그리고 영혼으로 이루어져 있다고 합니다. 다른 동물들도 몸과 정신은 있다고 보는데 영혼도 가지고 있을까요? 개나 고양이도 우리가 사랑해주면 좋아하고 따릅니다. 우리보다는 정신적으로 미약하지만 가진 것은 확실합니다. 그런데 영혼은? 글쎄, 있는지는 모르지만 우리 같은 영혼은 없는 것으로 보입니다. 영혼이 있어야 마음이 있고 믿음과 사랑을 행할 수 있을 것이며 종교도 가질 수 있는 거 아닐까요? 영혼을 맑게 유지하는 것이 진정 우리를 이 세상에 보낸 창조주의 뜻대로 사는 것이 아닐까 생각해 봅니다.

저는 종교 다음으로 영적인 활동을 하는 것이 골프라고 믿습니다. 어떤 절대자를 믿는 것은 아니지만, 불교나 도교처럼 도를 닦는다는 점에서는 골프는 많은 유사점을 가지고 있습니다. 자아 완성... 사람은 사람다워야 합니다. 사람이 짐승 같으면 안 되겠죠? 진짜 사람다운 사람이 되는 것이 신이 우리를 만든 원래 목적에 부합되는 것이 아닐까요?

골프에서는 많은 것을 배울 수 있고, 특히 마음을 다스리고 깨달음을 얻을 수 있습니다. 불교에서는 마음을 닦아 깨달음을 얻어 자비(사랑)를 행하라고 가르치고, 기독교에서는 영혼을 깨끗이 하여 사랑을 실천하라고 가르칩니다. 마호메트교인 무술만 종교도 그 근본은 사랑입니다.

골프는 종교보다는 못하지만 거의 종교적인 영역에 접근합니다. "몸과 마음을 수양하여 영혼을 맑게 하라!"

골프와의 만남으로 여러분이 저처럼 행복하시기를 바랍니다. 여자는 좋은 남편을 만나야 행복하고, 남자는 좋은 아내를 만나야 행복합니다. 학생은 훌륭한 스승을 만나야 실력이 생기고, 스승은 뛰어난 제자를 만나야 가르치는 보람을 누리게 됩니다. 자식은 부모를 잘 만나야 하고, 부모는 자식을 잘 만나야 합니다. 곡식도 씨앗이 땅을 잘 만나야 하고, 땅은 씨앗을 잘 만나야 좋은 결실을 맺습니다. 인생에서 만남은 모든 것을 결정합니다. 우연한 만남이든 섭리적 만남이든... 골프와의 만남도 매우 중요합니다.

골프와의 영적인 만남으로 어쩌면 여러분 인생의 변화는 이미 시작되었습니다.

골프를 통해 여러분의 영혼이 맑고 풍성해지기를,
골프를 통해 여러분이 더욱 즐겁고 행복해지기를,
골프를 통해 여러분이 더욱 인간다워지기를 바랍니다.

우 산

삶이란
우산을 펼쳤다
접었다 하는 일이요,

죽음이란
우산이 더 이상
펼쳐지지 않는 일이다.

성공이란
우산을 많이
소유하는 일이요,

행복이란
우산을 많이
빌려주는 일이고,

불행이란

아무도 우산을 빌려주지 않는 일이다.

사랑이란
한쪽 어깨가 젖는데도
하나의 우산을 둘이 함께 쓰는 것이요,

이별이란
하나의 우산 속에서 빠져나와 각자의 우산을 펼치는 일이다.

연인이란
비 오는 날 우산 속 얼굴이 가장 아름다운 사람이요,

부부란
비 오는 날 정류장에서 우산을 들고
기다리는 모습이 가장 아름다운 사람이다.

비를 맞으며 혼자 걸어갈 줄 알면
인생의 멋을 아는 사람이요,

비를 맞으며 혼자 걸어가는 사람에게 우산을 내밀 줄 알면
인생의 의미를 아는 사람이다.

세상을 아름답게 만드는 건 비요,
사람을 아름답게 만드는 건 우산이다.

한 사람이 또 한 사람의 우산이 되어줄 때
한 사람은
또 한 사람의 마른 가슴에 단비가 된다. ♥

생활 자체가 공부고
생활 자체가 자성이며
생활 자체가 사랑이면,

새삼스럽게 공부하고
새삼스럽게 자성하고
새삼스럽게 사랑할 필요가 있을까요?

진실로 가치 있는 것들은 모두 내 마음 안에 간직되어 있으니, 마음 안에서 구하는 것이 참된 행복입니다.^^

함께 사는 삶

바다거북은 산란기가 되면 육지로 올라와서 해변 모래사장에 구덩이를 파고 그 안에 500~1,000개의 알을 낳은 후, 모래로 구덩이를 덮고 다시 바다로 들어간다고 합니다. 모래 구덩이 속에서 부화한 새끼 거북이들은 어떻게 모래 구덩이를 빠져나와서 바다로 갈 수 있을까요?

학자들의 연구에 따르면 알에서 부화한 새끼 거북이들은 조직적인 협력을 통해 모래 구덩이를 무사히 빠져 나온다고 합니다. 맨 위에 있는 거북은 밖으로 나가는 구멍을 파고 중간에 낀 거북은 벽을 허물고, 맨 밑에 있는 거북은 위에서 떨어지는 모래를 밟아 바닥을 다지면서 하나 둘 밖으로 나오게 된다고 합니다. 신기한 것은 거북이 알을 한 구덩이에 하나씩만 넣어두었을 때는 그 생존율이 30%에도 미치지 못하지만 한 구덩이에 네 개 이상의 알을 넣어두면 100%에 가까운 생존율을 보인다는 사실입니다. ^^

함께한다는 것은 더 큰 삶의 의미를 가져다줍니다.

술도 혼자 마시면 음주지만 둘이 마시면 기분전환이 되고, 여럿이 함께 마시면 파티가 됩니다.

다 함께 한 잔 쭈우욱!!!

삶과 인생의 지침서

1. 행복은 누리고
   불행은 버리는 것입니다.

2. 소망은 솟는 것이고
   원망은 잊는 것입니다.

3. 기쁨은 찾는 것이고
   슬픔은 견디는 것입니다.

4. 건강은 지키는 것이고
   병마는 벗하는 것입니다.

5. 사랑은 끓이는 것이고
   미움은 삭이는 것입니다.

6. 가족은 살피는 것이고
   이웃은 어울리는 것입니다.

7. 자유는 즐기는 것이고
   속박은 날려버리는 것입니다.

8. 웃음은 나를 위한 것이고
   울음은 남을 위한 것입니다.

네 종류의 친구

첫째는
꽃과 같은 친구
꽃이 피어서 예쁠 때는
그 아름다움에
찬사를 아끼지 않습니다.
그러나 꽃이 지고 나면
돌아보는 이 하나 없듯
자기 좋을 때만 찾아오는
친구는 바로
꽃과 같은 친구입니다.

둘째는
저울과 같은 친구
저울은 무게에 따라
이쪽으로 또는 저쪽으로 기웁니다.
그와 같이 자신에게
이익이 있는지 없는지를 따져
이익이 큰 쪽으로만 움직이는
친구가 바로
저울과 같은 친구입니다.

셋째는
산과 같은 친구
산이란 온갖 새와 짐승의
안식처이며 멀리보거나
가까이 가거나
늘 그 자리에서 반겨줍니다.
그처럼 생각만 해도
편안하고 마음 든든한
친구가 바로
산과 같은 친구입니다.

넷째는
땅과 같은 친구
땅은 뭇 생명의
싹을 틔워주고 곡식을 길러내며
누구에게도 조건 없이
기쁜 마음으로
은혜를 베풀어 줍니다.
한결 같은
마음으로 지지해 주는
친구가 바로
땅과 같은 친구입니다.

친구가 많음이
중요한 게 아니라
깊이가 중요합니다.
산과 같은, 땅과 같은
친구가 진정한 친구입니다.

도사와 새

전생과 이승을 볼 줄 아는 유명한 도사님에게 한 젊은이가 손에 새 한 마리를 쥐고 와서 물었습니다.

"내 손에 든 새가 죽을지 살지 알아 맞춰 보세요."

도사를 떠보려는 그에게 도사는 웃으며 말했습니다.

"내가 만약 그 새가 살 것이라고 말하면 당신은 힘을 주어 새를 죽일 것이고, 새가 죽을 것이라 하면 당신은 손을 벌려 새를 놓아 줄 것이니 새의 운명은 당신 손안에 있습니다. 살릴지 죽일지는 당신이 결정하시오."

~~??~~!!~~

사람의 운명과 새의 운명은 다릅니다. 왜냐구요? 사람의 운명은 다른 사람의 손안에 있는 것이 아니라 자신에게 달려있기 때문입니다. 어떠세요? 당신의 운명을 다른 사람에게 맡겨놓으시지 않았는지요?

조직에서는 우스개 말로 '자기의 목숨은 상관이 가지고 있다'고 합니다. 잘 보이고 평정 잘 받아야 진급할 수 있으니까요. 그런데 유사시에는 누가 여러분의 운명을 가지고 있을까요? 첫째는 자신입니다. 세월호 사건시 자신이 주도적으로 결정하여 행동을 취한 사람은 살아 남은 경우가 있었지요. 둘째는 당연히 부하들입니다. 부하를 잘 교육시키고 부하로부터 신뢰를 받아야 당신의 생명이 안전합니다. 그래서 당신의 운명이 당신 손안에 있는 것이죠. 사업도 가정도 연애도. 내 운명이 남의 손에 있지 않으려면 어찌해야 할까요? 자신이 주인이 되는 일입니다.

중년의 행복 10계명

1. 일일이 따지지 말고 (일일이 알려고도 하지 말고)
2. 이말 저말 여기 저기 옮기지 말고 (웬만하면 이해하고)
3. 삼삼오오 모여서 식사하고 (모임엔 빠지지 말고)
4. 사생결단 하지 말고 (사사건건 시비 걸지 말고)
5. 오기 부리지 말고 OK (오라 하면 오고, 가라 하면 가고)
6. 육체적인 스킨십을 자주 하고 (포옹, 키스, 악수)
7. 70%면 만족하고 (100%란 없다!)
8. 팔팔하게 살고 (누구 만나면 아프다는 소리 말고)
9. 구질구질한 것은 정리하고 (구구한 변명 늘어놓지 말고)
10. 10%는 남을 위해 살자 (열 받지 말고 열심히 살자).

아프리카의 어느 한 소녀가 쓴 시

– UN 선정 최고의 시

태어날 때 내 피부는 검은색

When I born, I Black

자라서도 검은색

When I grow up, I Black

태양 아래 있어도 검은색

When I go in sun, I Black

무서울 때도 검은색

When I scared, I Black

아플 때도 검은색

When I sick, I Black

죽을 때도 나는 여전히 검은색이죠.

And When I die, I still Black

그러데 백인들은

And you White fellow

태어날 때는 분홍색

When you born, you Pink

자라서는 흰색

When you grow up, you White

태양 아래 있으면 빨간색

When you go in sun, you Red

추우면 파란색

When you cold, you Blue

무서울 때는 노란색

When you scared, you Yellow

아플 때는 녹색이 되었다가

When you sick, you Green

또 죽을 때는 회색으로 변하잖아요.

And When you die, you Gray

그런데 백인들은 왜 나를 유색인종이라 하나요?

And you calling me Colored?

맞습니다.

유색인종에게는 유색인종만 보입니다.

임시비자 & 입주비자

^^ 어떤 사람이 못된 짓만 하다가 저 세상으로 갔습니다. 천국과 지옥의 갈림길에서 심판관에게 이렇게 요청했습니다.

"심판관님! 천국과 지옥 중 내가 선택하면 안 됩니까? 저는 세상 살 때 저하고 싶은 대로 살았거든요."

심판관은 그의 요청을 들어주기로 했습니다. 그리고 조건을 달았습니다.

"절대 한 번 선택한 것은 바꿀 수 없다."

심판관은 먼저 천국을 구경하도록 했습니다. 그가 간 천국은 모두 찬송하고 예배하고 경건하게 살고 있었습니다.

다음은 지옥에 갔습니다. 생각보다는 지옥은 카지노도 있고 룸살롱도 있고 흥청망청 살고 있었습니다.

그는 당연히 살기 편한 지옥을 선택하겠다고 심판관에게 말했습니다. 그래서 그는 지옥에 갔습니다. 그런데 가보니 불에 타고 아비규환이었습니다.

그는 심판관에게 항의했습니다.

"왜 전에 왔을 때와는 다릅니까?"

심판관이 이렇게 얘기했습니다.

"전에는 관광비자로 왔지만 현재는 입주비자로 와서 그렇다! 왜?"^^;;;

물소리

유명한 스님 한 분이 토굴을 지어서 도를 닦고 계셨다. 수행자와 지인들이 자주 찾아 왔다. 스님은 더 깊은 산속으로 들어가서 혼자 조용히 공부하기로 결심했다. 제일 높은 산골짜기에 칩거해 좌선을 하니 너무나 좋았다.

며칠 후 어떤 여자가 나물을 캐러 왔다가 물었다.

"이 깊은 산중에 왜 혼자 와서 사십니까?"

스님이 답했다. "조용한 곳에서 공부 좀 실컷 하려고 왔습니다." 그러자 여자가 되물었다.

"물소리는 안 시끄럽습니까?"

스님은 아무 말도 하지 못했다.

그 여자가 가고 나서도 한참을 멍하니 앉아 있었다.

'물소리, 새소리는 안 시끄러운가?'

이 세상 어딘들 시끄럽지 않은 곳이 있겠는가?

산꼭대기에 숨는다고 시끄러움에서 벗어날 수 있는 게 아니다. 있는 장소가 중요한 것이 아니다. 어디에 있건 자신이 쉬어야 한다. 스님은 다시 하산하여 누가 뭐라 하건 자신의 일에 정진하여 큰 스님이 되셨다.

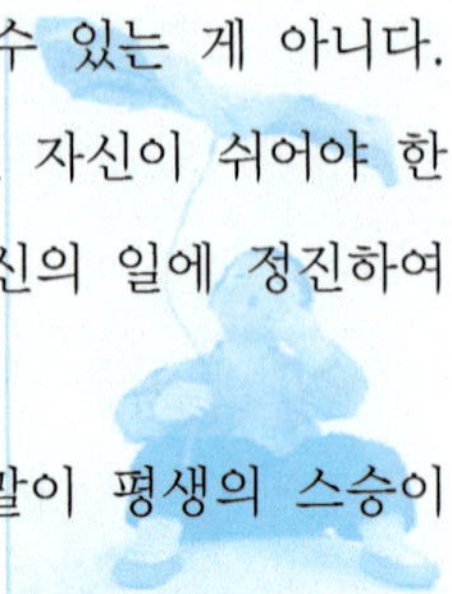

'물소리, 새소리는 안 시끄럽습니까?'라는 말이 평생의 스승이 되었다 하신다.

사람들은 늘 이런 저런 핑계를 대며 더 좋은 조건이 만들어지면 행복할 수 있다고 믿는다. 그러나 탐욕을 만족시켜 줄 수 있는 환경은 어디에도 없는 법이다.

첼리사 피어스라는 미국 노숙자 여고생이 학교를 수석으로 졸업해서 세계적 화제가 된 적이 있다. 그녀는 노숙자 보호소의 불이 꺼지면 휴대전화 불빛에 의지해서 공부를 했다고 한다. 환경이나 조건이 바뀐다고 행복해지는 것은 아니다. 지금 내가 서있는 자리가 바로 꽃자리이다. 어디에 있건 마음의 평화는 스스로 찾아야 한다.

바위와 나무

해변의 절벽, 모진 비바람에 바위들이 쩍쩍 갈라져 있습니다. 어느 날 그 틈에서 파란 싹이 돋아났습니다.

- 싹: 나 여기서 살아도 돼?
- 바위: 안 돼, 이곳은 너무 위험해.

- 싹: 어쩌지, 벌써 뿌리를 내렸는걸.
- 바위: 넓고 넓은 곳을 두고 왜 여기로 왔어?
- 싹: 운명이야, 바람이 날 여기로 데려 왔어.

바위틈에서 싹은 무럭무럭 자라 멋진 나무가 되었습니다.

- 나무: 나 예뻐?
- 바위: 응 무척이나 예뻐!

그러나 바위는 나무를 볼 때마다 안타까운 마음이 들었습니다.

- 바위: 다른 곳에 뿌리를 내렸으면 정말 훌륭한 나무가 되었을 텐데.
- 나무: 그런 말 하지 마. 난 세상에서 이곳이 젤 좋아.

말은 그렇게 했지만 시간이 갈수록 물이 부족해 많이 고통스러워 했습니다.

- 바위: 뿌리를 좀 더 깊이 뻗어.

바위도 고통스러웠습니다. 나무가 뿌리를 깊이 뻗을수록 균열은 더 심해졌습니다. 바위와 나무는 그렇게 수십 년을 함께 살았고 최후의 순간을 맞이하게 되었습니다.

- 바위: 나무야, 난 더 이상 버틸 수 없을 것 같아.
- 나무: ...!!
- 바위: 난 이곳에서 십억 년을 살았어. 이제야 이유를 알겠어. 난 너를 만나기 위해 십억 년을 기다렸던 거야.

- 나무: ...!!
- 바위: 네가 오기 전에는 난 아무것도 아니었어. 네가 오고 나서 난 기쁨이 뭔지 알았어.
- 나무: 나도 그랬어. 이곳에 살면서 한 번도 슬퍼하지 않았어...

그날 밤에 폭풍우가 몰아쳤습니다. 나무는 바위를 꼭 끌어안고 운명을 같이 했습니다.

당신이 내 가슴에 뿌리를 내린다면, 나는 당신을 위해 쪼개지는 바위가 되겠습니다. 이 세상은 혼자 살기에는 너무나 힘든 곳입니다. ^^

혼자가 아니고
누군가와 함께라면
손 내밀어 주고,
몸으로 막아 주고,
마음으로 사랑하면,
끝까지 함께 잘 갈 수 있겠지요!~!!
그대라는 사람(골프)이 있어 고맙습니다.

베스트 스코어 원칙

1. 마음의 여유를 갖는다.
2. 샷에 집중한다.
3. 첫 홀은 천천히 서두른다.
4. 실수는 빨리 잊는다.
5. 항상 다음 샷을 생각한다.
6. 안전이 최우선이다.
7. 끝까지 포기하지 않는다.
8. 퍼팅을 연습한다.
9. 긴장을 풀지 않는다.
10. 베스트를 잊는다.

이대로 하면 베스트 스코어가 나올까요? 예, 나오겠죠! 저걸 다 실천한다면 그대는 벌써 언더파 내지 골신이 되어 있을 겁니다. 베스트는 최고를 나타냅니다. 그런데 좀 살다보니 '최고보다는 최선이 낫다'라는 생각이 자주 듭니다. 최고가 되면 좋겠죠. 소위 "No.1"이 되면 어깨가 우쭐해지고 자신감도 충만해집니다. 그런데 항상 최고가 되기가 쉬울까요? 어렵습니다. "최고를 지향하되 최선을 다하자!"

위의 열 가지에 충실하면 최고가 되지는 못해도 최선의 결과를 얻지 않을까요? 스페인어에 'Poco a poco'라는 표현이 있습니다. '조금씩 조금씩'이라는 것입니다. 우리말에 '티끌모아 태산이다'와 같은 말이죠. 영어에는 'Slow & Steady'도 같은 뜻이라네요. 반대말은 '빨리빨리'입니다. ㅎㅎ(동남아 캐디들도 다 아는 말이라네요.)

로마도 하루아침에 이루어지지 않았듯이 골프 싱글도 하루아침에 되는 것이 아닙니다. 최고가 되는 것은 더욱 더 어렵습니다. 최소한 2만 시간을 투자해야 한다는데... 언감생심입니다. 그렇지만, 마음만이라도 위의 열 가지를 잘 '준수해야겠다'라고 생각하시면 자신이 생각하는 베스트를 이룰 겁니다. Best! 아니면 Better라도 되시길...

올바른 소통 프로세스 구축 5단계

- 1단계: 조직 전문가 그룹을 만들어 정보의 흐름을 억압하지 마라.
- 2단계: 대립되는 두 집단을 참여시켜서 정기적 조직방문과 무작위 조사를 실시하라.
- 3단계: 나쁜 소식이 이해 당사자들에게 전달되지 않을 경우 경고 프로세스를 가동하라. 바른말 하는 부씨副氏를 옆에 두라.
- 4단계: 조직 내 인트라넷을 통해 나쁜 정보도 자연스럽게 노출시켜라. 이미 실패했다고 가정하고 원인을 찾아라.
- 5단계: 나쁜 정보에 대한 해결책을 모색하라. 필요시, 그동안 들인 노력이 아깝지만 깨끗이 버려라.

골프에서 통찰과 배움을 얻으면 모든 게 잘 해결될 텐데… 단, 올바로 골프를 잘 쳐야 한다는 전제가 붙습니다.

골프에선 마음을 가다듬고 자연에 순응하고 동반자들을 배려하는 자세를 가져야 합니다. 그래야 소통능력이 커집니다. 골프는 우리에게 지혜를 줍니다. 특히 자기 자신을 잘 알도록 만들어 줍니다. 진짜로…

> 골프의 스타일은 좋든 나쁘든 골프를 시작한 최초의 1주일 안에 만들어진다.
>
> – 해리 바든

권력과 골프

"보이지 않지만 가장 강력한 힘! 이것이야말로 권력의 본질이다!"

보이는 것보다 보이지 않는 것이 더 두려움과 공포를 자아냅니다. 어둠 속에서 잘 보이지 않을 때가 낮에 볼 때보다 더 큰 공포를 줍니다. 싸움을 할 때도 상대방의 비장의 무기를 모를 때 대응하기가 힘듭니다. 손자병법에도 '지피지기 백전불태知彼知己 百戰不殆'라고 했습니다. 적을 알고 나를 알아야 백번 싸워도 위태롭지 않습니다.

권력과 골프! 전혀 연관성이 없어 보입니다. 그런데 보이지 않는 힘이 작용한다는 점에서 공통점이 있네요. 소위 '숨은 실력자'라는 표현을 보신 적이 있을 겁니다. 박인비처럼 '침묵의 암살자'(Silent Assassin)! 드러나지는 않았지만 일에 결정적인 영향을 미치는 영향력을 가진 사람을 일컫는 말입니다.

우리는 외향적으로 보이는 것보다 본질을 볼 수 있어야 합니다. 심안心眼을 기르고 권력의 속성을 파악해야 생존하는 데 유리하겠죠? 골프도 보이지 않는 기세가 있습니다. 소위 멘탈이 강한 것이고 지신만의 비장의 무기를 보유한 경우입니다. 드러나지 않으면서도 무서운 실력을 지닌 골퍼! 무서운 사람들이죠. 골프가 인생과 많이 비유되는데, 골프나 권력이나 다 인생의 한 부분이 아닐까요?

권력? 잡았을 때는 세상이 다 자기 것으로 보입니다. 그런데 항상 가질 수 있나요?

"화무십일홍花無十日紅이요, 권불십년權不十年이라!"

"열흘 이상 피는 꽃도 없고, 십년 넘게 가는 권력도 없습니다." 요새는 오년 넘게 가는 권력도 보기가 힘듭니다. 그래도 골프는 권력보다 오래 갑니다. 정치가들이 골프를 즐겨하는 것은 권력이 골프처럼 오래 지속되기를 원해서 그럴까요, 아니면 골프하는 것이 정치보다 좋아서일까요?

예, 보이지 않아서 잘 모르겠네요...

☞ '로버트 그린'이 지은 '권력의 법칙'을 읽어보았습니다. 권력의 원천, 권력획득의 법칙, 권력유지의 법칙, 권력행사의 법칙 등 48가지가 잘 서술되어 있습니다. 권력을 추구하시는 분에게는 유익한 정보로 가득합니다. 하지만 저에게는 아무런 흥미를 유발시키지 못하는 걸 보면, 저는 권력 지향적인 사람이 아닌 것 같습니다. 적성에 맞게 살아야 함을 느끼게 만들어준 '로버트 그린'씨에게 감사드립니다.

골프에 심판은 없다. 플레이어 스스로 심판으로서 결정하고 처리해야 한다.

– 호레이스 해치슨

『인비 시대』 그 상쾌, 유쾌, 통쾌함에 대하여…

-7.1일 한국 골프 역사와 세계 골프 역사를 다시 쓰다!-

요새는 박朴씨가 대세인가 봅니다. 우리의 대통령도 박씨, 세계 골프여제도 박씨, 오랜 시간이 흘렀지만 신라도 박혁거세가 세웠습니다. 그 후손이 이제 신라를 넘어 세계역사를 다시 썼습니다. 영어를 알았다면, 박선수에게 박혁거세가 이렇게 말했을 겁니다.

"I am very proud of you, my daughter, Inbee!"

성은 다르지만 같은 민족으로서 자긍심을 느낍니다. 하긴 우리가 남이가? 세계의 대통령격인 유엔 사무총장 반기문, 세계은행 총재 김용 등 우리 한민족의 융성시대를 맞이한 것 같습니다. 세계의 골퍼들의 코를 납작하게 만든 이번 여자 US 오픈! 너무나 상쾌, 유쾌, 통쾌합니다. 매일 이런 날만 있었으면…

박인비 엄마가 하신 말씀 속에 우리가 생각을 해봐야 될 것이 있네요. 박인비가 US 오픈 마지막 라운드 전날 긴장되어 있을 때, 딸의 기분을 풀어 주기 위해 엄마는 이렇게 얘기했답니다.

"인비야! 엄마는 네가 지금까지 한 것만으로도 대견스럽다. 내가 전생에 나라를 구하지 않았다면 어떻게 너 같은 딸을 둘 수 있었겠니?"

^**^;;; ♬♬♬♥♥♥

한바탕 잘 웃었답니다. 긴장도 풀어졌겠죠! 저는 이것이 농담이지만 우리가 깊이 새겨들어야 하지 않을까 생각합니다. 박 선수가 이 세상에 태어난 것은 분명히 부모님 덕분입니다. 그러나 대한민국이라는 조국이 없었더라면 어찌되었을까요? 일제 식민지시대, 베를린 올림픽에서 마라톤 금메달리스트인 우리 손기정 옹처럼 일장기를 가슴에 달고 시상대에 선 그 가슴아린 모습으로 US 오픈 트로피를 받았다면, 받는 자와 이를 지켜보는 우리의 마음은 어떠했을까요? 소름이 돋으실 겁니다. 생각하기도 싫겠죠!

조국이란 게 얼마나 중요한 것인지? 그리고 조국이 우리에게 무엇을 의미하는지... 인비 엄마는 많이 느끼셨을 겁니다. 따님이 국제무대에서 자랑스러운 대한의 딸이 되기를 소망했을 것입니다. 우스개 농담처럼 들으셨다면 다시 한 번 생각해 봤으면 합니다. 언중유골言中有骨! 말에도 뼈가 있다고 합니다. 인비 엄마가 한 말! 애국심이 묻어 있네요. 그것도 아주 많이, 선명한 피보다 더 진하게...

『해리 바든』의 골프의 조건 5계명

1. 남의 플레이에 간섭하지 말고 침묵을 지킬 것

   ✓ 골프채가 모두 흉기가 될 수 있다는 건가?

2. 자신에게 엄격하고 남에게 관대할 것

   ✓ 신사 운동이라서?

3. 볼은 있는 그대로 플레이하고 자신에게 유리하게 조치하지 말 것

   ✓ 정직하게 그리고 꼼수부리지 말라고?

4. 반드시 누가 지켜보고 있다고 믿을 것
   ✓ 내가 보고, 네가 보고, 땅이 보고, 하늘이 보고 있나?
5. 핑계대지 말고 틈나는 대로 연습하여 볼 한 개라도 더 많이 칠 것
   ✓ 잘되면 내 탓, 못되면 네 탓?

여러분에게 몇 개나 해당되나요?

다 해당되신다구요? Good Job!!!

> 골프란 자기의 최악의 적인 자기 자신과 함께 플레이하는 게임이다.
>
> – 핀리 피터던

연습 샷

코스에서의 첫 샷은 연습장에서 친 마지막 샷과 똑같아야 하는 법입니다. 그러나 현실은 그렇게 쉽지 않습니다. 연습장에서 날린 마지막 샷은 실전에 큰 영향을 미칠 만큼 중요한 것입니다. 연습할 때의 자세를 잃지 말라. 그리고 공의 중심을 정확히 맞추려고 노력하라. 실제로 체계적이고 꾸준한 연습만이 스트레스와 긴장을 완화시켜 주고 자신감을 갖게 해줍니다.

- 페어웨이 중앙에 안착된 공을 상상해본다.
- 가볍고 부드럽게 스윙을 해본다.

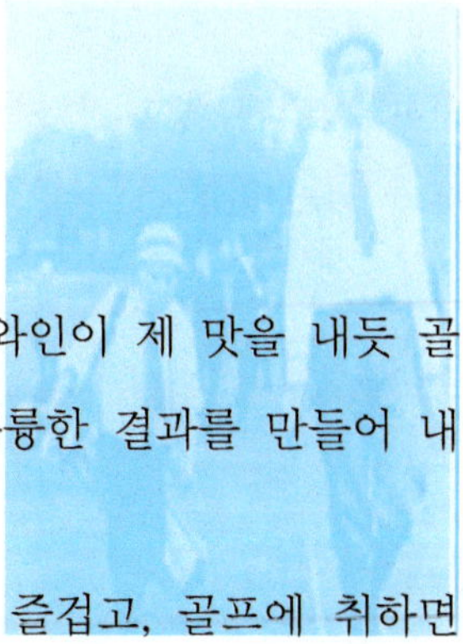

- 내 스윙을 믿는다.
- 여유를 갖고 심호흡을 해본다.
- 공에 시선을 집중시킨다.

✓ 결코 쉽지 않다... 오랫동안 숙성된 와인이 제 맛을 내듯 골프 역시 연습이라는 숙성 기간을 거쳐 훌륭한 결과를 만들어 내는 것이다.

와취하, 골취평! 와인에 취하면 하루가 즐겁고, 골프에 취하면 평생이 즐겁다.

희망에 대하여!

스페인어로 희망을 'Esperanza'라고 합니다. 동사인 '기다리다'인 'Esperar'에서 나온 것입니다. 왜 희망을 기다림으로 했는지 이제 이해가 됩니다. 현실이 어렵고 힘들더라도 참고 견디면 좋은 때가 온다고 믿기 때문이겠죠. 골프를 시작하고 힘든 시기를 겪고 계신 초보님들이 꼭 가져야 할 것이 이 희망입니다. 골프가 아니더라도 우리 약자들의 마지막 무기는 희망입니다.

그리고 진정한 희망이란 바로 나 자신을 믿는 것이 아닐까요? 자신을 신뢰해야 거울속에 비친 자신을 바라볼 수 있는 용기 있는 사람이 되겠죠! 행운도 희망도 자신을 잃지 않고, 자신을 존중하는 사람에게 찾아옵니다.

그리고 내가 나를 존중해야 다른 사람도 나를 존중하지 않을까요? 결국 자신감이라는 명품옷을 내가 입을 수 있을 때까지 기다려야 희망도 생기겠다는 생각이 듭니다. 골프도 자신감이 올 때까지 기다려야 합니다.

Far & Sure

골프와 인생, 결코 거만하거나 방만해서는 안 됩니다.

웬 '거만'과 '방만'이냐구요?

골프 칠 때, 거리만 길고 방향이 틀리면 '거만'하다고 합니다. 방향만 맞고 거리가 짧으면 '방만'하다고 합니다. 골프의 중요한 두 요소는 방향과 거리입니다. 그래서 "Far & Sure"가 모든 골퍼의 소원입니다.

인생이나 사업에서도 골프처럼 방향이 명분이 되고, 거리가 실리가 되겠죠! 명분과 실리가 조화롭고 균형을 맞춰야 인생도 행복하고 사업도 잘 되지 않을까요?

흔히 골프를 인생에 비유합니다. 인생 같은 골프를 칠 수 있어도 골프 같은 인생은 살 수 없다고 합니다. 골프장에는 인생의 희로애락이 다 들어 있습니다. 넘어야 할 산이 있고, 건너야 할 물이 있고, 들어가지 않아야 할 벙커도 있습니다. 온갖 극복해야 할 난관이 있으며 또한 이를 극복했을 때 짜릿한 쾌감도 있습니다.

화나도 참아야 하고, 기뻐도 절제해야 하고, 동반자도 배려하는 마음도 배워야 합니다. 18홀 돌면서 인생경험 찐~~하게 할 수 있습니다. 108번뇌의 정수인 홀에 공이 들어갈 때까지... 홀이 왜 108번뇌냐구요? 예, 홀의 지름이 108mm입니다. ㅎㅎ

인생은 연습이 없지만 골프를 통해서 인생을 경험할 수 있습니다. 소위 간접경험이라는... 그래서 골프를 잘 치면 인생도 잘 살 수 있다는 궤변 아닌 궤변이 나오는 거죠. 어찌하든 골프나 인생 모두 거만하거나 방만해서는 안 되겠습니다. 특히 사업하시는 분들... 골프에서 방향이 더 중요하듯, 인생이나 사업은 명분, 대의명분이 더 중요하지 않을까요?

자만과 교만의 상징은 「이카로스의 날개」입니다. 그리스 신화에 나오는 밀납으로 만든 사람의 날개입니다. 그래서 태양에 가깝게 가면 녹을 것이고, 너무 낮게 날면 습기로 인해 기능발휘가 안 됩니다. 그래서 아빠는 아들에게 충고합니다.

'너무 높게도 너무 낮게도 날지 마라!'

즉 '인생도 스스로 너무 자만하거나 너무 비굴하지 말라'는 교훈을 줍니다.

세상에 고통 없는 삶은 없다. 그 고통 때문에 위인이 되기도 하고 폐인이 되기도 한다.

– 무명씨

내 골프에 싱글이 오면

내 골프에 싱글이 오면
나는 나에게 물어볼 이야기들이 있습니다.

내 골프에 싱글이 오면
나는 나에게 동반자들을 사랑했느냐고 물을 겁니다.
그때 가벼운 마음으로 말할 수 있도록
나는 지금 많은 동반자들을 사랑하겠습니다.

내 골프에 싱글이 오면
나는 나에게 열심히 살았느냐고 물을 것입니다
그때 자신에게 말할 수 있도록
나는 지금 맞이하고 있는 하루하루를 최선을 다하여 공을 치겠습니다.

내 골프에 싱글이 오면
나는 나에게 동반자들에게 상처를 준 일이 없었느냐고 물을 겁니다.
그때 자신 있게 말할 수 있도록
동반자들에게 상처 주는 말과 행동을 말아야 하겠습니다.

내 골프에 싱글이 오면
나는 나에게 골프가 아름다웠느냐고 물을 겁니다.
그때 기쁘게 대답할 수 있도록

내 골프의 날들을 기쁨으로 아름답게 가꿔야겠습니다.

내 골프에 싱글이 오면
나는 나에게 어떤 열매를 얼마만큼 맺었느냐고 물을 겁니다.
그때 나는 자랑스럽게 대답하기 위해,
지금 나는 내 골프장에 좋은 생각의 씨를 뿌려,
좋은 말과 좋은 행동의 열매를 부지런히 키워야 하겠습니다.

내 인생에 가을이 오듯이
내 골프에 싱글도 오겠죠?

시간이 가는 것이냐? 내가 가는 것이냐? 잘 모르면 안 되죠?
그래도 굿 샷!

싱글 핸디 골퍼가 되기 위한 10가지

싱글이 되기 위한 간단하면서도 정말 중요한 것들을 정리했습니다. 펌글이지만 정신적인 것과 기술적인 것들을 종합하였습니다. 이것들을 모두 터득하시면 아마 골성骨星에 도달하지 않을까요?

→골성(골프의 별): 싱글 핸디 골퍼

첫 번째, 골프를 사랑하십시오. 자기가 하는 일을 사랑하지 않으면 일이 제대로 안 됩니다. 남자는 자기를 알아주는 사람을 위해 목숨을 바치고, 여자는 자기를 사랑하는 남자를 위해 화장을 한다고 합니다. 골프도 내가 사랑해야 나에게 보답하지 않겠어요? 사랑으로... 사랑하려면 어떻게 해야 되는지 다 아실 겁니다. 정성! 정성을 들여야 하지요...

두 번째, 라운딩을 할 땐 좋은 공(새 공)을 가지고 라운딩을 하세요. 볼 마크 하시고, 헌 공이나 싸구려 공 등등으로 하게 되면 공의 아까움도 덜하고 그에 비례해서 샷에 대한 중요함을 자신도 모르게 소홀하게 됩니다. 그리고 어떤 브랜드 공을 선택하든 그 공의 특성을 자신의 것으로 만드는 겁니다. 80대 골퍼들에게 해당되는 말입니다. 90대나 100대 혹은 그 이상의 스코어를 내는 골퍼들은 공을 많이 잃어버릴 수 있으니 B품을 많이 준비해 치는 게 좋겠지요.

세 번째, OB로 넘어간 공은 찾을 생각조차 하지 마십시오. 집 나간 뭐도 마찬가지로, 단 일초라도 잘못된 샷에 대한 미련을 떨쳐야 다음 샷에 영향을 주지 않습니다. OB난 공에 집착하는 것은 고수가 가져야 할 태도가 아닙니다. 이런 포기는 빠르면 빠를수록 좋지요.

네 번째, 해저드로 들어갔는지 로스트볼인지 분간이 안 될 때는 공을 찾으려고 다니지 마십시오. 무조건 자신은 해저드로 들어갔다고 선언하는 게 좋습니다. 해저드는 한 점 벌타에 드럽하고 치지만 로스트볼은 벌타와 거리를 잃게 되거든요. 이 문제는 동반자와의 확인을 필요로 하는 것이기에 많은 주의를 요합니다.

다섯 번째, 말을 아끼십시오. 라운드 도중 말을 많이 하게 되면 집중력이 떨어지게 됩니다. 가능한 한 필요한 말 외엔 삼가는 게 좋습니다. 특히 상대방에게 훈수하는 일은 절대 삼가십시오. 말을 아낌으로써 골프만 싱글이 아니고 매너도 싱글이 돼야 합니다.

여섯 번째, 상대방의 실수를 눈 감아 주세요. 다른 말로 바꾸자면 상대방이 어떻게 치든 자신의 골프와 상관이 없다는 거죠. 골프는 여러 명이 같이 하는 운동이지만 결국은 자신과의 싸움입니다. 만약 상대방이 물어보거든 이렇게 말하세요... "편한 대로 놓고 치세요"라고 말입니다. 내기를 하든 뭘 하든 지금은 조금 손해를 보는 듯 하겠지만 나중을 위해선 투자라고 생각하세요. 나중엔 실력으로 투자한 걸 더 받아내실 수 있습니다. 물론 멋진 골퍼라는 상대방의 칭찬도 받으면서요. 어차피 본인이 싱글이 되면 모든 것이 다 해결됩니다. 자신의 일에 포커스를 맞추라는 것입니다. 사소한 것에서부터 자유로워야 집중할 수 있습니다.

일곱 번째, 자신에게겐 냉정하라고 말하고 싶군요. 절대 타협하지 마세요. 자신에게 엄격하고 타인에게는 배려를! 드라이버가 잘 맞은 공이 페어웨이 디봇 속에 들어가 있어도 남들 눈치 보면서 구제받을 생각하지 마세요. 자신의 운이 그런 줄 알고 공이 놓여있는 상태에서 치십시오. 한 번 옮기고 두 번 옮기다 보면 나중엔 좋은 라이가 아니면 공을 칠 수 없는 불쌍한 골퍼가 되고 맙니다. Play as it lies ... 골프의 제 1의 원칙, 늘 기억하십시요.

여덟 번째, 가장 중요한 샷은 지금의 샷입니다. 다음 샷을 미리 생각하지 말고 자기 앞에 놓여있는 샷에 집중하세요. 이게 혹시 이렇게 가면 어떻게 해야 하나 하는 걱정을 말라는 말입니다. 집중력이 좋은 사람이 싱글의 반열에 빨리 등극합니다. '이장우'라는 프로는 이 점에서 우리 모두가 본받아야 할 영웅입니다. 대한민국 골퍼 중에 최고로 집중력을 가진 분입니다. 프로는 One shot at a time....

아홉 번째, 혹시 잠정구를 칠 때에도 꼭 선언을 하십시요. '타이틀레스토 1번'이라고 동반자들이 똑똑히 들을 수 있는 목소리로 선언을 하고 잠정구를 쳐야 합니다. 그렇지 않을 경우엔 잠정구의 효력을 상실하게 되거든요. 잠정구 효력 상실 시엔 처음 공을 찾든 못 찾든 두 번째 공으로 4번째 샷을 해야 합니다. 이건 실수하기 쉬우므로 처음부터 습관을 들이시는 게 좋습니다. 세 살 버릇 여든 간다는 것을 명심하시길.

열 번째, 절대 자기 순서가 아닌데 서둘러서 공을 치지 마세요. 서두르면 꼭 실수하게 됩니다. 만일 상대방이 먼저 치라고 말을 해도 정중히 거절하고 자신의 차례가 되길 기다렸다가 치도록 하세요. 리듬을 절대 깨뜨리지 말라는 거지요. 자신의 템포와 리듬을 살려야 기찬 골프가 됩니다.

싱글 핸디 골퍼란 점수만 싱글을 만드는 게 아닙니다. 실력, 매너와 룰 모든 게 다른 사람들이 인정할 수 있는 골퍼가 되어야 비로소 싱글이라고 말할 수 있지요. 골프가 아무리 재미있고 매력 있는 운동이라지만 룰을 어기고 매너 없는 행동을 하면 골프의 참맛을 즐길 수 없겠지요.

웃으면서 첫 티샷을 하고 웃으면서 마지막 퍼팅을 하며 나오는 골프를 즐기려면 상대방을 배려하고(매너) 모든 사람이 수긍할 수 있도록 골프 룰에 대한 정확한 지식을 갖추시기 바랍니다. 골프백에 다른 것보다 우선으로 골프 룰 북을 꼭 넣어 가지고 다니세요. 여러분 모두 멋진 싱글 골퍼들이 되세요...

골프는 끊임없이 교훈을 주는 게임이다. 골프나 리더십의 지속적인 향상을 위해서는 뼈를 깎는 노력과 희생이 요구된다.

부드러운 것이 강하다

– 노자의 도덕경에서

진짜 강한 것은 약한 것이다.
약한 것이 강한 것을 이기고
부드러운 것이 억센 것을 이기는 것이 자연의 이치다.

물은 그릇의 모양에 따라 그 모양을 바꾼다.
그래서 물만큼 유연하고 부드러운 것은 없지만
세월이 지나면 바위도 뚫은 것이 바로 물이다滴水穿石.

만약 물이 골짜기가 아닌 산 위로 흐른다면
어떻게 큰 강과 바다에 이를 수가 있겠는가?

사람도 물 같은 부드러움과 겸손함을 갖출 때
비로소 성인이 되고 진정한 승자가 된다.
그래서 성인은 위엄을 부리지 않고 화내지 않으며
사사로이 다투지 않는 것이다.

남을 다스릴 줄 아는 자는 자기를 낮출 줄 안다.
그것이 진정한 승리라는 것을 알기 때문이다.

골프에서 왜 힘 빼라는지 아시겠죠? 물처럼 유연하게 스윙을 하면 얼마나 좋을까요? 스윙은 물이 흐르듯이... 특히 백스윙에서 다운스윙 시에는 물이 높은 데서 아래로 떨어지듯 거침없이 휘둘러야 합니다. 그래야 임팩트 순간에 최대속도를 내게 되는 것이지요.

헤드속도가 빠르게 하려면 폭포에서 물이 떨어지듯, 그리고 채찍을 휘두르듯 해야 합니다. 그래야 임팩트 지점에서 "획획" 소리가 제일 커지게 되고 가속이 됩니다. 채도 너무 세게 쥐지 말아야 합니다. 손이 경직되면 어깨도 경직되기 때문입니다. 물 흐르듯이 스윙을 하도록 해보시면 스윙이 편해집니다. 정말로...

물이 갖는 7덕

- 첫째: 낮은 곳으로 흐르는 “겸손”~.
- 둘째: 막히면 돌아가는 “지혜”~.
- 셋째: 구정물까지 받아주는 “포용력”~.
- 넷째: 어떤 그릇에도 담기는 “융통성”~.
- 다섯째: 바위도 뚫는 “인내와 끈기”~.
- 여섯째: 장엄한 폭포처럼 투신하는 “용기”~.
- 일곱째: 유유히 흘러 바다를 이루는 “대의”~.

흐르는 물처럼~.
상선약수上善若水의 초연한 삶, 유연한 골퍼가 되었으면!

타수별 골프 레슨

- 90대, 남 못 가르쳐서 안달한다.
- 80대, 먼저 물어봐야 알려준다.
- 70대, 사정하면 알려준다.
- 프로, 돈 주면 알려준다.

골프란 묘한 것이다. 단 하루 먼저 시작한 자가 뒤에 시작한 사람에게 레슨을 한다. 골프 레슨은 아무나 해도 상관없는 스포츠인가? 면허증도 없이... 좀 찔리는 분들 많겠다!

골프가 주는 인생교훈 9가지

1. 이성과 감성의 균형을 유지하라.
2. 규칙을 따르려고 노력해라.
3. 도움 받기를 주저하지 마라.
4. 현재에 집중하며 살라.
5. 강함과 부드러움을 조화시켜라.
6. 자만하지도 절망하지도 마라.
7. 두려움을 감싸 안아라.
8. 마음을 비우고 욕심을 버려라.
9. 이기는 것만이 최고가 아님을 알라.

줄탁동시啐啄同時하라. 즉 상호협조하라.

골프 룰(Rule)에 없는 룰

1. 당신이 치른 최고의 라운드 다음에는 곧바로 최악의 라운드가 따라온다. 이것이 일어날 가능성은 사람들에게 자랑하는 횟수에 따라 높아진다.
2. 새 골프공은 워터 해저드로 자석처럼 이끌리는 경향이 있다. 실험실에서 증명할 수 있는 이론은 아니지만, 비싼 골프공일수록 물에 끌리는 경향이 더 크다.
3. 핸디캡이 높은 골퍼일수록 자신이 골프 코치라도 되는 양 행동한다.
4. 세상의 모든 파3 홀은 골퍼에게 망신을 주려는 은밀한 욕망을 품고 있다. 홀의 길이가 짧을수록 그 욕망은 더욱 커진다.
5. 모래는 살아 움직인다. 그렇지 않다면 모래가 당신의 공을 자꾸 끌어당겨 방해하는 것을 어찌 설명하겠는가?
6. 클럽하우스에서 가장 멀어졌을 때 골프 카트에 담아온 음료가 바닥나는 법이다.
7. 당신이 가장 지고 싶지 않은 상대가 당신을 물리치는 법이다.
8. 라운드에서 마지막 3홀은 응당 얻어야 할 타수를 자동으로 맞추는 기능이 있다. 베스트 스코어의 가장 큰 적은 마지막 3개 홀이다.
9. 위 아홉 가지를 믿고 싶지 않은데 믿는 것이다.

『골프 연습』 어떻게 할 것인가?

- 수양이 마음에 근육을 만들 듯이, 연습은 근육에 두뇌를 만든다. (Muscle Memory라고 함)

- 올바르고 완벽한 연습이 올바른 스윙을 보장한다.
  "Perfect practice makes perfect swing."

- 우리가 연습장을 찾는 이유는 뭘까?
  첫째는 자신의 스윙을 만드는 것이다.
  둘째는 자신의 스윙 템포와 리듬을 익히는 것이다.
  셋째는 사전 라운딩 연습을 하는 것이다.

- 중요한 것은 연습의 양이 아니라 질이다.
  첫째, 목표를 세우고 세분화된 계획을 세우라.
  둘째, 체계적인 시간계획을 세워라.
  셋째, 실전과 같은 연습을 하라.

습관에 대하여

몸에 밴 습관이 인생을 좌우한다.
골프도 습관이 좌우한다, 정말로...

원래 습관의 족쇄란 너무도
가벼워 느낌조차 없다가도,

시간이 흐를수록
점점 무거워져 결국에는
다리를 절단 내고 만다.

나이가 들면
습관을 바꾼다는 것 자체가
거의 불가능해진다.
이미 습관의 노예가 되어버린 것이다.

오늘 당장 좋은 습관을 택해
실천하겠다고 다짐하면
당신은 머지않아 그 습관을
자신의 것으로 만들 수 있다.

– 워렌 버핏 대학생과의 대화

훌륭한 절개와 아름다운 명예를 홀로 독차지하려 들지 마라. 조금이라도 남들에게 나누어주어야만 해로움을 멀리하고 몸을 온전히 할 수 있다.

– 채근담

1등의 비결

늘 최고 품질의 옥수수를 생산하는 농부가 있었다. 농작물 품평회나 전시회가 열릴 때마다 그의 농산물은 항상 1등이었다. 부지런하기도 하거니와 매년 좋은 씨앗을 파종했기 때문이다.

그는 항상 최고 품질의 씨앗을 이웃들에게 나누어 주었다. 사람들이 궁금해서 물었다. "1등을 하자면 혼자서 좋은 씨앗을 가지고 있어야 하지 않나요? 최고 품질의 씨앗을 이웃들에게 다 나누어 주고서도 1등을 할 수 있는 비결이 무엇인가요?"

농부는 이렇게 말했다. "주위 밭에서 농약을 뿌리면 내 밭에도 농약이 묻는 법입니다. 이웃에 나쁜 품질의 옥수수가 있다면 내 옥수수 밭에도 그 꽃가루가 바람을 타고 날아들어 수분이 됩니다. 결국엔 내가 키우는 옥수수의 품질도 나빠지게 되지요."

최고 품질의 옥수수는 모두가 좋은 품종의 옥수수를 키울 때만 가능합니다. 주위를 향기롭게 만들면 나도 향기로워지게 됩니다.

[편지가 꽃보다 아름답다]에서…

골프도 마찬가지입니다. 동반자들이 잘 쳐야 골프가 즐겁습니다. 남들이 전부 헤매는데 혼자만 잘 치면 어떤가요? 처음에는 좋을지 몰라도 결국 썩 좋은 모습은 아닙니다. 다 같이 즐기자고 하는 골프인데... 서로 격려하고 기분 살려 즐겁게 라운딩하셔야죠! ㅎㅎ

옥수수 농사나 골프 농사도 다 똑같네요. 내가 잘 치려면 남도 잘 쳐야 합니다. 서로 격려하고 응원하면서 같이 가야 합니다.

보기 플레이어님들에게 드리는 10계명

1. 라운딩 당일 최고의 컨디션을 유지할 것. 전날 과음하지 말고 일상적 취침을 하여 충분한 수면을 취하고, 아침은 꼭 챙겨 먹을 것.
2. 미리 골프장 코스를 공부할 것. 인터넷에 골프장 레이아웃을 보고 이미지 스윙을 해 볼 것. '데자뷰'하라.

   * Deja vu: '기식감'으로 처음 본 것을 익숙한 것으로 본다는 용어.
3. 드라이버 샷의 방향은 티 앞의 디봇이나 조그만 표식을 이용하여 채를 그 지점까지 지나가도록 하라.
4. 오비가 나면 '바로' 오비 티로 가라. 한국에서만...
5. 해저드인지 로스트 공인지 헷갈릴 때는 무조건 해저드로 간주하라. 헷갈리면 물에 들어갔다고 우겨라. 한 타 이익이다.
6. 클럽을 내려잡는 것이 어프로치에 도움이 될 수도 있다. 샤프트가 짧을수록 정확해진다. 그 점에서 보면 퍼트가 최고다.
7. 퍼팅과 치핑은 반드시 넣겠다는 각오로! "뜻이 있는 곳에 길이 있다." 개버디라고들 하지만 이것도 진짜 실력이다.
8. 동반자에게 신경쓰지 말고 너그럽게 플레이하라. 소위, 니나 잘하세요~~ 남에게 신경쓰지 말고 자신에게 집중할 것.

9. 라운딩 후에는 골프 일기를 작성하여 반듯이 사후강평을 하고, 자신의 변화를 주도하라.
10. 끊임없이 상상력을 발휘하라.
"불광불급不狂不及! 미치지 않으면 도달하지 못한다."

골프 서시

죽는 날까지 그린을 우러러
한 점 부끄럼이 없기를
깃대에 이는 바람에도
나는 괴로워했다.

굿샷을 노래하는 마음으로
모든 쪼로나는 공을 사랑해야지
그리고 나한테 주어진 오비티로 걸어가야겠다.
오늘도 지갑이 찬바람에 스치운다.

그럼에도 불구하고

사람들은 때로 믿을 수 없고 앞뒤가 맞지 않고 자기중심적이다. 그럼에도 불구하고 그들을 용서하라.

당신이 친절을 베풀면 사람들은 당신에게 숨은 의도가 있다고 비난할 것이다. 그럼에도 불구하고 친절을 베풀라.

당신이 어떤 일에 성공하면 몇 명의 가짜 친구와 몇 명의 진짜 적을 갖게 될 것이다. 그럼에도 불구하고 성공하라.

당신이 정직하고 솔직하면 상처받기 쉬울 것이다. 그럼에도 불구하고 정직하고 솔직하라.

오늘 당신이 하는 좋은 일이 내일이면 잊혀질 것이다. 그럼에도 불구하고 좋은 일을 하라.

가장 위대한 생각을 갖고 있는 가장 위대한 사람일지라도 가장 작은 생각을 가진 작은 사람들의 총에 쓰러질 수 있다. 그럼에도 불구하고 위대한 생각을 하라.

사람들은 약자에게 동정을 베풀면서도 강자만을 따른다. 그럼에도 불구하고 소수의 약자를 위해 싸우라.

당신이 몇 년을 걸려 세운 것이 하룻밤 사이에 무너질 수도 있다. 그럼에도 불구하고 다시 일으켜 세우라.

당신이 마음의 평화와 행복을 발견하면 사람들은 질투를 느낄 것이다. 그럼에도 불구하고 평화롭고 행복하라.

당신이 가진 최고의 것을 세상과 나누라. 언제나 부족해 보일지라도. 그럼에도 불구하고 최고의 것을 세상에 주라. ^^

– 인도 캘커타의 마더 테레사 본부 벽에 붙어 있는 詩 –

차이의 미학

행복의 판단 기준이 타인과의 비교로 획일화되어 있는 것이 현재 우리 사회의 큰 문제입니다. 자신을 타인과 비교하는 짓은 어쩌면 소중한 자기 자신을 모독하는 것일 수 있습니다. 우리의 삶은 타인과 비교하지 않아도 좋은 것이 너무나도 많습니다. 그런데 실패에 대한 재기의 기회가 적고, 승자독식의 사회구조가 문제의 원인입니다.

☞ 영어로 승자독식은 "The winner takes all." 상생은 win & win입니다.

서로 다름이 없다면, 창조란 있을 수 없고, 아름다운 하모니의 합주도 불가능합니다. "군자는 화이부동하고, 소인은 동이불화한다."고 논어에서 공자님은 말씀하셨습니다..

☞ 和而不同 (화합하되 똑같지 않고), 同而不和 (똑같으나 조화롭지 못하다)

> 여러가지 악기가 서로의 고유한 소리를 내어, 조화를 이루기 때문에 아름다운 음악이 되는 것입니다. 남과 다르다고 불안해 할 필요가 없습니다. "나는 나입니다"라고 크게 외치고 시작하는 하루 되십시오.
>
> －어느 스님의 법문 중에서

이 세상에서 나는 유일한 존재입니다. 그래서 부처님이 '천상천하유아독존天上天下唯我獨尊'이라고 하셨나? 같은 날 태어난 일란성

쌍둥이도 각각 다릅니다. 비교는 불행의 씨앗이라고 합니다. 사랑이 눈물의 씨앗이듯이... 비교하지 맙시다. 대신 나를 온전하게 보존하는 법을 강구합시다.

손자병법에 "不戰而 屈人之兵 善之善者也"(부전이 굴인지병 선지선자야)라는 글귀가 있다네요. '싸우지 않고 적을 굴복시키는 것이 최선의 방법'이라는 말씀입니다. 싸워서 코피 나고 옷 찢어지고 나서 이기면 뭐합니까? 안 싸우고 적을 제압해야 최고의 싸움꾼이죠! 온전히 잘 보존하라는 '全(온전할 전)사상'을 말씀하신 겁니다.

우리의 삶의 싸움은 이 '비교'가 아닐까요? 잘났다고 우쭐하는 자만이나 남들보다 못하다고 의기소침하는 거 모두가 쓸데없는 비교에서 나오는 거 아닌가요? 특히 골프에서는 자신의 핸디캡이 있고, 각자 저마다의 수준에 맞추어 치면 됩니다. 거리가 짧으면 정확성으로 자신의 골프를 하면 되는데, 상대가 장타를 치면 같이 따라 하려고 몸에 힘이 들어가서 샷이 망가집니다.

"자신감을 가집시다!" 이 세상 최고의 명품이라는 '자신감'이라는 옷을 입을 때 내가 곧 최고의 명품이 되지 않을까요? 감 중에서도 자신감이 최고로 달다고 합니다.

골프는 자기 공으로 자기가 치는 겁니다.
동반자와 비교하지 마시고 天上天下唯我獨尊하시길!

– 리크라테스

톨스토이 10훈

1. 일하기 위해 시간을 내십시오. 그것은 성공의 대가입니다.
2. 생각하기 위해 시간을 내십시오. 그것은 능력의 근원입니다.
3. 운동하기 위해 시간을 내십시오. 젊음을 유지하는 비결입니다.
4. 독서하기 위해 시간을 내십시오. 그것은 지혜의 원천을 만드는 것입니다.
5. 친절하기 위해 시간을 내십시오. 그것은 행복으로 가는 길입니다.
6. 꿈을 꾸기 위해 시간을 내십시오. 그것은 대망을 품는 것입니다.
7. 사랑하고 사랑받는 데 시간을 내십시오. 구원받은 자의 특권입니다.
8. 주위를 살펴보는 데 시간을 내십시오. 이기적으로 살기엔 너무 짧은 하루입니다.
9. 웃기 위해 시간을 내십시오. 웃음은 영혼의 음악입니다.
10. 기도하기 위해 시간을 내십시오. 인생의 영원한 투자입니다.

톨스토이는 위의 것대로 전부 실천하며 살지 못했습니다. 특히 마눌님과는 불편한 관계를 해소하지 못하고 쓸쓸하게 돌아가셨습니다. 가화만사성家和萬事成입니다. 골프 치러 갈 때 기도하고 가십시오. 이것이 가정을 위한 일인가..... 아니면? ? ?

말이란...

언어가 거친 사람은
분노를 안고 있는 사람입니다.
부정적인 언어습관을 가진 사람은
마음에 두려움이 있는 사람입니다.

과장되게 이야기하기 좋아하는 사람은
그 마음이 궁핍하기 때문입니다.
자랑을 늘어놓기 좋아하는 사람은
그 마음에 안정감이 약하기 때문입니다.

음란한 이야기를 좋아하는 사람은
그 마음이 청결하지 못하기 때문입니다.
항상 비판적인 말을 하는 사람은
그 마음에 비통함이 있기 때문입니다.

다른 사람을 헐뜯는 사람은
그 마음이 열등감에 사로잡혀 있기 때문입니다.
다른 사람의 말을 듣지 않고 자기말만 하려는 사람은
그 마음이 조급하기 때문입니다.

반면에...
항상 다른 사람을 격려하는 사람은
자신의 마음이 행복하기 때문입니다.

부드럽게 말하는 사람은
그 마음이 안정적이기 때문입니다.

진실되게 이야기하는 사람은
그 마음이 담대하기 때문입니다.

마음에 사랑이 많은 사람은 위로의
말을 내어줍니다.

겸손한 사람이
과장하지 않고 사실을 말합니다.

마음이 여유로운 사람이
말하기에 앞서 다른 사람의 말을 잘 듣습니다.

모든 것은 종이 한 장 차이...
내가 어떤 생각을 가지고 사느냐에 따라 어떤 말을 하고, 그에 따라 인생이 달라진다는 사실을 우리는 깨달아야 합니다.

★ 말의 향기로 기쁨의 삶, 마음을 비워내는 홀가분한 삶 ★

말의 매력

1. 상대의 걷잡을 수 없는 화를 가라앉히는 말~~~♥미안해^^
2. 겸손한 인격의 탑을 쌓는 말~~~♥고마워^^
3. 상대의 어깨를 으쓱하게 하는 말~~~♥잘했어^^
4. 화해와 평화를 부르는 말~~~♥내가 잘못했어
5. 존재감을 쑥쑥 키워주는 말~~~♥당신이 최고야
6. 상대의 기분을 '업'시키는 말~~~♥오늘 아주 멋져 보여
7. 더 나은 결과를 이끌어 내는 말~~~♥네 생각은 어때?
8. 든든한 위로의 말~~~♥내가 뭐 도울 일 없어?
9. 상대의 자신감을 하늘로 치솟게 하는 말~~~♥어떻게 그런 생각을 다 했어?
10. 열정을 샘솟게 하는 말~~~♥나이는 숫자에 불과해
11. 상대의 능력을 200% 이끌어내는 말~~~♥당신을 믿어
12. 점처럼 작아지는 용기를 크게 키우는 말~~~♥넌 할 수 있어!
13. 부적보다 큰 힘이 되는 말 ~~~♥널 위해 기도할께
14. 충고보다 효과적인 공감의 말~~~♥잘 되지 않을 때도 있이
15. 돈 한 푼 들이지 않고 호감을 사는 말~~~♥당신과 함께 있으면 기분이 좋아^^
16. 자녀의 앞날을 빛나게 하는 말~~~♥네가 참 자랑스러워^^
17. 반복되는 일상에 새로운 희망을 선사하는 말~~~♥첫마음으로 살아가자

18. 환상의 짝꿍을 얻을 수 있는 말~~~♥우리는 천생연분이야
19. 다시 일어설 수 있는 힘을 주는 말~~~♥괜찮아. 잘 될 거야
20. 상대의 가슴을 설레게 하는 말~~~♥보고 싶었어
21. 배우자에게 사는 보람을 주는 말~~~♥난 당신밖에 없어
22. 상대를 특별한 사람으로 만들어 주는 말~~~♥역시 넌 달라
23. 상대의 지친 마음을 어루만져주는 말~~~♥그동안 고생 많았어
24. 인생의 새로운 즐거움에 눈뜨게 해주는 말~~~♥우리 함 할까?(요건 자주할수록 좋음...)
25. 백 번, 천 번, 만 번을 들어도 기분 좋은 말~~~♥사랑해♥

말馬도 훈련이 필요하듯이 말하는 것도 연습이 필요합니다. 25가지의 말을 자주 하시길 바랍니다.

그리고 골프할 때에는 잘 치면 '굿 샷(good shot)'이고 실수해도 '낫 배드(not bad)'다. 상대방이 버디를 하면 기꺼이 '하이파이브'를 해 주고, 샷이 개운치 않으면 다시 한 번 더 칠 수 있는 기회를 주는 '멀리건'은 기본이다. 골프를 치는 정신으로 남을 배려하면 아무리 삭막한 세상이라도 훨씬 밝아질 것이다.

–『절대긍정으로 산다』 중에서

골프는 정말 웃기는 운동이다

'골프'란?........

가만히 생각해 보니... 정말 기도 안 차는 것이다.

운동 같지도 않는 것이 하고나면 즐겁기를 하나~~ 친구 간에 우정이 돈독해지기를 하나~~

열은 열대로 받고~~, 시간은 시간대로 날아가고, 돈은 돈대로 들고 하니 말이다....^♥^

어디 그뿐이랴.....

공 한 개 값이면... 짜장면 곱배기가 한 그릇인데, 물에 빠뜨려도 의연한 체 허허 웃어야지~~,

인상 쓰면 인간성을 의심받기 마련이니까, 짜장면 한 그릇을 물에 쏟아놓고 웃어봐라, 아마 미친놈이라고 할 것이다.

그리고 원수 같은 골프채는 무슨 금딱지를 붙여놨는지 우라지게 비싸지,

드라이버랍시고 작대기 하나가 43인치 평면칼라 TV값과 맞먹고~~,

비밀병기랍시고 몇 십 만원짜리를 오늘 좋다고 사 놓으면 내일은 구형이라고 새 거로 사야지,

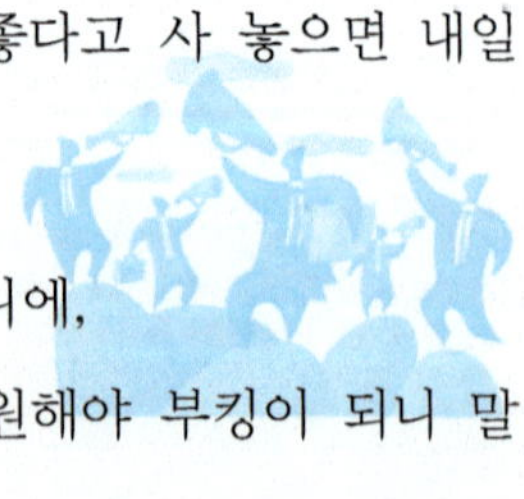

풀밭 좀 걸었다고 드는 돈이 쌀 한 가마니에,

그나마 한번 치려면 실력자나 명사를 동원해야 부킹이 되니 말

이다.

군을 제대한 지가 언제인데 툭하면 산등성이에서 각개전투, 물만 보면 피해 다녀야 하고,

공이 갈 만한 자리는 무슨 심술로 모래웅덩이를 파놓고, 홀은 꼭 처녀엉덩이 꼭대기 같은데다 콧구멍만하게 뚫어놓았으니...

- 잘 맞으면 일 안하고 공만 쳤다고 욕먹고,
- 안 맞으면 운동 신경이 없다고 욕먹고,
- 퍼팅이 쏙 들어가면 돈독 올랐다고 욕먹고,
- 길면 쓸데없이 힘쓴다고 욕먹고,
- 짧으면 소심하다고 욕먹고,
- 돈 몇 푼 따면 곱배기로 밥 사야 하고,
- 돈 잃으면 밥 안 사주나 눈치봐야 하니 어떻게 하는 것이 잘 하는 것인지 답답하기만 하네.
- 안 맞아서 채라도 한번 집어던지면 상종 못할 인간으로 찍히고,
- 신중하게 치면 늑장 플레이라고 욕먹고,
- 빨리 치면 촐싹댄다고 욕먹는다.
- 화려하게 옷 입으면 날라리냐고 욕먹고,
- 점잖게 입으면 초상집 왔냐고 욕먹고,
- 인물 좋으면서 잘 치면 제비 같은 놈이라고 욕먹고,
- 인물 나쁘면서 잘 치면 그거라도 잘 해야지 하며 비아냥거리고,
- 인물이 나쁘면서 공도 못치면 뭐하나 제대로 하는 게 없다고 욕먹는다.

- 농담하면 까분다고 욕먹고,
- 진지하면 열 받았냐며 욕먹고,
- 캐디언니하고 농담하면 시시덕댄다고 욕먹고,
- 농담하지 않으면 분위기 망친다고 욕먹는다.
- 싱글하면 사업하는 놈이 공만 친다고 욕먹고,
- 싱글 못하면 그 머리로 무슨 사업하냐고 욕먹는다.
- 새 채 사서 잘 치면 돈이 썩어난다고 욕하고,
- 새 채 안 사면 죽을 때 돈 싸가지고 갈거냐고 욕먹고,
- Buyer가 공치자고 해서 외국에 채 가지고 나가면 남의 눈총 받고,
- 그나마 몇 번하고 나면 세무조사한다고 겁주고,
- 선물로 받은 채 들고 들어오면 무슨 밀수꾼처럼 째려보고,
- 새벽 골프 나가면 그렇게 공부 좀 하지 하고 욕먹고,
- 남녀 어울리면 바람났다고 욕먹고,
- 남자들끼리만 치면 ○○놈들이라고 욕먹고,
- 이글, 홀인원 한번 하면 축하는 못할망정 눈들이 펴래 가지고 뜯어 먹고,
- 잘 쳐도, 못 쳐도, 자주 쳐도, 안 쳐도, 새 채로 쳐도, 헌 채로 쳐도, 새벽에 쳐도, 낮에 쳐도, 비올 때 쳐도, 눈올 때 쳐도, 시끄럽게 쳐도, 조용히 쳐도, 천천히 쳐도, 빨리 쳐도, 멀리 쳐도, 짧게 쳐도, 돈 내고 쳐도, 접대 받아 쳐도,

어쨌든지 욕을 먹게 되어 있는 이런 빌어먹을 골프를 왜 하느

냐 이 말이다! 정말 공치는 사람들이 전부 제정신이란 말인가?

곰곰히 생각해 봤는데... 욕먹기도 지쳤고, 돈 쓰기도 아깝고, 이제 골프를 확 끊어 버리고, 골프채도 만지지 않아야겠다. 요담에 칠 때까지만이라도!!!

♥ 이렇게 욕먹더라도 굿~샷!! (오케이) ♥

그래도 골프 하실거죠?

골프와 리더십의 다섯 가지 공통 원칙

1. 비전
2. 집중
3. 장점 개발
4. 기대성과 정하기
5. 자신감

골프가 리더십과 무슨 관계가 있을까요? 골프는 단체 스포츠가 아닌 개인 스포츠인 반면에 리더십은 목표를 성취하기 위해서 다른 사람을 움직이는 힘입니다. 그러나 골프와 리더십 모두는 성공을 충족하기 위한 기본 자질을 갖추는 데서 출발합니다. 세부적으로 살펴볼까요. (최고의 인생을 위한 게임 중에서)

1. 비전 있는 티샷을 하라!

티샷은 세컨샷하기 좋은 지점으로 보내는 전략적 샷입니다. 비전이란 큰 꿈이죠. 가치를 담고 있는 목표 같은 것... 저는 골프하면서도 꿈이 있습니다. — I have a dream — "더 나은 나." 필드에서처럼 리더십도 성공에 대한 정확한 목표를 설정하고, 그 비전을 조지원들과 공유해야 합니다. 나의 비전을 우리의 비전으로!

2. 집중하라!

골퍼는 자신에게 적합한 클럽을 선택하고, 목표에 집중하며 샷을 합니다. 리더도 어떤 과업을 수행하더라도 집중해야 합니다.

골프에서는 4C 중에 하나입니다.

Concentration, Control, Compose, Confidence. 리더십도 4C가 중요합니다.

3. 장점을 개발하라!

유능한 골퍼나 리더는 장점을 이해하고, 그 장점을 이용하여 경쟁자보다 근소한 우위로 앞서나갑니다. 드라이버에서 자유로운 골퍼는 드라이버가 장기이고, 경영에서 자유로운 리더는 경영의 달인이 아닐까요?

4. 기대성적을 정하라!

골프코스에는 홀마다 기준타수가 정해져 있습니다. 파 3부터 파 4, 파 5까지... 저는 파 5에서는 항상 버디와 이글을 노립니다. 그리고 노력합니다. 리더는 자기 조직원에게 기대하는 성적과 그 성적을 달성하는 방법을 알려주어야 합니다. 구체적인 것은 구성원들이 각자 알아서 하겠지만 조직의 노력을 일치시키는 차원에서입니다. 영국 대처 수상은 "일치는 리더십을 나타내는 것이다"라고 하셨다네요.

5. 자신 있게 경기하라!

골퍼는 홀컵에서 몇 센티 떨어진 공을 퍼팅하는 것조차 어렵게 만드는 입스를 극복해야만 합니다. 리더 역시 어떠한 난관이나 불운 앞에서도 자신감을 잃지 말아야 합니다.

어디 이 다섯 가지만 있겠습니까마는 공통원칙만 잘 지켜도 훌륭한 골퍼, 훌륭한 리더가 될 것 같네요. 실행이 문제죠...

"실천은 진리를 검증하는 유일한 기준이다."

'이드로'에게서 배우는 리더십 8가지

-모세의 장인(출애굽기 18장 17~27절)-

1. 일을 처리하는 당신의 방식이 항상 옳다고 생각하지 마라.
2. 리더의 역할이 무엇인지 올바로 이해하라.
3. 경험과 지혜를 겸비한 조언자의 충고에 귀를 기울이라.
4. 부하들을 리더로 훈련시키라.
5. 다른 사람에게 모범이 되라.
6. 당신의 가치관을 이해하고 다른 사람에게 영향을 미칠 수 있는 중간 리더를 선발하라.
7. 당신과는 다른 배경과 경험을 지닌 사람을 중간 리더로 선발하라.
8. 당신이 선발한 중간 리더에게 권한을 넘겨주고 필요할 때에만 개입하라.

삶은 만남 속에서

세상에 태어나면서 부모를 만나고,
자라면서 친구를 만나고,
배워 가면서 스승을 만나고,
성숙해 가면서 사랑하는 사람을 만난다.

누구를 만나느냐에 따라
삶의 모습도 달라지고..!!
'행복'할 수도 '불행'할 수도 있다.

그러므로 우리의 일생은 모두 다 '만남' 속에서 이루어진다.

어떤 사람이 여행 중에 점토를 발견했다.
그런데 그 흙덩어리에서 아주 좋은 향기가 풍겼다.

이상하게 생각한 여행객이 물었다.
"아니 흙에서 어떻게 이렇게 좋은 향기가 날 수 있나요?"

흙덩이가 대답했다.
"내가 장미꽃과 함께 있었기 때문이지요!"

우리의 '삶'도 누구를 만나느냐에 따라,
향기를 풍길 수도
썩은 냄새를
풍길 수도 있습니다.

골프에서 “성게와 도마뱀식 전략”

골프와 성게와 도마뱀? 전혀 연관성이 없어 보입니다. 그런데, 잡지에서 성게와 도마뱀의 생존전략을 보고 골프 하수님들에게 조언을 해 주어야겠다는 생각이 들었습니다.

아무리 조그만 내기라도 걸리면, 하수들 입장에서는 마음의 부담을 많이 느끼는 것 같습니다. 물론 고수가 되기 위해 겪어야 할 과정이지만... 골프 치면서 소위 하수님들을 어떻게 하면 편안하게 할 수 있을까 생각해 보았는데 의외로 쉽게 정신교육 자료를 얻었습니다. 성게와 도마뱀에게서...

먼저 성게는 오징어들에게 좋은 먹잇감이랍니다. 그래서 오징어 떼가 달려들면 성게는 자신의 내장을 내어주고 도망을 간답니다. 둘째, 도마뱀은 적과 마주치면 자신의 꼬리를 떼어주고 줄행랑을 친답니다. 적이 자신의 꼬리에 정신을 빼긴 사이에 말입니다.

성게와 도마뱀은 자신에게 뭐가 중요하다는 것을 잘 아는 현명한 동물들이네요. 아무리 중요한 것이라도 자신의 생명보다 중요한 것이 어디 있을까요? 내장은 다시 복원될 것이고 꼬리도 시간이 지나면 다시 자랄 텐데, 굳이 목숨까지 위태롭게 할 이유가 없는 것이지요.

골프 하수님들! 골프 치면서 몇 푼 안 되는 돈 때문에 맘 아파하면서 본연의 골프 기쁨과 즐거움을 훼손하지 마세요. 그냥 오늘 내가 고수한테 레슨비로 밥 한 번 사준다고 생각하시면 됩니다.

여러분도 이 과정을 거치고 나면 고수가 될 것입니다. 작은 것에 신경쓰지 마시고 빨리 고수가 되기 위한 노력을 집중하시기 바랍니다. 수고를 하면 고수가 됩니다. (순서를 바꾸면...) 세상에는 공짜로 되는 것은 거의 없습니다. 특히 가치 있는 것에 대해서는 꼭 대가를 지불해야 합니다. 대신 잘 배우려고 노력하십시오. 레슨비를 지불했으면 확실히 교육을 받으셔야죠!

하수님들! 성게와 도마뱀의 전략을 상기하시길... 골프는 즐거움이 우선입니다. 즐거움의 테두리를 벗어나는 내기는 고수나 하수나 모두 조심합시다. "오고가는 현찰 속에 싹트는 우정" ^^

비우니 행복하고 낮추니 아름다워라.

생각에 불만이 없으니
사는 일이 즐겁고
마음에 기쁨이 가득하니
매사에 감사할 뿐이로다.

지나침은 부족함만 못하며
질투는 마음을 병들게 하고
욕심은 몸을 쉬 늙게 하리니
스스로 비우는 자는 행복하여라.

깊은 것은 물이 되고
얕은 것은 바람이 되니
한 길 마음이 물처럼 흘러

바람에 흔들려도 고요한 물결로 흐르리라.

지혜로운 그대!
그대는 길을 탓하지 아니하고

현명한 그대!
그대는 굽어 걷지 아니하네.

관대한 마음으로 기꺼이 용서하고
겸손한 마음으로
스스로 낮추는 자는 마냥 아름다워라.**

어찌 이렇게도 골프에 대한 마음가짐을 잘 표현했을까요? 욕심을 비우고 겸허한 태도로 골프에 임한다면... 100% 행복한 골퍼가 될 겁니다.

골프나 인생이나 궁극적인 목표는 행복이 아닐까요? 마음이 평안하고 안정적인 느낌, 텅 빈 충만감, 기쁨 등등. 욕심을 내려놓고 무심타법으로 골프를 하면 대자연의 기를 얻을 수 있습니다. 자연과 하나 됨을 느낄 수도 있습니다. 내가 산이 되고 내가 바람이 되고 내가 곧 물이 됩니다.

원숭이와 말벌

원숭이가 배를 먹고 있었습니다. 말벌도 배가 먹고 싶어서 원숭이에게 좀 나눠달라고 했습니다. 욕심 많은 원숭이는 나눠주기를 거부했죠. 화가 난 말벌이 원숭이 얼굴에 침을 놓았습니다. 상황이 어떻게 되었을까요? 말벌이 죽었습니다! 벌은 침을 놓으면 침이 빠져 자신이 죽고 만답니다.

우리의 화도 마찬가지입니다. 분노와 화를 잘 다스려야 합니다. 화는 자기 자신을 통제하지 못하기 때문에 생기는 것입니다. 화는 참지 말고 잘 다스려야, 즉 잘 관리해야 합니다. 그래야 현명해집니다. 분노와 화는 타인에게도 피해를 주지만, 결국 자기 자신의 삶을 파괴하여 자기 자신을 죽이는 것입니다. 화라는 것은 잘못은 다른 이들이 했는데 자신에게 혼을 내는 것이죠.

여러분은 혹시 말벌처럼 살고 있지 않으신가요? 골프 치다가 화가 나면 스스로 무너지는 나를 볼 때마다 말벌이 생각납니다. 세상 모든 일이, 특히 골프와 자식은 자기 맘대로 안 된답니다. 그럴 때는 자신을 떠나 제3자의 입장에서 나를 보세요. 어떻겠어요?

> 화는 모든 불행의 근원이다.
> 화를 안고 사는 것은 독을 품고 사는 것과 마찬가지다.
> 화는 나와 타인과의 관계를 고통스럽게 하며, 인생의 많은 문을 닫히게 한다.
> 따라서 화를 잘 다스릴 때 우리는 미움, 시기, 절망과 같은 감정에서 자유로워지며, 타인과의 사이에 얽혀 있는 모든 매듭을 풀고 진정한 행복을 얻을 수 있다. – 틱낫한/화(Anger) 중에서

골프 잘 치는 비결

1. 전화번호나 비밀번호를 1872로 한다(18홀 72타). 금년 새로 출시된 와인에도 '1865'가 있습니다. 전 사양합니다. 왜냐구요? 전 '1872' 와인이면 충분하고 만족합니다.
2. 평소에 파를 많이 먹는다. 단, 양파는 금물. OB 맥주는 입에도 대지 않는다. 또한 필드감을 잃지 않기 위해 감을 박스로 사다 놓고 먹는다.
3. 동호회 활동 시에도 본인의 닉네임을 원퍼팅, 줄파, 줄버디, 투온, 이글, 홀인원, 알바트로스 등으로 사용한다. 절대 금할 닉네임: 비기너, 물주, 보기, 더블보기, 대포, 올인 등은 사용하지 않는다.
4. 일행과 어떤 일을 할 때는 항상 제일 나중에 행동한다. 챔피온 조의 순서대로 하는 것을 생활화한다.
5. 잘 치는 사람과 똑같이 행동한다. 같은 음료수나 음식을 주문하고 화장실도 따라간다.
6. 골프공과 빨래 줄을 넣고 푹 고은 후, 그 국물에 파를 18조각으로 썰어 넣어 냉장고에 보관한 후, 매일 아침 공복 시에 한 스푼(3번 우드)씩 떠먹는다.
7. 칼 가는 기계를 구입하여, 라운드나 연습을 하지 않는 날에는 매일 칼을 간다. 당근 부엌의 식칼도 갈아준다.
8. 누군가 자신을 부를 때, 절대 고개를 들어(head up) 쳐다보지 않는다. 귀로 듣는 연습을 생활화한다.

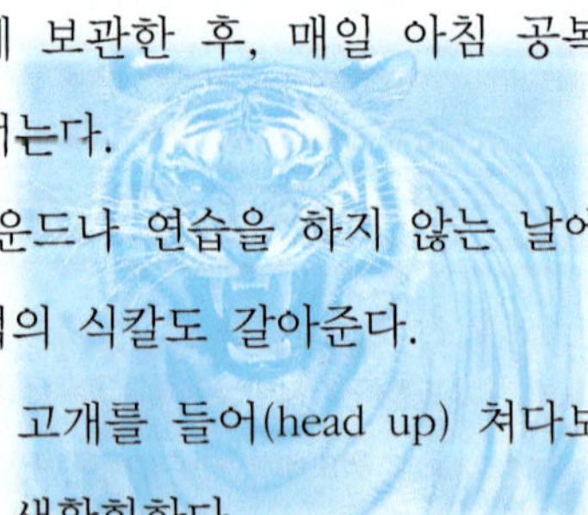

9. 사우나에 가면, 절대 온탕과 냉탕을 번갈아가며 들어가지 않는다.
10. 가장 중요한 것은 골프고수와 친구가 된다. 그래서 비법과 기술을 전수 받는다.
11. 골프장 가서 주차할 때 주차장 번호가 72번이 넘지 않도록 한다. 그날 치고 싶은 타수에 맞춰 주차를 한다. 65번 정도에...
12. 락카를 배정 받을 때 그날 자신이 치고 싶은 숫자대로 번호를 배정 받는다. "65번 주세여♪♫" 주차번호와 가급적 일치시킨다. 이것을 군사적 용어로 "확인사살"이라고 한다.

《골프》 지식에서 지혜로!

지식이란 '안다'는 것이오, 지혜란 온전히 '이해한다'는 마음입니다. 제대로 골프를 치려면 어려운 기술을 익혀야 합니다. 아는 것이 많다고 골프를 잘 친다면 학자들이, 머리좋은 사람들이 골프를 잘해야 되겠지요? 아닙니다! 골프에 대한 지식을 지혜로 바꾸어야 합니다.

골프란 운동은 처음에 기본동작을 제대로 익혀 놓지 않으면 좀처럼 실력이 늘지 않습니다. 몸에 스윙기술이 기억될 정도로 연습을 거듭하다 보면 자세나 팔의 동작이 무의식적으로 정확한 스윙을 할 수 있게 됩니다. 그때까지 배운 기초지식이 지혜가 되어 자연스럽게 몸이 적절하게 움직이는 것입니다. 유식한 용어로 "Muscle Memory"라고 한다네요.

이외수 선생께서는 『절대강자』에서 "머리로만 아는 것은 지식이요, 이것이 가슴에 내려오면 지성이 되고, 이 지성에 사랑을 버무려 발효시키면 지혜가 된다." 참 일리가 있네요. 언어의 마술사답습니다.

무협지를 보면 스승이 바로 제자에게 검법을 가르쳐 주지 않습니다. 매일 밥하고 빨래하고, 마당 쓸고, 인고의 생활을 보내며 스승의 모습을 보면서 기술을 배워 나갑니다. 배우기에 앞서 몸으로 먼저 익숙해지는 것이지요. 그래서 나온 속담이 '서당 개 삼년이면 풍월을 읊는다'라고 합니다.

골프! 지식만 주입시키려 하지 말고 몸으로 익혀 지혜를 발휘하시길 바랍니다. 어렵다고요? '똑딱 볼' 삼 년 치시면 금방 싱글 되실 겁니다. 골프의 기초는 똑딱 볼입니다. 똑딱 볼도 잘 안 되는데 어떻게 고난이도의 풀 샷과 트러블 샷이 가능할까요? 어렵습니다. 어려워요.

지식이 지혜로 가려면 햇볕이 필요합니다. 지식 知에 태양인 날 日이 바탕으로 되어야 지혜 智자가 됩니다. ㅎㅎ 한자가 잘 말해 주네요. 골프도 지식이 지혜가 되려면 기초훈련이 잘 돼야 합니다. 똑~딱^ 똑~딱^ 네 박자처럼...

지혜로운 골퍼가 되시길... 마음心에 쐐기(/)를 박으시고 필必히 승리하십시오. 필승必勝!

내 인생은 내가 만든다.

사장은 힘들어도 견디지만
직원은 힘들면 사표 낸다.

연인은 불쾌하면 헤어지지만
부부는 불쾌해도 참고 산다.

원인은 한 가지 일에 대한 책임감과 압력이다.

수영할 줄 모르는 사람은
수영장 바꾼다고 해결 안 되고,

일하기 싫은 사람은

직장을 바꾼다고 해결이 안 되며,

건강을 모르는 사람은
비싼 약을 먹는다고 병이 낫는 게 아니고,

사랑을 모르는 사람은
상대를 바꾼다고 행복해지는 게 아니다.

모든 문제의 근원은 내 자신이다.
내가 좋아하는 사람도
내 자신이고,

내가 사랑하는 사람도
내 자신이며,

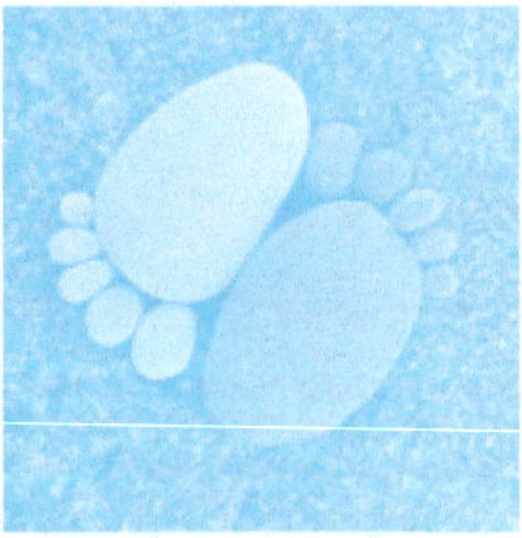

내가 싫어하는 사람도
내 자신이다.

내가 변하지 않고는
아무것도 변하는 게 없다.

내 인생은 내가 만든다.
내가 빛이 나면 내 인생은 화려하고,

내가 사랑하면 내 인생은 행복이 넘치며,
내가 유쾌하면 내 인생엔 웃음꽃이 필 것이다.

매일 똑같이

원망하고, 시기하고, 미워하면,
내 인생은 지옥이 될 것이다.

내 마음이 있는 곳에 내 인생이 있고, 내 행복이 있다.

성공하는 사람은 씨앗과 밭을 탓하지 않고, 가리지도 않습니다. 쟁기질 잘하는 농부는 소 탓을 하지 않습니다.

골프 고수도 골프장과 골프채를 탓하지 않습니다.

골프 황제 - 타이거 우즈
-좋아하는 것을 찾고 계발하라.-

타이거 우즈가 골프 황제로 군림한 지난 18년 동안 벌어들인 돈이 무려 13억 1,627만 달러(한화로 약 1조 4,000억원)이며 2014년에만 8,309만 달러를 벌었답니다. 대단합니다. 골프만 쳐서 그렇게 많은 돈을 벌다니...

저는 타이거 우즈가 나오는 시합은 거의 시청을 합니다. 그의 시합을 보면 뭔가 느끼는 점이 있고, 스릴도 있으니까요. 일종의 그의 팬이 된 것 같네요. '산이 높으면 골도 깊다'고 하는데, 골프를 잘하니 그에 따른 흠결도 커서 몇 년 전에는 섹스 스캔들로 우리들을 실망시키기도 하였습니다. 같은 남자로서 이해는 좀 되지만 좀 지나쳤다고 생각됩니다. 아쉬운 것은 그가 슬럼프에 빠져 골프경기를 잘하지 못해 골프에 대한 흥미가 떨어진 것입니다. 그래도 다시 부활하여(그가 예수님는 아니잖아요?) 아니 재기하여 예전의 모습을 찾아가는 데 고마울 따름입니다. 재미있는 경기를 볼 수 있어서...

타이거 우즈에 관한 글이 있어 적어 봅니다. 비록 저보다 나이는 어리지만 타이거 우즈에게서 배울 것은 배워야지요. 그 기술은 따라갈 수 없지만 그의 정신력과 골프에 대한 태도는 많은 도움이 됩니다.

어릴 때부터 꾸준히 골프를 배운 흑인 소년이 있었습니다. 그는 타고난 재능과 노력을 바탕으로 열여섯 살에 미국 주니어 아마 챔피언십에서 3년 연속 우승이라는 대기록을 세웠습니다. 그는 프로가 되었고 성인 무대에 출전하자마자 전 메이저 대회를 석권하며 골프계를 흔들었습니다. 그때까지만 해도 골프 채널은 백인들만 주로 보았는데 이 흑인선수 덕분에 다양한 민족의 사람들이 골프 시청을 즐기게 되었습니다. 그가 필드에서 경기를 할 때에도 수많은 관중이 그를 따라다니면서 응원했습니다.

그는 타고난 재능과 육체를 가졌을 뿐만 아니라 과학적인 훈련과 노력 그리고 뛰어난 집중력으로 세계 최고의 선수가 되어 골프계 황제라 불리고 있는 타이거 우즈입니다. 사람들이 그에게 어떻게 세계 최고의 선수가 되었는지 물어볼 때마다 그는 이렇게 대답했습니다.

"저는 어렸을 때부터 공을 홀에다 집어넣는 것을 무척 좋아했습니다. 부모님께 저에게 골프를 하라고 강요한 적은 단 한 번도 없습니다. 저는 골프를 사랑하고 골프에 대한 열정이 있습니다."

많은 사람의 관심을 한 몸에 받고 있는 그였기 때문에 그는 늘 자신의 생각과 마음가짐을 제어하고, 끊임없는 훈련을 통해 자기 자신을 관리해야 했습니다.

"사람들의 기대와 관심은 고맙지만 그들의 기대에 맞추기 위해서 경기를 하거나 다른 사람이 나를 어떻게 생각하는지에 대한 말들에 끌려 다니는 삶을 살지는 않을 거야."

그의 어머니는 태국 출신의 불교 신자였습니다. 그래서 그는 어머니의 영향으로 불교를 믿게 되었고 명상과 수련으로 마음을 다스렸습니다. 그는 점차 다른 사람들이 무슨 말을 하든 상관하지 않을 수 있게 되었습니다.

"부모님이 저에게 가르쳐준 소중한 교훈 한 가지는 다른 사람의 기대에 맞추어서 불안하고 불행하게 사는 것이 아니라 나 자신의 기대에 맞추어 중심을 가지고 살아야 한다는 것입니다."

그의 성공이 진정한 성공으로 비치는 것은 그가 자기 자신의 기대를 만족시키며 살고 있기 때문입니다. 자신 스스로가 자랑스러운 삶을 살고 있다고 생각된다면 칭찬과 환호는 저절로 따라오는 것입니다. 그는 바로 자기 자신과의 싸움에서 승리한 사람입니다.^^

그가 잭 니컬러스의 18개 메이저 우승을 능가할 수 있을 것인가? 샘 스니드를 누르고 역대 최다승을 기록할 수 있을 것인가? 저는 그가 기록을 갱신할 것으로 봅니다. 저는 '기록이란 깨지기 위해 존재한다'는 말을 믿습니다. 그가 비온 뒤에 땅이 더 단단해 지듯이 앞으로 더욱 분발해 주기를 바랍니다. 골프를 잘하니 생활도 앞으로 잘할 것으로 믿습니다.

타이거 우즈! 집념과 노력, 승부의 근성은 이 어려운 세상을 살아가는 모두에게 표본이며 누구나 본받고 싶어 하니 우리를 실망시키지 말기를...

"중심을 가져라. 남의 말에 이끌려 다니지 마라. 타인의 기대가 아닌 너 자신의 기대에 맞추어서 살아라."

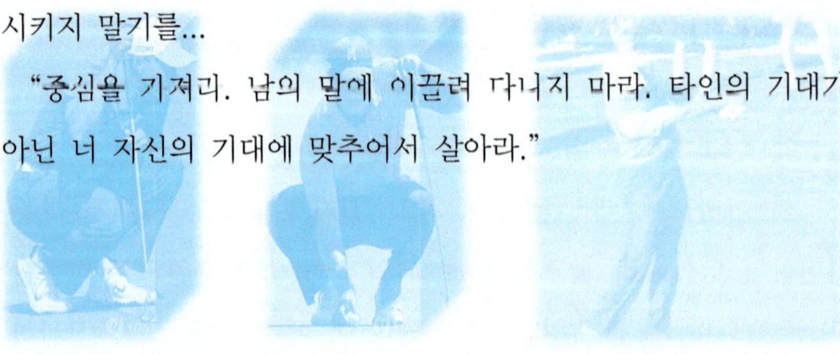

중년에...

인생이란 어차피 홀로 걸어가는
쓸쓸한 길이라지만...
내가 걷는 삶의 길목에서
그래도 평생을 함께 걷고 싶은
한 사람을 만나고 싶다.

사랑하는 이를 만나기보다는
연인도 아닌 친구도 아닌
그저 편안한 사람을 만나고 싶다.

고단하고 힘든 날에 마음으로 다가가면
살포시 내 등을 토닥여주는
다정한 사람을 만나고 싶다.

부족한 내가 위로해 주기보다는
그의 위로를 더 많이 받아
가끔은 나보다 더 나를 아껴주는
마음이 넓은 사람을 만나고 싶다.

기도로서도 채워지지 않는
허약한 부분을 어느 한 사람의
애틋한 마음을 만나서
기쁜 날보다는 슬픈 날에

불현듯 마음이 찾아가면 보듬어주는
따뜻한 사람을 만나고 싶다.

평생을 마음으로 만나다가 어느 날,
홀연히 바람으로 사라지는 날,
아님 구름 속으로 사라지는 날,

죽음에 이르러서는 마음이 이별을 못하니
그가 죽음에 이르는 날이 먼저라면
미련 없이 나도 그와 함께
하늘로 훨훨 날 수 있는 마음이
아름다운 이를 만나고 싶다.

"중년이 마시는 소주 한잔은...!!!!"

그리움의 술이며
외로움의 술이고
살고자 하는 욕망의 술이다.

숨이 목전까지 다가왔을 때
내 뱉을 곳을 찾지 못해 울분의 술이기도 하다.
깜깜한 동굴 속에서
길을 찾지 못해 헤매이다가
털석 주저앉은 한탄의 술이다.

가는 세월 잡지 못하고
계절은 바뀌건만
못내 아쉬운 슬픈 눈물의 술이다.

그러므로 중년이 마시는
소주 한잔은....?

술이 아니라
그것은 인생을 마시는 것이다.

저물어가는 인생을 재촉하며
뜨거운 햇살 속에 가을도 천천히 다가오건만
이제 우리네 중년의 마음에도
행복이 시작되기를...

– 펌글에서

우생마사牛生馬死의 지혜를 생각해 보며

아주 커다란 저수지에 말과 소를 동시에 던지면 둘 다 헤엄쳐서 뭍으로 나옵니다. 말이 헤엄속도가 훨씬 빨라 거의 소의 두 배 속도로 땅을 밟는데, 네 발 달린 짐승이 무슨 헤엄을 그렇게 잘 치는지 보고 있으면 신기하죠.

그런데 장마기에 큰물이 지면 이야기가 달라집니다. 갑자기 몰아닥친 홍수로 강가의 덤프트럭이 물살에 쓸려가는 그런 큰물에 소와 말을 동시에 던져보면 소는 살아나오는데 말은 익사합니다. 그 이유는 다음과 같습니다.

말은 자신이 헤엄을 잘 치는데 강한 물살이 자신을 떠미니깐 그 물살을 이기려고 물을 거슬러 헤엄쳐 올라갑니다. 1미터 전진, 물살에 밀려 1미터 후퇴를 반복하다가 한 20분 정도 헤엄치면 제자리에서 맴돌다가 나중에 지쳐서 물을 마시고 익사해 버립니다.

그러나 소는 절대로 물살을 거슬러 위로 올라가지 않습니다. 그냥 물살을 등에 지고 같이 떠내려가면서 저러다 죽겠다 싶지만, 10미터 떠내려가는 와중에 한 1미터 강가로. 또 10미터 떠내려가면서 또 1미터 강가로... 그렇게 한 2~3킬로 떠내려가다 어느새 강가의 얕은 모래밭에 발이 닿고, 엉금엉금 걸어 나옵니다. 신기한 일이죠. 헤엄을 두 배 잘 치는 말은 물살을 거슬러 올라가다 힘이 빠져 익사하고, 헤엄이 둔한 소는 물살에 편승해서 조끔씩 강가로 나와 목숨을 건집니다.

이것이 그 유명한 〈우생마사〉 '소는 살고 말은 죽는다'는 이야기입니다. 인생을 살다 보면 일이 순조롭게 잘 풀릴 때도 있지만, 또 어떨 때는 아무리 애써도 일이 꼬이기만 합니다. 어렵고 힘든 상황일 때는 흐름에 거스르지 말고 소와 같은 지혜를 배워야 할 것입니다.

여러분의 골프 스타일은 어떠하신지요? 말 타입인가요? 소 타입인가요? 특히 트러블 샷을 할 때는 소처럼 해야 합니다. 자신의 실력을 과신하여 무모하게 샷을 하면 헤어나오기 힘듭니다. 한 타를 먹고 레이업하는 소 같은 지혜가 필요합니다. 말처럼 무모하게 달려들었다가 자멸하고 맙니다.

소위 한 타 아끼려다가 양파(double par)하는 수도 있습니다. 양파(Onion) 사려~ ~ ~ ^^

골프 연습도 소처럼 Slow & Steady하시기 바랍니다. 빨리빨리는 연습장 가는 걸음걸이만... 우공이산愚公移山의 신념으로...

골프경기가 끝나면 점수가 나온다.
인생도 골프와 완벽한 접점을 이룬다.
인생도 끝나면 점수가 나온다.

– 필 맥그로 박사

은혜를 마음에 새기면...

두 사람이 사막을 걸어가고 있었습니다. 그런데 여행 중에 문제가 생겨 서로 다투게 되었습니다. 한 사람이 다른 사람의 뺨을 때렸습니다. 뺨을 맞은 사람은 기분이 나빴지만 아무 말을 하지 않았습니다. 그는 모래에 이렇게 적었습니다. "오늘 나의 가장 친한 친구가 나의 뺨을 때렸다."

오아시스가 나올 때까지 말없이 걸었습니다. 마침내 오아시스에 도착한 두 친구는 그곳에서 목욕을 하기로 했습니다. 뺨을 맞았던 사람이 목욕을 하러 들어가다 늪에 빠지게 되었는데 그때 뺨을 때렸던 친구가 그를 구해 주었습니다. 늪에서 빠져 나왔을 때 이번에는 돌에 이렇게 썼습니다. "오늘 나의 가장 친한 친구가 나의 생명을 구해주었다."

그를 때렸고 또한 구해준 친구가 의아해서 물었습니다.

"내가 너를 때렸을 때는 모래에다가 적었는데 왜 너를 구해준 후에는 돌에다가 적었지?"

친구는 대답했습니다.

"누군가가 우리를 괴롭혔을 때 우리는 모래에 그 사실을 적어야 해. 용서의 바람이 불어와 그것을 지워버릴 수 있도록... 그러나 누군가가 우리에게 좋은 일을 하였을 때 우리는 그 사실을 돌에 기록해야 해. 그래야 바람이 불어와도 영원히 지워지지 않을 테니까."

"원수는 물에 새기고, 은혜는 돌에 새기라"는 말이 있습니다.

가만 생각해보면 맞는 말인데 돌아보면 우리는 그것을 거꾸로 할 때가 많습니다. 잊어서는 안 될 소중한 은혜는 물에 새겨 금방 잊어버리고 마음에서 버려야 할 원수는 돌에 새겨 두고두고 기억하는 것이지요.

골프! 언젠가 잊어버리는 것도 골프에서는 재능이 된다고 한 적이 있습니다. 골프에서 나쁜 기억은 빨리 잊어버리시고, 좋은 기억만 오래오래 간직하기 바랍니다. 우리의 기억력도 한계가 있습니다. 좋은 기억도 다 기억하기 힘든데 무엇하려고 나쁜 기억까지 기억할 필요가 있을까요? 라운딩 후 멋지게 날린 드라이버 샷, 송곳같이 친 아이언 샷, 멋있게 붙인 칩샷, 기가 막히게 들어간 퍼팅 등등 하나라도 좋은 것만 가지고 가세요. 기분 나쁜 것은 골프장 휴지통에 버리시고... 마음을 포맷하세요. 다음 라운딩 때까지만이라도...

역경에 대하여

"추녀 끝에 풍경은 바람이 불지 않으면 울지 않는다"라는 말이 있습니다. 세상의 스치는 것들은 모두 소리를 낸다고 하네요.

흐르는 물도 바위나 절벽을 만나야 아름다운 폭포가 되고... 석양도 구름을 만나야 붉은 노을이 됩니다.

살아가다 보면 때때로 힘든 일이 있게 마련입니다. 인생의 참된 즐거움도 역경과 고난을 만난 뒤라야 비로소 알게 되는 것입니다.

골프! 시련 없이 고통 없이 잘 칠 수 있다면 얼마나 좋을까! "골프를 보면 인생이 생각나고 인생을 생각하면 골프가 보입니다." 그래서 '골프는 인생이다'라고 말하나 보네요.

우리는 살다보면 흥할 때도 있고 망할 때도 있습니다. 인생의 흥망성쇠라고 하죠. 영어로는 Ups and Downs라고 하는 걸 보면 동서양 모두 우리의 삶이란 거의 똑같아 보입니다. 좀 유식한 표현은 vicissitudes라고 합니다.

골프가 잘 안 돼 소위 슬럼프에 빠지셨다면 연습장에 가지 말고 좀 쉬세요. 잠깐 멈춤! 멈추고 자신을 한 번 잘 바라보십시오. 나는 누구인가? 골프 치는 당신을 심안으로 살펴보십시오. 나 아닌 내가 되어 나를 바라보면 많은 것을 느끼게 될 것입니다.

인생이나 골프나 역풍을 만났을 때는 피하거나 자세를 낮추어야 합니다. 맞바람 불 때는 탄도를 평소보다 낮게 해야 바람의 영향을 덜 받습니다. 지혜롭게 대처해야 합니다.

이 세상에 시련 없이 고통 없이 되는 일이 있을까요? 없습니다! '이 세상에 공짜는 없다'는 것입니다. 골프도, 인생도, 마음도...

하늘이 나에게 복을 박하게 준다면
나는 내 덕을 후하게 하여
이를 맞이할 것이고,

하늘이 내 몸을 수고스럽게 한다면
나는 내 마음을 평안히 하여
이를 보충할 것이며,

하늘이 내 처지를 곤궁히 한다면
나는 도를 깨쳐
이를 트이게 할 것이다.
그러니
하늘인들 나를 어찌하겠는가!

채근담에 나오는 말씀입니다.

역경! 역경은 아프다. 역경은 견디기 힘들다. 하지만 우리 인간은 참으로 신비로운 존재라서 역경 없이는 성장하지 못한다고 합니다. 어려움이 없기를 바라면서 사는 것도, 골프가 쉽게 되리라는 것도 다시 생각해야 되지 않을까요?

> "There is no education like adversity"
> "역경만큼 좋은 교육은 없다."
>
> – 벤저민 디즈레일리

인생 성공의 10대 원칙

1. 시간을 낭비하지 않는다(시간).
2. 포기하지 않는다(신념).
3. 열심히 일하며 나태하지 마라(근면).
4. 복잡하지 않게 한다(단순원리).
5. 정직하라(인격).
6. 무관심하지 마라(친절).
7. 책임을 회피하지 않는다(의무감).
8. 낭비하지 않는다(경제생활).
9. 조급하지 마라(인내의 미덕).
10. 연습을 쉬지 마라(기술).

『마샬 필드』가 제시한 '성공의 10대 원칙'입니다. 누구든 이 원칙을 받아들이고 실천한다면 성공할 수 있다고 봅니다. 골프의 성공도 이 원칙을 적용하면 어떨까요? 예, 100% 성공할 것입니다. 인생이나 골프나 그게 그거이니까요.

골프 연습도 쉬지 않고 열심히 해야 하고, 시간 관리도 잘 해서 낭비하지 않고 효율적으로 사용하며, 스윙은 복잡하지 않고 단순하게, 필드에서는 정직하고 최선을 다하여 포기하지 아니하고, 동반자에게 관심을 가지며, 싱글이 되는 날까지 조바심 내지 않고 자신의 길을 간다.

똑같지 않나요? 인생이나 골프나 별 차이가 없습니다. 골프 잘 치면 인생 성공할까요? 인생 성공하면 골프 잘 칠까요? 여러분! 골프도 잘 치고 인생도 성공하길 바랍니다.

"실패에는 명수名手가 있을 수 없다. 사람은 누구나 실패 앞에서는 범인凡人에 지나지 않는다."

– 알렉산드르 푸슈킨

性相近也(성상근야)나 習相遠也(습상원야)니라.

"사람의 타고난 본성은 서로 비슷하지만 태어난 이후의 배우고 익힘에 따라서 서로 멀어지고 달라진다."

–『논어』에서

팔자를 고치기 위해서 버려야 할 세 가지

1. 시키면 그때 하겠다는 '수동'
2. 누군가 하겠지 하는 '소극'
3. 힘들면 포기하고 마는 '나약'

–『불법사전』 중에서

자신을 다스리라

자신에게 잘해주길 바라지 마라
눈을 조심하여 남의 잘못을 보지 말고
맑고 아름다운 것만을 보라

입을 조심하여 쓸데없는 말을 하지 말고
착한 말, 바른 말, 부드러운 말,
고운 말만 하라

나쁜 친구를 사귀지 말고
어질고 착한 이를 가까이하라
어른을 공경하고 덕德 있는 이를 가까이하라

지혜로운 이를 따르고
남을 너그럽게 용서하라

오는 것을 거절 말고 가는 것을 잡지 말며
자신에게 잘 대해 줄 것을 바라지 말고
지나간 일을 원망하지 마라

남을 해치면 그것이 자기에게 돌아오고
세력에 의지하면 도리어 화가 따르는 법이다

나이가 들어도 좋은 말씀은 항상 좋네요. 그래서 명언인가 봅니다.

《리더십》에 대하여...

리더로서 당신이 늘 부지런히 일하고 더 열심히 일하는 모습을 보이는 것이 권력을 나타내는 것이라고 생각할지 모릅니다. 그러나 사실은 반대 효과를 냅니다. 그것은 약하다는 표시이기 때문입니다.

왜 그렇게 열심히 일하는가요? 당신이 무능해서 남보다 더 노력하지 않으면 안 되기 때문일지도 모릅니다. 권한이나 위임 방법을 모르고 모든 일에 관여하려 들기 때문인지도 모릅니다.

"진짜 힘을 가진 사람들은 허둥대거나 쌓여 있는 일로 괴로워하지 않습니다. 그들은 적절한 사람에게 일을 맡긴 뒤에 자신은 힘을 비축하고 위험한 일에 손을 대지 않습니다. 진정한 권력을 가진 사람은 손을 깨끗하게 유지합니다. 그들은 주변에 좋은 일만 존재하도록 만들고 자신의 영예로운 업적만을 이야기합니다."

–『권력의 법칙』 중에서

첫째, 저는 게을러서 남의 일까지 할 여력이 없습니다.
둘째, 남의 일을 제가 왜 뺏어서 해야 합니까? 강도도 아닌데...
셋째, 전 남의 일을 억지로 해줄 정도로 너그럽지 못합니다.

예수님이 "로마에 왜 세금을 내야 하느냐"는 반대세력의 모함에 현명한 답을 하셨습니다. 잘 아시죠? "가이샤의 것은 가이샤에게, 하나님 것은 하나님에게!" 자기 일도 제대로 못하면서 남의 일까지 하면 어찌 되나요? 조직이 서서히 망가집니다. 어떤 조직이든 시스템에 의해 이루어져야 합니다.

성웅 이순신 장군

- 집안이 나쁘다고 탓하지 마라.
  나는 몰락한 역적의 가문에서 태어나, 가난 때문에 외갓집에서 자라났다.
- 머리가 나쁘다고 말하지 마라.
  나는 첫 시험에서 낙방하고, 서른둘의 늦은 나이에 겨우 과거에 급제했다.
- 좋은 직위가 아니라고 불평하지 마라.
  나는 14년 동안 변방 오지의 말단 수비 장교로 돌았다.
- 윗사람의 지시라 어쩔 수 없다 말하지 마라.
  나는 불의한 직속상관들과의 불화로, 몇 차례 파면과 불이익을 받았다.
- 몸이 약하다고 고민하지 마라.
  나는 평생 동안 고질적인 위장병과 전염병으로 고통받았다.
- 기회가 주어지지 않는다고 실망하지 마라.
  나는 적군의 침입으로 나라가 위태로워진 후 마흔 일곱에 제독이 되었다.
- 조직의 지원이 없다고 실망하지 마라.
  나는 스스로 논밭을 갈아 군자금을 만들었고, 스물세 번 싸워 스물세 번 이겼다.

- 윗사람이 알아주지 않는다고 불만 갖지 마라.
  나는 끊임없는 임금의 오해와 의심으로 모든 공을 뺏긴 채 옥살이를 해야 했다.
- 자본이 없다고 절망하지 마라.
  나는 빈손으로 돌아온 전쟁터에서 열두 척의 낡은 배로 133 척의 적을 막았다.
- 옳지 못한 방법으로 가족을 사랑한다 말하지 마라.
  나는 스무살의 아들을 적의 칼날에 잃었고, 또 아들들과 함께 전쟁터에 나섰다.
- 죽음이 두렵다고 말하지 마라.
  나는 적들이 물러가는 마지막 전투에서 스스로 죽음을 택했다.

골프와 리더십… 많이 비슷비슷합니다. 정말로… 必生卽死 必死卽生이라…

!!하며♡~♡~^^

맥아더와 식사를 할 때면 그가 얼마나 대단한 사람인가를 알게 되지요. 그러나 아이크(아이젠하워의 애칭)와 식사를 같이 하면 제가 얼마나 대단한지를 알게 된답니다.

맥아더는 남의 이야기를 듣지 않는 아집의 사나이였지만, 아이크는 남의 이야기를 들어주고 상대를 자기편으로 끌어들이는 재주가 뛰어났던 것이다. 그것이 높은 자리로 승진할수록 능력을 발휘할 수 있는 자산이다.

– 세상을 움직이는 100가지 법칙 중에서

저도 제 자신이 대단하다고 가끔씩 착각하며 삽니다. 그런데 착각하며 사는 것도 좋지만 다른 사람들을 착각하게 만드는 것도 좋지 않을까요? 아이크처럼...

오늘도 착각하지 마시고 착각하게 만들며 삽시다.

ㅎㅎ 간단합니다. 잘 들어주면 됩니다.

'매너 짱 골퍼'의 특징

- 규칙과 에티켓을 지키려고 노력하는 사람
- 캐디나 비기너들을 따뜻하게 배려하는 정감 있는 사람
- 스코어보다 매너와 대인관계에 더 비중을 두는 사람
- 코스에서 공을 쉽게 못 찾게 되었을 때, 어서 가자고 스스로 로스트 공을 선언하는 성실한 사람
- 남의 공도 열심히 찾아주는 자상한 사람
- 미스 샷에도 마음을 구기지 않고 냉정하게 플레이를 하는 사람
- 자기 능력의 한계를 알고 무모한 플레이를 하지 않는 사람

몇 개를 실천하고 계신가요? 매너 짱은 못 돼도 매너가 불량하

다는 소리를 들으면 안 되니 일단 흉내라도 내보시기 바랍니다. 그러다보면 '짱'이란 소리도 들을 날이 오겠죠!

골프 싱글도 '쨍'하고 올 날이 있듯이…

"만약 당신이 다른 사람이 원하는 것을 얻도록 충분히 도와주기만 하면, 당신은 자신의 삶에서 원하는 모든 것을 손에 쥘 수 있다." '지그 지글러'가 한 말입니다. 단, 골프에서는 예외라고 생각하는 건 아니시죠? ㅎㅎ 그 배춧잎 몇 장 때문에…

골퍼가 지켜야 할 필수사항

골프가 잘 안 되는가? 다음 사항들을 지키고 있는지 점검해보자. 사실 프로골퍼가 아니어도 다음은 꼭 지켜야 할 지침들이다.

- 등을 꼿꼿이 하고, 무릎을 구부리고, 발은 어깨 너비로 벌려라.
- 그립의 힘을 빼라.
- 머리를 들지 마라.
- 급하게 백스윙을 하지 마라.
- 물에 가까이 가지 마라.
- 다른 사람을 맞히지 않도록 조심하라.
- 경기가 너무 지체되면, 다른 사람들이 먼저 지나가도록 하라.
- 다른 사람들의 바로 앞에 서 있지 마라.
- 다른 사람이 샷을 준비하고 있을 때는 조용히 하라.
- 벌타를 받지 마라.

골퍼들이 무조건 지켜야 할 매너!

골프는 항상 동반자를 배려하고 생각해 주는 마음이 앞서야 하며, 자신과의 싸움이기 때문에 자신을 속이지 말고 늘 솔직하게 룰을 지켜야 한다. 매너는 사교술이며 믿음과 신용이다.

골프국민헌장

우리는 골프 중흥의 역사적 사명을 띠고 이 땅에 태어났다. 투어 프로들의 빛난 얼을 오늘에 되살려, 안으로 풀스윙의 자세를 확립하고, 밖으로 핸디 확립에 이바지할 때다.

이에, 골퍼의 나아갈 바를 밝혀 왕 싱글의 지표로 삼는다. 정확한 아이언과 웅장한 드라이버로, 백스윙과 다운스윙을 배우고 익히며, 타고난 저마다의 퍼팅을 개발하고, 비기너의 처지를 약진의 발판으로 삼아, 장타의 힘과 강력한 숏 게임의 정신을 기른다.

부킹과 티샷의 질서를 앞세우며 전 홀의 배판을 숭상하고, 핸디와 구찌에 뿌리박은 상부상조의 전통을 이어받아, 서로의 불편함을 부추기고 갈구는 압박 정신을 북돋운다.

길이 후손에 물려줄 영광된 19번 홀의 앞날을 내다보며, 신념과 긍지를 버린 야비한 골퍼로서, 라운드의 잔꾀를 모아 줄기찬 노력으로 베스트 스코어를 창조하자.

☞ 어렸을 때 국민교육헌장을 못 외우면 집에 못 갔습니다. 학교 뒷산에 올라가서 무덤가에 누워 파란 하늘 보며 학교 등굣길에 이것을 외웠죠. 다행히 기억력이 좀 좋아서 빨리 외우는 바람에 다른 애들보다 빨리 집에 갈 수 있었습니다. 남아서 고생했던 친구들! 지금은 어디에서 무얼 하고 있을까?

"골프를 빨리 시작해야 되는 이유는?"

오랜 시간과 경험이 필요하고 또한 유연성이 있어야 되기 때문입니다. 인생도 마찬가지겠지만, 시간이라는 그물을 가지고 열심히 노를 젓듯이 골프도 연습을 열심히 하는 사람이 성공한 골퍼가 될 수 있습니다. 그리고 안 하는 것보다 늦게라도 하는 게 낫습니다. 우리 속담에 '늦게 배운 도둑, 날 새는지 모른다'도 있습니다만...

모든 걸음에 반드시 목적지가 있어야 할까? 인생도 산책하듯 그냥 걷는 것도 나쁘지 않을 것 같은데... 단 며칠 동안만이라도! 아니 단 몇 시간이라도...

여유 - 영국의 버스 안에서 있었던 일화 -

한 금발의 여자가 버스에 올라 한 남자가 앉아 있는 의자 앞에 섰다. 남자는 일어나서 여자에게 자리를 양보했다. 그러자 페미니스트인 여자는 단호하게 거절했다. 이렇게 말하면서,

"전 아직 두 다리가 멀쩡해서 서서 가도 됩니다. 제가 숙녀라서 양보하신다면 사양하겠습니다."

자! 여러분 그 남자는 이 난감한 상황을 어떻게 처리했을까요? 만약 여러분이 그 남자라면? 첫째, 그냥 그대로 있는다. 둘째, 호의를 무시하느냐고 화를 낸다. 셋째, 첫째도 둘째도 아니면 어떻

게 하실 건가요? 남자 왈,

"아가씨, 당신이 숙녀라서 자리를 양보하는 것이 아니라, 내가 신사라서 그런 겁니다."

ㅎㅎ 숙녀에 대한 역발상! 멋있지 않나요?

여유!

골프 칠 때,

오비나도 쪼로나도 물에 들어가도 뒤땅쳐도...

머~~언 하늘 보며 여유를 가지시기를..

역발상 연습

'성실誠實'하지 않으면'실성失性'하고,

'지금' 하지 않으면 '금지禁止'되며,

'실상實狀'을 제대로 파악하지 않으면 '상실喪失'의 아픔을 겪을 수 있다.

'체육體育'으로 몸을 단련하지 않으면 '육체肉體'를 잃을 수 있으며,

'관습慣習'을 타파하지 않으면 나쁜 '습관習慣'에 얽매여 살게 된다.

'작가作家'로서의 기질을 보여주지 않으면 '가작佳作'도 탄생시킬 수 없으며,

'일생一生'을 목숨 걸고 살지 않으면 '생일生日'조차 맞이할 수 없

다.

'교육教育'을 똑바로 하지 않으면 미래로 향하는 육교陸橋'조차 건설할 수 없으며,

'굴비'에게도 배우려는 자세를 갖지 않으면 '비굴卑屈'하게 살 수밖에 없다.

'세상世上'을 똑바로 살지 않으면 '상세詳細'하게 목표를 설정할 수 없으며,

'사상思想'을 똑바로 세우지 않으면 '상사上司'조차도 되지 못한다.

'사고思考'하지 않으면 '고사枯死' 당하고,

'등대燈臺'를 찾는 노력을 포기하면 '대등對等'한 입장에서 세상을 살아가기 어렵다.

세상의 소음과 '단절斷絶'하지 않으면 인생이 '절단絶斷'날 수 있으며,

'성품性品'을 곱게 가꾸지 않으면 '품성品性'마저 망가진다.

'책상冊床'에서 진득하게 공부하는 시간을 마련하지 않으면 '상책上策'은 떠오르지 않고,

'용기勇氣'내어 과감하게 행동하지 않으면 그 어디에도 '기용起用'되지 못한다.

'문인文人'들의 세계를 파고들지 않으면 '인문人文'의 세계로 진입할 수 없으며,

'성숙成熟'하는 시간을 의도적으로 마련하지 않으면 절대로 '숙성熟成'되지 않는다.

'수고'하지 않으면 '고수高手'가 될 수 없으며,

'변주變奏'하는 즐거움을 맛보지 못하면 '주변周邊'에서 영원히 서성거릴 수 있다.

그리고 가장 중요한 것!

소주燒酒 너무 마시면 주소住所 잊어버린다.

그러면 집에 못 갈 수도 있다.

플라톤의 '행복하기 위한 5가지 조건'

1. 먹고 입고 살기에 조금 부족한 재산
2. 모든 사람들이 칭찬하기에는 약간 부족한 외모
3. 자신이 생각하는 것의 절반밖에 인정받지 못하는 명예
4. 남과 겨루어 한 사람은 이겨도 두 사람에게 지는 정도의 체력
5. 연설했을 때는 듣는 사람의 절반 정도의 박수만 받는 말솜씨, 그리고 골프할 수 있는 두 팔과 다리

감사하는 사람

진수성찬 앞에서도 불평하는 사람이 있는 반면,

마른 떡 한 조각으로 감사하는 사람이 있다.

건강한 신체가 있음에도 환경을 원망하는 사람이 있고,

두 팔과 두 다리가 없음에도 불구하고 감사하는 사람이 있다.

하나를 잃어버린 것에 분을 참지 못하는 사람이 있고,
둘을 잃어버리고도 오히려 감사하는 사람이 있다.

사소한 작은 일에도 짜증내는 사람이 있고,
큰일을 만날지라도 감사하는 사람이 있다.

실패로 말미암아 자신의 생명을 포기하거나 절망하는가 하면,
지난 모든 일을 감사하고 미래를 준비하는 사람이 있다.

자신을 비난하거나 해를 끼친 사람과 원수가 되는 사람이 있고,
원수를 사랑하며 감사하는 사람이 있다.

남이 잘되는 것을 시기하는 사람이 있고,
남의 성공을 감사하는 사람이 있다.

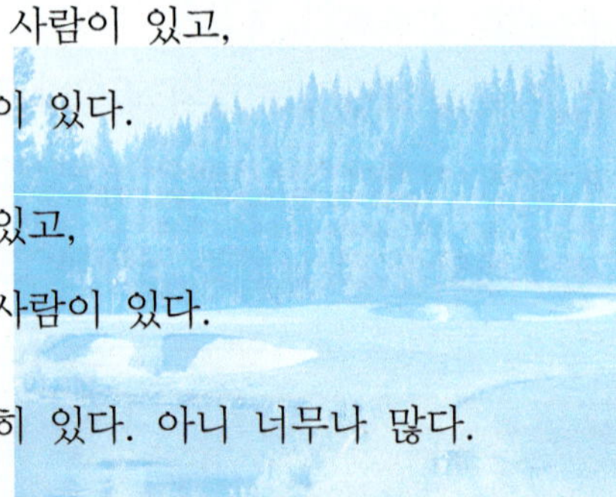

죽음을 두려워하는 사람이 있고,
죽음을 감사히 받아들이는 사람이 있다.

우리는 감사할 이유가 충분히 있다. 아니 너무나 많다.

호흡할 수 있는 것이 감사하고, 걸을 수 있는 것이 감사하고,
먹을 수 있는 것과 잠을 잘 수 있는 것이 감사하고,

성공도 실패도 감사하고, 몸이 아파도 건강해도 감사하지 않는가?
사실상 이 땅에 태어나서 죽는 날까지 감사할 일뿐인 것을...

"소박한 감사 한마디가 메마른 관계에 생기를 불어 넣어주고

마음에 담긴 감사 한마디가 고통의 자리를 회복의 자리로 바꾼다."

경상도 처녀의 오해

- 경상녀: 고향이 대구라꼬예? 아이고 반갑네요. 저도 대군데, 그럼 고등학교 어디 나왔능교?
- 경상남: 달고 나왔습더. (경상도 남자들은 일반적으로 달성고등학교를 줄여서 '달고'라고 한다.) 그런 아가씨는 어느 여고를 나왔는데예?
- 경상녀: (뭐를 단단히 오해한 듯) 뭐 달고 나와, 아이고! 저것도 머슴아라꼬... 달고 나왔다 이거지. 그래, 나는 째고 나왔다 와?
- 경상남: (발라당)!! ㅠㅠ...

남편 바꾸기

남편들이 앞 팀에서 티샷하는 것을 뒤에서 지켜보던 한 부인이 물었다.

"남편분이 폼을 새로 바꾼 것 같네요."

"아니에요. 남편을 새로 바꾸었어요."

골퍼를 위한 기도

칭찬에 기뻐하기보다
충고에 귀 기울이는 마음가짐으로
날마다 새롭게 태어나는
나를 꿈꾸며
내 안의 물살을 조율할 줄 아는
성숙한 골퍼가 되게 하소서.

거짓과 진실은
당장은 구분하기 어려워도
시간이 흐르면 자연스레
흑과 백이 드러나게 됨을,
하여
늘 곧고 정직한 마음을 지니게 하소서.

목소리는 작게 그러나
아닌 것은 아니라고
단호하게 말할 수 있는 용기,
생각의 중심을 바로 세우고
소리와 소음을
가릴 줄 알게 하소서.

비록 내가 잘 친다 하더라도
묵묵히 동반자를 응원하며

품위를 구하는 여유와

직접 보고 검증되지 않은 것들에 대해서

함부로 말하거나

레슨하지 않기를...

현명한 귀와 어진 입을 갖게 하소서.

오만과 편견이

동반자를 멀게 하고

집착과 아집이

결국 자신을 힘들게 한다는 것을

부디 깨닫게 하소서.

치료를 요하는 4대 골프중독자

1. 폭우가 쏟아져도 수해자 생각은 안하고 페어웨이에 물이 고여 있거나, 그린에 공이 구르지 않을까봐 걱정하는 골퍼.
2. 가족들 생일이나 조상 제삿날은 기억하지 못해도, 어느 골프장 몇 번 홀이 몇 야드인지 정확하게 기억하는 골퍼.
3. 자식들 등록금 낼 형편은 못돼도 새로 나온 드라이버는 반드시 사야 한다고 하는 골퍼.
4. 밤일 중 일찍 끝나 여자가 김새는 표정이 역력한데, 이렇게 빨리 홀아웃하여 이글했느니, 버디했느니 하고 외치는 골퍼.

골프치는 여자 & 골프치는 남자

이런 여자를 만나라.

1. 음악을 즐기는 여자를 만나라. 음악을 듣고 따라 부르고 음악의 가사를 느끼는 여자는 감수성이 매우 풍부하다.
2. 자신을 믿어주는 여자를 만나라. 다른 사람이 모두 아니라 해도 끝까지 믿어주는 여자. 그런 여자는 남자에게 책임감이란 걸 심어준다.
3. 술이나 나이트에 열광하는 여자는 금물. 술을 마시긴 하지만 자신을 지킬 수 있을 만큼 즐기는 여자를 만나라. 술 먹고 주사를 부리는 여자나 한없이 우는 여자는 평상시에 맺

혔던 걸 술로 푸는 경우일 수 있다.

4. 사치와 낭비벽이 심한 여자는 피하라. 그런 여자는 나중에 살림을 거덜낼 수 있다. 특히 명품만 밝히는 여자는 대대로 집안을 망하게 한다.
5. 센스 있는 여자를 만나라. 남자가 가려운 곳을 긁어줄 수 있는 그래서 센스 있는 여자를 만나라. 센스 있는 여자는 남자에겐 오아시스와 같은 존재다.
6. 지혜로운 여자를 만나라. 지혜로운 여자는 남자와 집안을 일으킬 수도 있다.
7. 용서해줄 수 있는 여자를 만나라. 남자가 잘못했을 때 화를 낼지라도... 그 후에 용서할 수 있는 여자를 만나라. 여자의 용서는 남자를 다시 일어서게 한다.
8. 감정 표현을 하는 여자를 만나라. 행복할 때 행복하고, 즐거울 때 즐겁고, 힘들 때 힘들고, 화가 날 때 화가 난다고 말할 수 있는 여자를 만나라. 감정이 메마른 여자는 사랑을 받아도 끝없이 받기만을 원한다.
9. 자신의 일을 사랑하는 여자를 만나라. 이런 여자를 만나야 자신도 발전한다. 자신의 일 없이 남자만 바라보고 있는 여자는 결국엔 남자가 떠나고 나면 남는 것이 없는 여자이다.
10. 인생의 목표를 좋은 남자를 만나서 결혼하겠다고 하는 여자는 피하라. 물질적인 사랑을 갈구하는 여자다. 그런 것보다는 사랑과 행복으로 미래를 만들어가는 여자야말로 진정 미래를 아름답게 가꾸어갈 수 있는 여자다. 그런 여자와의

미래는 어떤 일에 부딪혀도 행복할 수 있다.^^

골프하는 여자를 만나라.

골프하는 여자를 만나면 위의 10가지는 아무 문제가 되지 않는다. 능력 있는 여자거나 최소한 미래의 장인이 골퍼일 것이다.

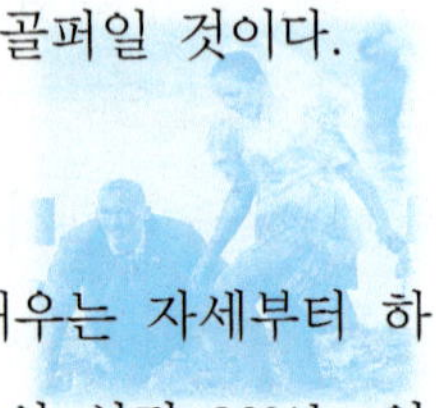

이런 남자를 만나라.

1. 운동을 즐기는 남자를 만나라. 운동을 배우는 자세부터 하는 모습, 즐기는 태도 등을 보면 그 사람의 성격 90%는 알 수 있다.
2. 음식을 즐기되 살찌지 않은 남자를 만나라. 단순히 배를 채우는 것으로 만족하는 사람은 절대 사절. 인생의 반은 먹는 즐거움이다. 자기에게 주어진 즐거움의 기회를 저버리는 사람은 만나봤자 재미없다. 살 안찌는 건 운동하면 된다.
3. 친구들과 술 먹는 거에 열광하는 사람은 절대 금물. 술은 마시긴 하되, 자제할 줄 아는 사람을 만나야 한다. 그렇다고 특별한 날에도 마시지 말고 빼라는 건 아니다. 하지만 허구한 날 의미 없이 같은 멤버와 마시는 사람은 절대 만나지 마라.
4. 본인 능력은 없으나 집에 돈이 많은 사람은 피하라. 가장 위험한 인물. 이들은 주로 룸싸롱파가 될 확률이 높다. 자기 과시하기 좋아하고 명품을 밝히며 여자도 비싼 돈 주고 노는 걸 좋아하는 속물이 주로 이에 속한다. 간혹 자기 능력이 되서 룸싸롱 간다는 똘아이도 있다.

5. 유머 감각이 있는 사람을 만나라. 생활 속에 잔잔하게 웃음을 주는 사람을 만나야 한다. 그러나 나서기 좋아하며 남들을 선동하려는 사람은 무뚝뚝이보다 못하다. 심하게 잡기에 능한 사람도 피하라. 이들의 말로는 여자를 밝히는 것이다.
6. 명석한 사람을 만나라. 대화를 나누다 보면 그 사람의 지식이나 똑똑한 정도는 파악할 줄 알아야 한다. 이걸 못 느낀다면, 자신도 공부를 해서 똑똑해져라.
7. 감정이 풍부한 사람을 만나라. 내가 아프면 정말 걱정하고, 반가우면 반가운 티를 내고, 화가 나면 화를 내고 가슴이 아플 줄 아는 사람이다.
8. 차에서 트는 음악을 점검하라. 차에서 음악조차 안 듣거나 음악 선곡도 안 하는 사람은 감정이 메마른 사람일 확률이 높다.
9. 끊임없이 자기 개발을 하는 사람을 만나라. 이런 남자를 만나야 나도 발전한다.
10. 인생의 목표를 행복이라고 답하는 사람을 만나라. 돈을 많이 벌겠다는 둥 뭔가 물질적인 걸로 답하는 사람은 만나지 마라. 이건 지극히 주관적이나 인생의 목표는 거창할 필요가 없다. 궁극적으로는 항상 즐겁고 감사하고 건강한 행복을 위해서이다.

골프하는 남자를 만나라.

그러면 위 10가지가 다 해결되지 않을까?

학문은 인격이 된다.

- 역사는 우리를 현명하게 하고,
- 시는 지혜롭게 하며,
- 수학은 치밀하게 한다.
- 철학은 심원하게 하고,
- 윤리는 중후하게 하며,
- 논리와 수사는 담론에 능하게 한다.

그래서 학문은 인격이 된다? 베이컨의 말입니다.

학문하지 않아도 됩니다. 그냥 참하게 살면 되지 않겠서유~~

참 골퍼란?

'참 지식인'은 기존의 지식인들이 만들어 놓은 것을 그대로 수용하는 것이 아니라, 그것들이 과연 맞는지 의문을 품고 증명하려는 사람들입니다.

'참'이란 무엇일까요? 원래 뜻은 '착함'에서 왔다고 하네요. '착하다'는 것은 거짓이 없고 진솔할 뿐만 아니라, '선하다'는 것을 의미합니다.

"하나님의 선한 군사가 되기 위해서는 먼저 참해야 됩니다." 어떤 분이 안수집사 받을 때 목사님이 하신 말씀인데, 왜 이런 때 생각나는지 모르겠네요? 안수집사 되시는 분이 안 참해서 충격을 받았나...

원 위치로 컴백! 그러면, 참 골퍼란 어떤 골퍼일까요? 골프 기술을 다 터득했다고 참 골퍼라고 하지 않습니다. 착하고 거짓 없고 진솔하고 선해야 참 골퍼입니다.

저는 골프를 거의 종교와 같은 차원으로 간주합니다. 즉, 골프를 영적 수준으로 평가한다는 것이지요. 그래서 참 골퍼는 거의 성직자 같은 사람입니다. 골프를 잘 치는 것뿐만 아니라 영적인 교감을 나눌 수 있는 능력을 지닌 골퍼! 남들에게 대한 배려, 에티켓, 매너, 유머감각은 기본이고, 심오한 영감을 받을 수 있는 고매한 인격, 신념을 느낄 수 있는 골퍼가 참 골퍼입니다. 혹시 여러분 주위에 그런 분이 계시다면 당신은 행운아입니다. 그런 분은 쉽게 발견되지 않으니까요. 근데 여러분이 참 골퍼 같은 분이 아닌가요? 제가 이렇게 편지를 쓰는 걸 보면...

저는 골프를 통해 인생을 배워나갑니다. 망망대해에서 방향을 알려주는 북두칠성 같은 존재, 참 골퍼가 때때로 필요합니다.

로텔라의 골프법칙

밥 로텔라 심리학 박사가 정리한 골프 명언입니다. 두고두고 봐도 질리지 않는... 자주 보시고 어떻게 골프를 해야 하는지 생각해 보시기 바랍니다. 그리고 무엇보다 중요한 것은 여러분의 인생에도 이를 접목시켜 보시기 바랍니다. 뭔가 달라지지 않을까요?

원대한 꿈을 가진 사람이 큰 것을 이룬다. 사람은 자신이 생각하는 대로 되기 마련이다.

골프의 잠재력은 우선적으로 태도, 웨지와 퍼터를 다루는 능력, 그리고 어떻게 생각하는지에 달려 있다.

- 정상의 골퍼는 간단하고 평범한 생각을 하지만 무엇인가 비범한 것을 이루는 사람이다.
- 자유 의지는 골퍼의 정신력과 힘의 근원이다. 어떻게 생각할 것인지를 선택하는 것은 중요한 결단이다.
- 스스로의 잠재력을 깨달은 골퍼들은 일반적으로
  - 3D: 희망(desire), 결단(determination), 훈련(discipline)
  - 3P: 인내(persistence), 끈기(patience), 연습(practice)

- 3C: 자신감(confidence), 집중력(concentration), 평정(composure)을 계발한다.

- 골프에서는 자기 능력 이상으로 하는 것은 있을 수 없다. 전성기도 단지 골퍼 자신의 진정한 잠재성이 잠시 나타난 것에 지나지 않는다.
- 골퍼는 스스로 신체적 기술을 훈련하고 나서, 자신이 훈련한 것을 믿는 방법을 배워야 한다.
- 골퍼는 샷을 구사하기 이전에 시야를 고정하고 자신의 마음을 가능한 최대로 작은 목표점에 집중해야만 한다.
- 일관된 스코어를 유지하려면 골퍼의 사고 자체가 일관적이어야 한다.
- 견고하고 일정한 프리샷 루틴은 골퍼의 사고가 일관성을 갖추도록 도와 줄 것이다.
- 올바르게 사고하는 것과 성공적인 샷을 구사하는 것에 대한 연관성은 완벽히 100% 일치하지 않는다. 그러나 나쁘게 사고하는 것과 실패한 샷의 상관관계는 그것보다 더 높은 연관성을 갖는다.
- 골퍼는 자신의 마음을 안정시키고 다음 샷에 집중하는 방법을 배워야만 한다.
- 전체 라운드 중, 네다섯 개의 샷에서 집중력을 잃는 것은 골프 게임의 질을 좋고 나쁜 것으로 가누게 한다.
- 골퍼는 숏 게임 실력 향상을 위해 노력해야 하며, 그 과정을 즐길 줄 알아야 한다.

- 태도는 훌륭한 퍼터를 만들어 낸다.
- 볼을 때리는 능력이 높아질수록 퍼팅과 숏 게임을 사랑하고 이들에 대한 긍정적 태도를 유지하는 것이 점점 더 어려워진다.
- 골프 샷을 구사하는 데 특히 퍼팅에 있어서는 정확성보다는 결정력이 더 중요한 요소이다.
- 자신감은 골프에서 가장 중요하다. 간단히 말해서, 자신감은 골퍼 자신이 스스로에 대해서 가지고 있는 생각들의 총체인 것이다.
- 골퍼는 처음 몇 개의 홀과 샷, 퍼팅들이 전체 라운드를 좌우하게끔 만들면 안 된다.
- 골퍼는 매 홀마다 침착하고 자유로우며 자신감이 넘쳐야 한다. 이렇게 해야 조급, 염려, 그리고 의심들을 이겨낼 수 있을 것이다.
- 조심하는 것, 긴장하는 것 그리고 어떻게든 볼을 만들어보려고 하는 노력은 나쁜 결과를 초래할 것이다.
- 골프를 잘 하는 사람들은 볼을 통제하려는 노력을 그만둘 때, 오히려 자신이 볼을 컨트롤할 수 있다는 느낌을 갖는다.
- 골퍼는 좋은 샷에 대한 기억을 유지하고, 나쁜 샷에 대한 기억을 잊어버릴 수 있는 선별적 기억력이 필요하다.
- 이러한 선별적 기억력은 골퍼가 경험과 기술을 더 많이 습득할수록 자신감을 키울 수 있도록 도와 줄 것이다.
- 골프는 인간에 의해 행해지는 게임이다. 따라서 그것은 실수

의 게임이다. 정상의 골퍼는 실수에 대해 어떻게 반응해야 하는지를 잘 알고 있다.

- 진정한 골퍼는 러프, 나무숲, 또는 모래 속에서 볼을 치게 되는 도전적인 상황을 사랑할 줄 알아야 한다. 화, 분노, 푸념, 그리고 속임수와 같은 대안들은 전혀 도움이 되지 못한다.
- 인내는 골프에서 가장 중요한 덕목이다. 실력을 향상하려면, 골퍼는 연습과 좋은 생각이 결실을 얻을 수 있게끔 기다릴 줄도 알아야 한다.
- 잠자리에 들어서 골퍼는 자신의 마음을 좋은 기대감으로 채울 수 있다. 그러나 이러한 기대감을 첫 티에 들어서서는 떨쳐버릴 수 있어야 한다. 첫 티에서 골퍼는 자신에 대하여 오직 즐거움을 갖겠다는 것과 모든 샷 하나하나에 집중하겠다는 생각만 해야 한다.
- 좋은 태도를 견지하는 선수들은 자신의 생각을 끊임없이 감독하고, 잘못이 있자마자 바로 잡는다.
- 경쟁력이 있는 선수들은 스스로 다른 선수를 의도적으로 싫어하지 않도록 한다. 아주 중요한 라운드 때 그 선수와 함께 경기할 수도 있기 때문이다.
- 연습의 질은 연습의 양보다 훨씬 더 중요하고 실력이 있는 골퍼들에게는 더욱 그러하다. 만약 골퍼가 경쟁하기로 결심했다면, 그는 자신이 이길 것이라는 확신을 갖고 있어야 한다. 인생에서의 승자와 패자는 스스로 결정하는 것이지만, 오직 승자만이 그것을 인정하려고 한다.

- 용기는 모든 챔피언들에게 필요한 자질이다. 그러나 두려움을 겪어보지 않은 선수는 용감해질 수 없다.
- 현재의 챔피언들에게 나쁜 소식은 내일은 또 다른 경쟁을 다시 시작해야 하는 새로운 날이라는 것이다. 그러나 그것은 챔피언을 제외한 다른 모든 선수들에게는 좋은 소식이 될 것이다.
- 골퍼는 코스에서 승자의 자신감을 가져야 한다. 하지만 코스 밖에서는 자신이 다른 이들보다 결코 더 중요한 사람이 아니라는 것을 기억해야 한다.^^

다름 & 틀림

술을 좋아하는 사람에게 길을 물으면 이렇게 대답합니다.

"저쪽 코너에 호프집이 있거든요. 거기서 오른쪽으로 돌면 막걸리집이 보입니다. 거기서 300미터 직진하면 됩니다."

목사님에게 길을 물으면

"저기 교회 보이시죠? 그 교회를 지나서 100미터 가면 2층에 교회가 또 보입니다. 그 교회에서 오른쪽으로 돌면 됩니다."

사람들에게 '+'가 그려진 카드를 보여주면

- 수학자는 덧셈이라 하고,
- 산부인과 의사는 배꼽이라고 합니다.
- 목사는 십자가라고 하고,
- 교통경찰은 사거리라고 하고,
- 간호사는 적십자라고 하고,
- 약사는 녹십자라고 대답합니다.
- 골퍼는 오버 파?

모두가 다 자기 입장에서 바라보기 때문입니다. 한마디로 다른 사람이 "틀린" 것이 아니고 "다를" 뿐입니다. 그래서 사람은 비판의 대상이 아니라 늘 이해의 대상이라고 합니다. 사람마다 이해관계가 다르고, 가치관이 다르고, 성격과 기질이 다릅니다. 그래서 우리의 다름이 힘이 되기도 하지만 다름은 오해와 갈등을 만들어 내기도 쉽습니다. 이유는 다른 것들을 하나의 관점으로만 보기 때문일지도 모릅니다.

종종 '다름'을 '틀림'으로 인식하는 사람들이 있습니다. 저처럼 나와 다르면 틀렸다고 인식하는 것이지요.

"그 사람 나와 틀려", "우리는 성격이 틀려", "우리는 서로 틀린 생각을 가지고 있어"라고 말합니다. 다름을 다름으로 받아들이려면 틀림도 받아들일 만큼 열려 있어야 되지 않을까... 다름을 인정하는 것이 관용입니다. 배려와 존중이구요. 골프에서도 이것이 중요한 거 다 아시죠?

민주주의의 성숙도는 다름을 얼마나 수용하느냐에 달려 있다고 합니다. 대한민국은 성숙한 민주주의 국가죠? 진짜루? 다름을 이해하고 받아들이고 사랑하며 살도록 노력합시다! 항상 행복하고, 사랑하는 하루가 되시길^-^

내 생애 가장 젊은 날인 오늘!!!

멘탈이 강한 골퍼들이 하지 않는 13가지

1. 탓하며 시간을 낭비하지 않는다. 멘탈 갑은 자신이 처한 환경을 유감스러워 하거나 다른 사람들이 자신을 대하는 방법을 탓하며 빈정거리지 않는다. 그들은 자신의 삶을 책임지며 인생이란 쉬운 것도, 항상 공정한 것도 아니란 사실을 이해한다.
   - 진정한 고수는 핑계대지 않는다. 골프채가 나빠서, 술을 먹어서, 바람이 불어서, 캐디가 나빠서... 항상 최선을 다하려고 노력한다. ○○함에도 불구하고...

2. 자신의 독립성을 포기하지 않는다. 멘탈 갑은 다른 사람들이 자신을 지배하도록 내버려두지 않는다. 그들은 "직장 상사 때문에 기분 나빠 죽겠어"라는 말을 하지 않는다. 자신의 기분과 감정을 조절할 수 있는 것은 오직 자기 자신뿐이라는 사실을 알며, 어떤 상황에서 어떤 반응을 보일지 선택하는 것도 자신이라는 사실을 잘 알고 있다.
   - 골프는 자기 볼을 자기가 치는 게임이다. 모든 골퍼는 자신만의 스윙을 가지고 있다. 타이거 우즈는 좋은 스윙을 가지고 있다. 그런데 그것이 나와 무슨 상관인가? 그는 그고 나는 나다. 나는 내식대로 친다. 법구경에 의하면, 진정으로 통제를 잘하는 자신에 의해서만 자기 자신의 이상적인 주인이 될 수 있다고 한다. 남 따라 가려 하지 말고 자신만의 골프를 하라. 특히 장타에 주눅들지 말고...

3. 변화를 피하지 않는다. 멘탈 갑은 변화를 환영하며 어떤 변화가 닥치든 유연하게 대처하려 한다. 그들은 변화란 불가피하며 변화에 적응할 수 있는 능력이 자신에게 있다고 믿는다.
   - 강한 자가 살아남는 것이 아니다. 잘 적응하는 자가 강한 것이다. 변화무쌍한 골프장에서 변화에 유연하게 적응하는 골퍼가 강한 자다. 앞바람이 강하게 불면 탄도를 낮게 해서 쳐라. 고수는 한 타를 버림으로써 두 타를 아낀다. 상황을 받아들여라. 그리고 그 상황을 자신에게 유리하게 만들도록 하라.

4. 어쩔 수 없는 일에 에너지를 낭비하지 않는다. 멘탈 갑은 교통 체증이나 공항에서 잃어버린 수하물 때문에 열 받지 않는다. 그들은 자신의 힘으로 바꿀 수 있는 일이나 상황에 초점을 맞춘다. 그들은 때론 자신이 조절할 수 있는 것은 자신의 태도뿐이라는 사실을 이해한다.
   - 집나간 뭐하고 오비난 공은 버려라. 지나간 것은 지나간 것이다. 전 홀의 실수는 빨리 잊어라. 가지고 다녀봤자 짐만 된다. 과거가 그대의 발목을 잡지 못하도록 단호하게 행동하라. 매 홀마다 새로운 게임이 시작된다. 인생도 골프도 내가 주인이다.

5. 모든 사람들의 마음에 들려고 노력하지 않는다. 멘탈 갑은 모든 사람들을 기쁘게 할 필요가 없다는 사실을 잘 알고

있다. 그들은 필요할 때 '절대 안돼'라고 말하는 것을 주저하지 않는다.

- 매너가 불량한 동반자 때문에 마음 아파하지 마라. 최대의 복수는 무관심이다. 철저히 무시하고 신경을 꺼라. 사랑할 사람도 많은데 미운 사람까지 챙기면서 골프 칠 필요가 있을까? 혜민 스님의 '난로론'을 명심하라. 너무 가깝지도 너무 멀지도 않게... 그리고 드라이버라는 놈은 너무 믿지 마라. 그 놈은 수시로 배신을 때리는 속성이 있다. 그저 페어웨이로 보낸다는 생각으로 쳐라.

6. 계산된 리스크라면 떠안기를 두려워하지 않는다. 멘탈 갑은 무모하거나 어리석게 리스크를 감수하지 않는다. 단, 리스크를 떠안았을 때 최대 어떤 손해를 입어야 하는지 철저히 평가한 뒤 감내할 수 있다고 판단하면 행동에 나선다.

- 드라이버를 잡아야 할 때는 잡아야 한다. 해저드를 넘겨야 할 때는 넘겨라. 그전에 정확히 거리를 계산하고 바람 세기도 계산하여 정확히 판단하고 과감하게 쳐라. 실패하는 것보다 더 나쁜 것은 실패에 대한 두려움에 떠는 것이다. 햄릿형 골퍼가 되지 마라. 우유부단한.

7. 과거에 연연하지 않는다. 멘탈 갑은 "그때 다른 선택을 했더라면"이라고 지나간 일을 후회하지 않는다. 그렇다고 과거를 실제 이상으로 부풀려 '좋았던 옛날'을 그리워하지도 않는다. 과거를 있는 그대로 인정하고 그 과거로부터 배웠

다고 말하며 현재와 미래에 집중한다.

- 시간을 거꾸로 돌릴 능력이 있으면 그렇게 하라. 역사에는 if가 없듯이 골프에서도 마찬가지로 if가 없다. 지금 현재 샷이 제일 중요하다. 다음으로 중요한 것은 다음 샷이다. 과거의 샷은 이미 과거 속으로 떠났다. 그대를 떠난 여자는 빨리 잊어라. 그녀는 그대의 사랑을 기억하겠지만 당신처럼 가슴에 묻고 다니지는 않는다. 잊어라. 떠난 여자도, 지나간 샷도...

8. 같은 실수를 반복하지 않는다. 멘탈 갑은 자신의 선택과 행동에 책임을 진다. 따라서 과거 실수에서 교훈을 얻어 같은 실수는 반복하지 않으려 노력한다.

- 한 번 오비 낸 자는 실수로 본다. 두 번 오비 낸 자는 조심성이 없는 자다. 세 번 이상 오비 낸 자는 무책임한 자이다. 실수에서 배우지 못하는 자는 평생 백돌이를 면치 못할 것이다. 골프에 대해 예의가 없는 무뢰한이다. 실수로 대가를 치루었으면 뭔가를 배워야 한다. "이 세상에서 가장 현명한 자는 배우는 자이며, 가장 행복한 자는 감사하는 자이다." 리크라테스가 한 말이다. 골프는 그대를 현명하고 행복한 사람으로 만들어 줄 것이다.

9. 다른 사람의 성공을 질투하지 않는다. 멘탈 갑은 다른 사람들이 자신보다 더 잘 됐을 때 분개하거나 시기하지 않는다. 자신의 성공에만 집중할 뿐이다.

- 동반자가 잘 쳐야 나도 좋다. 경쟁에서는 네가 죽어야 내가 살지만, 전쟁에서는 네가 살아야 나도 살 수 있다. 군대에서는 이를 '전우'라고 하고, 골프에서는 이를 '동반자'라고 한다. 동반자가 홀인원 하면 밥도 공짜고 술도 공짜고 공도 공짜로 받는다. 그리고 호사유피 인사유명虎死留皮人死留名이라! 기념패에 자기 이름도 남긴다. 영원히... 단, 돈은 조금 들어가겠지만... 우리 나라 고질병인 '사촌이 땅 사면 배 아픈 병'에서 벗어나라. 최소한 골프칠 때만이라도...

10. 한두 번의 실패로 포기하지 않는다. 멘탈 갑은 실패했다고 포기해야 한다고 생각하지 않는다. 실패를 새로운 성장의 기회로 받아들인다.
    - 포기는 배추 셀 때 쓰는 말이다. 골프는 누가 실수를 적게 하느냐 하는 게임이다. 미스했다고 포기하는 자는 골프채를 잡지 마라. 실수하고 실수하라. 그리고 실수에서 성공을 배워라. 아마추어도 포기하지 않으면 언더파가 될 수 있다. 처칠 수상이 한 말은 '미래의 골퍼'들에게 한 말이다. "Never, Never, Never Give Up!"

11. 혼자 있는 것을 두려워하지 않는다. 멘탈 갑은 외로움과 고요함을 견딜 수 있다. 그들은 엔터테인먼트를 반드시 다른 사람들과 함께 해야 한다고 생각하지 않는다. 그들은 혼자서도 재미있고 행복하다.

- 남들은 전부 페어웨이로 공이 갔는데 나만 공이 산으로 갔을 때... 외로운 늑대처럼 공 찾아 해매일 때 킬리만자로 표범을 생각하라. 지금은 외롭지만 언젠가는 정상을 차지할 것이다. 내기에서 지갑 털리고 찬바람 몰아칠 때 외로움이 엄습하더라도 결코 두려워 마라. 이것도 삶이고 또한 골프다. 고독을 극복하지 못하면 영원히 싱글이 될 수 없다.

12. 세상이 자신에게 빚진 것은 없다고 생각한다. 멘탈 갑은 세상이, 혹은 인생이 자신을 위해 무엇인가를 해줘야 한다고 생각하지 않는다. 그들 자신의 역량과 장점을 토대로 기회를 노릴 뿐이다.
    - 요행을 바라지 마라. 하수는 한 번 드라이버가 멀리 나가면 자기가 능력이 대단한 것으로 착각한다. 꾸준한 연습과 실력만이 그대를 싱글의 반열에 올려 줄 것이다. 어쩌다 한 번 한 싱글로 자신을 싱글이라고 착각하지 마라. 진정한 싱글은 열 번 치면 열 번 모두 싱글이다. 그중에는 이븐도 있고 때에 따라서는 언더도 있다. 꼭 돌빛골사를 지칭하는 것은 아니다. 돌빛골사도 인간인지라 가끔 팔자(八字 ?!)도 그린다.

13. 즉각적인 결과를 기대하지 않는다. 멘탈 갑은 건강이나 사업이나 일에서 성과가 빨리 나오지 않아도 초조해 하지 않는다. 그들은 진정한 변화에는 시간이 걸린다는 사실을 잘

알고 있다.

- 그대 '시간이 약이다'라는 말을 이해하는가? 버디가 나오지 않는다고 안달하면 더 안 나온다. 기다려라. 기다리고 기다리면 기회가 온다. 그 님이 오는 것처럼… 화학간장보다 시골에서 메주로 삭힌 간장 맛이 더 진국인 것처럼 시간을 약으로 삼고 세월을 낚으라. 강태공처럼… 강태공이 현존한다면 공을 잘 쳤을 것이다. 왜냐하면 이름에 '공'자가 들어 있지 않은가? ㅎㅎ

인생처럼 골프도 "one 박(night) two 데이(day)"로 결정되는 것이 아니다. 덕천가강, 일본말로 '도쿠가와 이에야스'는 "인생이란 무거운 짐을 지고 먼 길을 가는 것과 같다. 인내는 무운장구의 근본이니 분노를 적으로 알라"라고 했다. 조바심 내지 말고 참고 또 참으면 골프에서도 싱글이란 월계관을 얻을 것이다.

《This is life!》-'평상심' 중에서

- A: Acknowledging(감사), 나에게 주어진 모든 것에 감사한다.
- B: Belief(신념), 모든 일에 굳은 신념을 가진다.
- C: Confidence(믿음), 자신을 믿어야 한다.
- D: Dreaming(꿈), 심심할 때 조금은 황당한 꿈을 꾸는 것도 괜찮다.
- E: Empathy(공감), 상대의 입장에서 생각해 보는 습관을 들이자.

- F: Fun(재미), 지금 가지고 있는 것들을 즐겨라.
- G: Giving(베풀기), 내가 가지고 있는 것을 주위 사람들과 함께 나누자.
- H: Happiness(행복), 자신의 삶과 일에 만족한다.
- I: Imagination(상상력), 상상의 나래를 펴고 꿈을 추구하라.
- J: Joy(기쁨), 당신의 기쁨을 주위에 전파하라.
- K: Knowledge(지식), 끊임없이 다양한 지식을 습득하라.
- L: Love(사랑), 사랑의 마음을 표현하라.
- M: Motivation(자극), 스스로를 자극하여 한계를 초월하라.
- N: Nice(선량한), 낯선 사람에게도 선의를 가져라.
- O: Openness(개방성), 마음을 열고 새로운 것들을 받아들여라.
- P: Patience(인내심), 참아라, 이 세상에서 참지 않고 되는 일은 없다.
- Q: Quiet(고요), 여유가 생기면 한적한 공간을 찾아가 스스로를 되돌아보라.
- R: Respect(존중), 자신과 다른 인종, 종교, 문화, 가치관 등을 존중하라.
- S: Smile(미소), 절망적인 상황에서도 미소를 잃지 마라.
- T: Trust(신뢰), 자신, 친구, 지인 모두를 신뢰하라.
- U: Unity(조화), 모든 사람들과 사이좋게 공존하라.
- V: Victory(승리), 아주 작은 승리라도 기뻐하고 즐겨라.
- W: Wait(기다림), 끈기를 가지고 기다리면 행운이 찾아온다.
- X: X-factor(미지의 요소), 자신과 타인에게서 잠재력을 찾아

낸다.

- Y: Yes(긍정), 도전을 적극적으로 받아들이고, 모험정신을 잃지 않는다.
- Z: Zest(열정), 열정을 가지고 최선을 다하여 생의 정점에 서도록 한다.

잡담과 침묵

잡담은 내면의 긴장에서 나오고, 침묵은 내면의 평화에서 나온다.

골프는 걸으면서 잡담하는 것이 아니라 걸으면서 명상하는 것이다. 모든 명상의 기초는 고요함이다. 그렇다고 너무 침묵하지 마라. 벙어리가 되어서는 안 된다. 골프는 사교적이고 공동체적인 활동이다. 지나치게 침묵하지도 지나치게 수다를 떨지도 말라는 뜻이다.

침묵은 모든 에너지의 근원이다. 침묵은 막대한 힘과 마음의 평화를 준다. 특히 고요히 페어웨이를 걸으며 정기적인 침묵을 하는 것은 마음의 평정을 준다. 골프장을 명상의 장으로 만들어라. 내 마음의... 침묵의 뜻을 새기며.

> "인생의 가장 큰 영광은 결코 넘어지지 않는 데 있는 것이 아니라 넘어질 때마다 일어서는 데 있다."
>
> – 넬슨 만델라 대통령

"골프에서 가장 어려운 것은?"

4자로 답하라!

×× 잡기!

버디?

이글?

양파?

정답은 "마음잡기"입니다.

정답을 맞췄다면, 그대는 이미 스코어에 상관없이 싱글의 반열에 서 있고요, 못 맞추었다면, 싱글에 가까이 가고 계신 겁니다.

《골퍼의 마음가짐》

- 전략적 사고를 하는가?
- 도덕적으로 스코어를 정확히 기록하고 기본 룰을 잘 지키는가?
- 사람들과의 원활한 커뮤니케이션을 통해 동반자와 즐겁게 라운딩하는가?
- 균형감각으로 위험 국면에서 돌아가는 지혜를 가졌는가?
- 리더십으로 도전정신과 책임감을 느끼는가?

경상도 캐디와 열받은 사장님의 대화

- 캐디: 사장님 지금 머 했능교?
- 사장: 와? 보기했다. (성질부리며)
- 캐디: 아니라예! 따블 아닝교! 티박스에서 한번 하고예, 벙커에서 한번 하고예, 나무 밑에서 한번 하고예, 엣지에서 한번 하고예, 그린에서 두 번 안 했능교?
- 사장: 언니야! 내가 변강쇠냐? 여섯 번씩이나 하게! ㅋㅋ

무슨 재미로 사세요?

아주 먼 옛날에... 공자 마을 빨래터에서 아낙네들이 빨래를 하고 있었다. 그때! 공자 부인이 빨랫감을 안고 나타났다... 한창 수다를 떨고 있던 아낙네들 가운데 하나가 공자의 부인에게 말했다.

"아, 그래 부인께선 요즘 무슨 재미로 사세요? 사람 사는 재미는 애 낳고, 키우고, 알콩달콩 싸워가면서... 사는 것인데~~~~~ 그 거룩한 공자님하고는 한 이불을 덮고 주무시기는 해요?"... ㅋㅋㅋ

공자의 부인은 모른 체하며 계속 빨래만 했다. 곁에 있던 아낙네들도 한마디씩 거들었다. 덕이 그렇게 높으면 뭘 하나, 학문이 그렇게 높으면 뭘 하나, 제자가 그렇게 많으면 뭘 하나, 사람 사는 재미는, 재미는 그저...히히 ㅎ...

그러거나 말거나 빨래를 마친 공자의 부인은 빨래를 챙겨 돌아서며 아낙네들에게 한마디했다.

"야~~!! 이 여편네들아! 밤에도 공잔 줄 알아?"^^

골프채별 6가지 원칙

- 드라이버샷의 원칙은 피니시를 제대로 하는 것이다.
- 페어웨이 우드샷의 원칙은 부드러움이다.
- 아이언샷의 원칙은 머리를 들지 않는 것이다.
- 어프로치의 원칙은 '굴려라 아니면 띄워라'이다.
- 벙커샷의 원칙은 '1달러 지폐'이다.
- 퍼팅의 원칙은 귀로 듣는 것이다.

위 원칙에서 공통으로 중요한 것은?

예, "머리 들면 안 된다" ~~~ Don't head up, sir! ~~~

머리 들지 말라고!

실력이 별 볼일 없는 한 골퍼가 근사한 컨트리클럽에서 유독 더 형편없는 하루를 보내고 있었다. 그는 18번 홀에 도착해 페어웨이 왼편에 있는 호수를 보았다. 잠시 후 그가 캐디에게 돌아서서 말했다.

"오늘 하루 종일 어찌나 엉망인지, 저 호수에 가서 콱 빠져 죽어야 할까 봐."

캐디가 골퍼를 빤히 쳐다보며 대꾸했다.

"아니, 그렇게 헤드업을 하면서 호수 물속에 진득하게 얼굴을 박고 있을 수는 있겠어요?"

골프의 6가지 요소

- **방향**: 공은 클럽 페이스가 임팩트하는 순간에 클럽 페이스의 각도에 의해 날아간다. 공이 놓여 있는 앞과 뒤의 5cm를 직선으로 통과시켜야 방향이 좋아진다.
- **스윙 동작**: 백스윙을 거쳐 톱스윙의 위치까지는 아무런 힘을 들이지 않고 있다가 턴 동작과 팔의 회전 동작에 힘이 가해지는 것으로, 이 동작에는 어깨 회전, 체중 이동, 팔의 회전의 3가지 요소가 조화를 이루어야 한다.
- **머리 중심축**: 어드레스할 때 머리가 고정돼 있어야 힘의 이동이 제대로 전달된다. 헤드업을 하는 사람은 머리를 약간 우측으로 기울여 놓고 어드레스하라.
- **스윙 궤도**: 스윙 시에는 양팔과 클럽이 일정한 궤도를 유지해야 한다. 가능한 한 원을 동그랗게 만들려고 하라.
- **스윙 아크**: 스윙할 때 클럽헤드가 그리는 궤적이다. 스윙 아크는 백스윙 시에는 크면 클수록 좋으나 다운스윙 시에는 작으면 작을수록 좋다. 박인비가 이야기하길, "자신의 통제 범위 안에서 스윙을 하라." 오버스윙 하지 말라는 이야기인데 어렵게 들리네요.
- **템포**: 스윙의 스피드에서 나오며 호흡과 관련이 있다. 템포는 스윙의 스피드와 방향에 중요한 열쇠가 된다. 느리고 빠른 것은 골퍼의 성격에 좌우되지만 가능한 한 템포를 느리게 하는 것이 실수를 줄일 수 있다. 특히 어프로치할 때는 더욱

더…

위의 여섯 가지만 잘해도 여러분은 싱글의 가장자리에 와 있습니다. 정말로…

"참된 지혜는 모든 것들을 다 해보는 데서 오는 게 아니라, 개별적인 것들의 본질을 이해하려고 끝까지 탐구함으로써 생겨나는 것이다."

골프를 통해 얻은 귀중한 가치

- 모든 사람은 완전하지 못하다. 모두 저마다의 역할이 있고 목적이 있는데 이것을 비교하려고 하지 마라.
- 인생이 정직하고 옳은 일을 할 때 성공하듯이, 골프도 스코어와 물질에 현혹되지 말고 자신감과 자긍심을 가져라.
- 자신의 한계를 인식하고 학습하는 태도를 가져라. 첫째도 자각, 둘째도 자각이다. 자신이 무엇을 모르는지를 알라. 이것이 자각이고 자각은 깨달음을 준다. 타이거 우즈가 되겠다고 하다가 잘못하면 Tiger in woods가 되는 수도 있다.
- 사회적인 고정관념에서 벗어나라. 생각 없는 사람들이 만들어 놓은 장애물을 과감히 깨뜨리는 것이다. 고정관념은 '고장관념'임을 명심하고 유연하라.
- 고독하지만 남들과 다른 사고방식을 가져라. 자신의 길을 가는 것은 외롭고 쓸쓸하지만, 고독은 성공의 동반자이다. "나는 나다." 행복은 '나다운 것에서 온다'는 것을 명심하라.

가치란 대가를 지불한 후에 얻어지는 것입니다. 위의 다섯 가지보다 더 많은 가치를 느끼신 분들도 많으실 겁니다. 물론 더 많은 대가를 지불하셨겠죠! 영어에 "No pain, No gain"이라는 표현도 같은 뜻입니다. "수고 없이 수확 없다!"

아직도 중요한 골프결전이 있을 때마다 걱정스럽습니다. 그래서 저는 저를 위해 기도합니다. 겸허함이 빠져나가지 않도록! 오랜 시간 동안 대가를 치룬 교훈입니다.

"겸허해야 됩니다..." 직장에서나 골프에서도...

여자의 마음 알기

로마 군인들은 점령지 여자들에게 몹쓸 짓을 하는 걸로 악명 높았다. 어느 날, 평화로운 알프스 산중 마을에 로마 군인들이 들이닥쳤다.

"이제부터 너희들을 차례로 손봐주겠다.!! 으~ 하하하"

그러자 아름다운 처녀 한 명이 앞으로 나서며 말했다.

"존경하는 사령관님! 저희들은 괜찮습니다만, 할머니들만큼은 절대로 겁탈하지 말고 놓아주세요!"

그러자, 뒷줄에 앉아있던 할머니들이 일제히 소리쳤다.

"야! 이년아~ 입 닥치지 못해!"

여자의 마음 알기는...

여자의 마음은 하나님도 알기 어렵답니다. 하와이에서 독실한 남자가 있어 하나님이 소원 한 개를 들어 주겠다고 했습니다. 육지에 가고 싶은 그 남자는

"하나님, 여기서 캘리포니아까지 다리를 놔 주세요!" 했습니다.

그러자 하나님은

"그건 좀 곤란혀. 시멘트와 철이 얼마나 많이 들어야 하는데..."

다른 소원을 묻자, 그는 여자의 마음을 알 수 있도록 해 달라고 했다. 그러자, 하나님 왈,

"얘야, 4차선으로 해줄까? 아니, 6차선으로 만들어 줄께!!!"

골프의 정석

- 라운드 전에 충분히 몸을 풀어야 한다.
- 심호흡을 충분히 하고, 천천히 스윙하라.
- 골프란 젊어서 보다 더 열심히 해야 할 평생의 취미이자 자기훈련이다.
- 진짜 골프동료란, 비즈니스, 계급, 재산 또는 나이 등에 상관없이 골프만으로 맺어진 친구여야 한다. 이것이 나이 들어 가장 소중한 투자이다.
- 빈 스윙이 최고의 스승이다.
- 싱글이란 천부적인 자질을 타고 태어난 것이 아니다. 오로지 노력의 결과로 만들어지는 것이다.
- 바둑은 책을 통해 숙달될 수 있지만, 골프는 독서와 실전을 병행해야 실력이 향상된다.
- 싱글의 공통점은 스윙을 공부하고, 능력의 한계를 알고, 분수에 맞게 연습한다는 것이다.
- 룰을 알면 10타가 줄어들 수 있다

※ 골프를 단순한 오락이나 놀이로 행하는 사람에게 골프는 끝내 이해되지 않는 수수께끼로 남는다. 정말로...

정석! 골프에서도 바둑처럼 정석이 있다.

골프 정석을 알고 나면 골프도 쉬워지지 않겠는가? 그러나 수학과 골프의 차이는 수학정석은 머리로 외우면 되지만, 골프의 정석은 몸으로 실행해야 한다는 것이다.

『소통의 10법칙』으로

가끔은 귀 때문에 망하는 사람은 없어도 입 때문에 망하는 사람이 많으니...

1. “앞”에서 할 수 없는 말은 “뒤”에서도 하지 마라.
   뒷말은 가장 나쁘다. 구시렁거리지 마라.
2. “말”을 독점하면 “적”이 많아진다.
   적게 말하고 많이 들어라. 들을수록 내편이 많아진다.
3. 목소리의 “톤”이 높아질수록 “뜻”은 왜곡된다.
   흥분하지 마라. 낮은 목소리가 힘이 있다.
4. “귀”를 훔치지 말고 “가슴”을 흔드는 말을 하라.
   듣기 좋은 소리보다 마음에 남는 말을 하자.
5. 내가 “하고” 싶은 말보다 상대방이 “듣고” 싶은 말을 하라.
   하기 쉬운 말보다 알아듣기 쉽게 이야기하자.
6. 칭찬에 “발”이 달려 있다면, 험담에는 “날개”가 달려 있다.
   나의 말은 반드시 전달된다. 허물은 덮고 칭찬은 자주 하자.
7. “뻰”한 이야기보다 “펀”(fun)한 얘기를 하자.
   디즈니만큼 재미있게 하자.
8. “혀”로만 말하지 말고 “눈”과 “표정”으로 하자.
   비언어적 요소가 언어적 요소보다 힘이 있다.

9. 입술의 "30"초가 가슴의 "30"년 된다.

나의 말 한마디가 누군가의 인생을 바꿀 수 있다.

10. "혀"를 다스리는 것은 나지만 내 뱉어진 "말"은 나를 다스린다. 함부로 말하지 말고 한 번 말한 것은 책임을 져야 한다.

"소통은 귀로 듣고 눈으로 말하는 것이다. 입으로만 하는 것이 아니다."

청산은 나를 보고 말없이 살라 하고
창공은 나를 보고 티없이 살라 하네.
탐욕도 벗어 놓고 성냄도 벗어 놓고
물같이 바람 같이 살다가 가라 하네.

– 나옹화상

골프는 나를 보고 뭐라고 할까?

백화점과 할머니

어느 할머니가 아침 일찍 백화점 문을 열고 들어가는 순간 팡파르가 울리며 폭죽이 터졌다. 깜짝 놀라 영문을 몰라 하는데 백화점 사장과 직원들이 우르르 몰려왔다.

"할머님! 축하드립니다. 저희 백화점의 100만 번째 고객님이십니다. 축하금 100만 원을 드리겠습니다."

할머니는 엉겁결에 봉투를 받았는데 백화점 사장이 할머니에게 물었다.

“근데, 할머니 뭘 사러 오셨나요?”

할머니 왈,

“응! 이 물건 무르러 왔어….”^^

이미 지나간 것은 잊어라

쉽지 않은 일입니다. 하늘이 우리에게 기억이라는 선물을 주셨고 망각이란 축복도 주셨습니다. 그런데 아이러니컬하게 잊어야 할 것은 잊지 못하는 것이 우리 인간들입니다. 신의 축복을 저버리는 우매함의 소치지요. 그래서 지나간 것에 대해 연연해 하기도 하고, 아쉬워 하기도 하고, 가슴 아파하고, 또 어떤 일에는 분개까지 합니다.

그래서

우리가 얻는 게 뭐가 있을까요?

공수래 공수거空手來 空手去! 빈손으로 왔다가 빈손으로 가는 인생인데 뭐 그리 과거에 집착해야 할까요? 바보같죠? 예, 바보입니다. 『바보』는 '바'라'보'는 것을 제대로 못해서 바보라고 합니다.

'바보'라는 단어는 일반적인 의미의 성적이 나쁘거나, 머리가 나쁜 것과는 아무 관계가 없습니다. 바보란 무엇이 자신의 마음을 편하게 하는지 모른다는 것을 의미합니다. 게다가 어떤 마음을 가졌을 때, 어떤 결과가 따르는지의 법칙을 전혀 알지 못하는 것을 말하기도 하는데, 이를 불가佛家에서는 '무지無知' 즉 치痴 '바보'라고 한다네요.

지나간 것은 지나간 것입니다. 현재를 과거라는 곳에 매어두어 바보가 되지 맙시다. 그리고 현재에 충실하여 현재라는 present를 선물로 받읍시다.

골프에서도 잊는다는 것은 매우 중요한 선물입니다. 드라이버 잘 치면 기분이 우쭐해집니다. 세컨샷을 잘 쳐서 버디하겠다는 욕심이 스멀스멀 올라옵니다. 그러면 어찌되나요? 잘 아시죠? 뒤땅 또는 토핑, 방향이 잘못되어 혼이 납니다. 잘 친 거 빨리 잊고 현재 샷에 집중해야 합니다. 잘못 친 드라이버! 다음 샷은 소위 회복(반카이)하려고 무리수를 둡니다. 그러다 양파(?) 하나 까먹습니다.ㅎㅎ

이제는… 골프도 그리고 지난 우리의 과오에 대해 다 잊어버리고 더 이상 스스로를 책망하지 맙시다. 그러지 않는 것이 우리를 새로운 출발점에 다시 서게 하는 것이겠지요.

다 지나갔고 이 또한 다 지나갈 일이지요. 그럼 뭐만 남을까요? 그거야 당연히 행복이죠. 행복…

〈인생이란?〉

"Vanitas vanitatum, omnia vanitas."

– 헛되고 헛되도다. 모든 것이 헛되도다. –

- 깨우쳤으면
- 견디고
- 넘어서야 한다.

역지사지易地思之

어느 나무꾼이 산에 나무를 하러 갔습니다. 칡넝쿨을 거두려고 붙들었는데, 그것이 하필 그늘에서 자고 있던 호랑이 꼬리였습니다. 잠자는 호랑이를 건드린 나무꾼은 깜짝 놀라 나무 위로 올라갔습니다.

화가 난 호랑이는 나무를 마구 흔들었습니다. 나무꾼은 놀라서 그만 손을 놓아 나무에서 추락했는데, 떨어진 곳이 하필 호랑이 등이었습니다. 이번에는 호랑이가 놀라 몸을 흔들었고, 나무꾼은 호랑이 등에서 떨어지지 않으려고 안간힘을 썼습니다.

호랑이는 나무꾼을 떨어뜨리기 위하여 달리기 시작했습니다. 나무꾼은 살기 위해서 사력을 다해 호랑이 등을 더 꽉 껴안고 있었습니다.

그런데 한 농부가 무더운 여름에 밭에서 일하다가 이 광경을 보고는 “나는 평생 땀 흘려 일하면서 사는데, 어떤 놈은 팔자가 좋아서, 빈둥빈둥 놀면서 호랑이 등만 타고 다니는가?”

농부는 죽기 아니면 살기로 호랑이 등을 붙들고 있는 나무꾼을 부러워 했습니다.

때론 남들을 보면 다 행복해 보이고, 나만 고생하는 것 같습니다.

나만 뜨거운 뙤약볕에서 일을 하고, 남들은 호랑이 등을 타고 신선놀음을 하는 듯합니다.

그러나, 실상을 알고 보면 사람 사는 것이 거의 비슷합니다. 나와 똑같은 고민을 하고 나와 똑같은 외로움 속에 몸부림칩니다.

남과 비교하면 다 내 것이 작아 보인답니다... 나에게만 아픔이 있는 것이 아니라 실상을 들여다 보면 누구에게나 아픔이 있습니다.

비교해서 불행하지 말고 내게 있는 것으로 기뻐하고 감사하는 하루가 되었으면 좋겠습니다.

《골프》 "이미지 연습에 대하여"

한 번 청소했다고 해서 방 안이 언제나 깨끗한 채로 있는 것은 아니다.

마음도 그렇다. 한 번 좋은 뜻을 가졌다고 해서 그것이 유지되는 것도 아니다.

어제 조여 맨 끈은 오늘 느슨해지기 쉽고, 내일이면 풀어지기 쉽다.

나날이 끈을 여미어야 하듯이 사람도 결심한 일을 거듭 여미어야 변하지 않는다.

> 골프 연습도 마찬가지다. "연습만이 장인을 만든다"고 한다.
> "The exercise makes a master."

옛말에도 "이 세상에 근면한 자를 따를 자는 없다"고 했다. 근면함은 "빈자를 부자로, 보통 사람을 현명하게 만든다"고 한다. 골프도 열심히 연습하는 자가 잘 친다.

하루를 게을리 하면 내가 알고, 이틀을 게을리 하면 캐디가 알고, 사흘을 게을리 하면 갤러리가 안다.

모든 고통의 뿌리는 생각이다.

> 우리는 우리가 생각을 통제하고 있다고 생각하지만 사실은 생각이 우리를 통제한다.
> – 무명씨

고수 & 하수

- 고수는 샷하기 전에 생각하고
- 하수는 샷하고 난 뒤 생각한다.
- 고수는 머릿속이 한 가지 생각으로 가득 차 있고,
- 하수는 머릿속이 만 가지 생각으로 가득 차 있다.

골프의 고수와 하수의 차이는 많습니다. 라운드 전에 연습과 몸 풀기, 티 꽂는 자세, 정렬 자세, 그린 읽기, 매너 등등... 시간이 다 해결해 준다고 하지만 가능한 한 빨리 고수가 되려면 고수의 행동을 따라 배워야 합니다. 특히 고수가 샷할 때의 집중력을 배워야 합니다.

고수는 들쥐를 사냥하는 매와 같다고나 할까요! 매는 공중에서 유유히 원을 그리면서 비행하다가 목표물을 발견하면 순간적으로 수직낙하하여 날카로운 발톱으로 낚아챕니다. '전광석화'라는 표현이 맞겠죠. 고수는 날랜 것처럼 보이지 않지만, 상황을 예리하게 살피고 샷할 때는 무서울 정도로 집중합니다. 모든 샷을 처음이자 마지막이라 생각하고 집중하십시오. 이 집중이 쌓여 나중에 고수가 됩니다.

매를 사부로 삼으십시오. 동물에게도 배울 점이 있다고 생각하는 골퍼! 싱글이 그대 곁에 머물 것입니다.

사람의 향기 나는 시간

시계 바늘이 돌아가듯 바쁘게 하루를 살아가는 것도 중요하지만 가끔씩 고요의 시간으로 돌아와 자신의 삶을 음미할 시간을 가지는 것도 중요합니다.

길가에 핀 꽃 한 송이를 음미해 보고, 나 아닌 다른 사람을 위해 무언가를 하는 시간도 가져 보고, 힘들어하는 친구를 위해 문자 한 통 보내는 것도, 인생이라는 먼 길을 걸어가는 우리에게는 필요합니다.

소중한 나만의 인생에 이렇듯 사람의 향기가 나는 시간들이 넘쳐나기를 바랍니다.

도道 닦기

행자스님이 큰스님에게 물었다.

- "스님도 道를 닦고 있습니까?"
- "닦고 있지."
- "어떻게 하시는데요?"
- "배고프면 먹고, 피곤하면 잔다."
- "에이, 그거야 아무나 하는 것 아닙니까? 道 닦는 게 그런 거라면, 아무나 道를 닦고 있다고 하겠군요."
- "그렇지 않아. 그들은 밥 먹을 때 밥은 안 먹고 이런저런 잡생각을 하고 있고, 잠잘 때 잠은 안 자고 이런저런 걱정에

시달리고 있지."

진정한 고수란...

진정한 고수는 상대가 나를 이겼다고 믿게 만들어서 실제로는 자신이 원하는 것을 다 얻습니다. 상대방 기분이 좋아져 내가 원하는 것을 다 들어주면 실제로는 내가 다 이긴 것입니다.

사기꾼들이 노인들 상대로 공짜관광이라고 유혹하고 나중에 고가의 물건을 사게 하는 뉴스를 종종 봅니다. 노인들도 그들의 의도를 알면서 물건을 사는 경우도 있다고 합니다. 노년의 외로움을 알아주는 것이 고맙다는 것이죠. 사기꾼들은 노인이 원하는 걸 정확히 알고 이용하는 것입니다.

이것도 우리가 살아가는 모든 인간관계에 해당되지 않을까요? 중요한 건 "상대방이 원하는 것과 내가 원하는 것을 정확하게 아는 것"입니다. "적을 알고 나를 알면 백 번 싸워 위태롭지 않다."는 손자병법의 핵심 중의 핵심입니다.

골프의 고수도 마찬가지입니다. 동반자들이 원하는 것을 이해하고 자신이 추구하는 것과 조화를 이루어야 진정한 고수가 됩니다. 골프에서 공만 잘 친다고 고수가 되는 것이 아닙니다. 진정한 고수는 배려와 친절, 에티켓 등 매너가 몸에 배여 있어야 합니다. '매너'라는 것도 한 사람이 가진 가치관의 총체이거든요. 골프를 왜 신사의 운동이라고 하는가? 고수가 진정한 고수가 되려면 신사다워야 한다는 것입니다.

고수, 중수, 하수

고수는 본 대로 날아가고, 중수는 친 대로 날아가고, 하수는 걱정한 대로 날아갑니다.

우리의 인생도 골프 고수처럼 원칙, 신념, 철학을 가지고 멀리 내다보는 힘을 길러야 삶에 영점 조정이 되는 것입니다. 본대로...

그럼 골프 고수가 되면 인생 고수가 될까? 의문입니다. 골프 고수 입장에서는 먼저 인생 고수가 되는 게 좋지 않을까...

인생에서는

✓ 돈을 남기면 하수

✓ 업적을 남기면 중수

✓ 사람을 남기면 상수

인생 고수를 꿈꾸며~~~

행복한 부부관계의 비밀

1. 행복한 부부는 평소 우호감이 높다.
2. 행복한 부부는 갈등을 부드럽고 예의 있게 다룬다.
3. 대화, 싸움, 갈등 등 관계의 방식이 부부의 행복을 결정한다.

– 최성애 박사의 《행복수업》 중에서

우리 나라는 '세계 1 위'라는 타이틀이 많습니다.

반도체 생산, 조선, 정보통신...

이혼율, 청소년 자살률, 저출산...

극과 극을 달리는 수치들입니다. 1등이 모두 다 좋은 게 아닙니다.

영어 속담에 "모든 가치는 가정에서 나온다"고 합니다. "All values derive of the family."

가정이 안정되고 평화로워야 부모도 자녀도 행복하고 건강합니다. 그러면 학교도 사회도 군도 국가도 행복하겠죠. 골프치는 당신도! 우리의 나쁜 쪽의 1위들은 모두 가정에 관계된 것들이네요. 불행스럽게도... 이래 가지고 우리가 어찌 행복할 수 있을까요? 애고! 애고!

행복하기 위해서는 먼저 부부갈등을 해소하면 됩니다. 모든 문제 원인 중의 근본이니까요. 가트맨 박사가 실로 부부를 행복한 관계로 만드는 금광을 발견했답니다. 부부가 이혼으로 가는 지름길을 차단하고 관계에 독이 되는 행동방식을 차단하고, 대신 해독제 역할을 하는 행동패턴이라는 광맥을 찾은 것이죠.

전략정보는 8대 요소가 있는데 그중에 사회정보가 있습니다. 사회정보에서 기본 중의 기본이 가정입니다. 가정이 행복하면 사회도 행복할 것이고 국가도 행복할 것이니 뭐 분석할 필요가 있겠습니까?

"Small things often"입니다.

"작은 것을 자주 하라"는 뜻입니다.

작은 일이라도 상대에게 호감, 존중, 감사, 배려 같은 긍정적인 말과 행동을 자주 하면 안정되고 행복한 관계의 달인이 될 수 있다는 것입니다. 가정이나 직장에서 그리고 사회생활에서 이를 실천한다면 당연히 행복한 삶이 되겠죠?

골프는 매너와 배려의 스포츠, 즉 신사의 운동이라고 합니다. 작은 것에 감사하고 상대에 대한 배려와 존중 그리고 호감을 주는 행동을 하면 골프가 더 즐겁고 행복해지지 않을까요? 그런데 '관계를 망치는 왕도 4가지(일명, 싸가지)'가 있다네요.

그것은 "비난, 방어, 경멸, 담쌓기"랍니다. 행복해지고 싶으시나요? 간단합니다.

"행복은 '감사합니다'에서 시작되고, 성공은 '고맙습니다'에서 시작됩니다."

골프 상무

골프가 인간과 인간을 연결해준다는 것을 아시나요?

우정 같은 관계!

비즈니스를 위한 관계!

모든 것을 초월한 관계!

골프를 통해 누군가를 기쁘게 한다면 진정 골프의 진수를 아시는 분입니다.

그런데 골프를 통해 누구부터 기쁘게 해야 할까요? 예, 자기 자신입니다. 나부터 기쁘고 즐거워야 합니다.

여러분은 '술상무'라는 말을 알고 계시죠? 술을 먹고 싶어 먹는 게 아니라 생존을 위해, 삶의 방편으로 술을 마시는 직업을 가진 사람입니다. 그 결과가 어찌 되었을까요? 위에 문제가 생겨 대부분 일찍 가셨습니다. 살기 위해 한 것이 곧 살지 못하게 한 것입니다. 우리 시대의 슬픈 자화상들이죠...

골프도 어쩔 수 없이 비즈니스 목적으로 골프를 하시는 분들도 있습니다. 나를 위한 골프가 아니라 상대를 위한 골프를 하는 것이지요. 저는 나름대로 골프가 종교에 버금가는 영적인 것이라고 강조해왔습니다.

그렇다면 종교를 남을 위해서 믿습니까? Absolutely No! 입니다. 신앙을 갖는다는 것은 자신의 영혼을 위해서입니다. 마찬가지로 골프를 칠 때만이라도 자신의 영혼을 돌보는 시간을 갖기 바랍니다. 누군가에게 기쁨을 주는 것도 보람된 일입니다. 그러나 그전에, 자신에게 기쁨을 주는 여러분이 되길 바랍니다. 저는 비위가 약해서 골프상무들 보면 열 받습니다.

성공한 사람은 삶의 태도가 남다른 것 같습니다. 골프 잘 치면 성공할 수 있는데, 인생 성공하면 골프 잘 칠 수 있는지는 의문입니다.

순진한 남편

- 부인: “자기야 만약에 내가 죽으면 재혼할거야?”
- 남편: “아냐… 혼자 살거야”
- 부인: “아니야. 쓸쓸하니까 집에 데리고 와서 살어.”
- 남편: “어허 참.. 그런 소리 말래두.”
- 부인: “내 옷도 모두 주고 나 보듯이 하면 되잖어.”
- 남편: “정 그렇다면 그때 가서 생각해 보지 뭐!”
- 부인: “내 골프채도 그대로 물려 줘도 돼.”
- 남편: “그건 안 돼. 그 여자 왼손잡이야…”

천국의 골프장

- 김 노인: "이보게, 천국에서도 골프를 칠 수 있을까?"
- 친구: "그럼.. 칠 수 있지. 난 확신한다네."
- 김 노인: "흠 그럼, 우리 둘 중 누가 먼저 죽든 먼저 간 사람이 잽싸게 돌아와 사실 여부를 알려 주기로 하세나."
- 친구: "좋아 좋아. 그렇게 하세."

몇 주 후 친구가 죽어 김 노인이 문상을 갔더니 놀랍게도 죽은 친구의 목소리가 들리는 것이었다.

- 친구: "이보게 김 영감 나야 나. 자네에게 천국 골프에 대해 알려주려고 왔다네."
- 김 노인: "그래, 그곳에도 골프장이 있던가?"
- 친구: "그럼.. 있고말고. 정말 기가 막힌 골프장이 수두룩하다네."
- 김 노인: "우와~ 정말 멋진 일이군. 한 번 쳐 봤는가?"
- 친구: "아니... 다음 주 화요일 자네랑 부킹했다네."

일체가 마음이다 - "사자의 서死者의 書"에서

모든 것을 알고 있고 늘 깨어 있는 마음은 하늘처럼 투명하게 비어 있다. 이 근원적인 직관, 지혜의 투명성 속에 만물이 깃들어 있다. 그대의 마음이 모든 현상과 존재를 만들어 낸다. 마음은 투명한 지성으로 스스로를 깨닫는다. 마음을 공간에 빗대어 설명하지만 그것은 하나의 상징일 뿐이다.

공간이라는 말로는 마음 전체를 설명할 수 없다. 마음은 투명하게 비어 있는 지성이다. 하지만 공간은 비어 있는 허공일 뿐 지성이 없다. 그러므로 공간이라는 말로는 마음을 설명할 수 없다.

동요하지 말고 마음의 실체에 초점을 맞추라. 이 세상의 모든 피상적인 현상은 두려움과 마찬가지로 실체가 있는 것이 아니다. 모든 현상과 존재, 윤회와 해탈이 그대 마음의 소산이다.

그러므로 마음의 흐름을 바꿈으로써 외적인 세상을 변형시킬 수 있느니라. 모든 것이 마음먹기에 따라 다르게 보인다.

그래서 피상적인 관찰자들은 여섯 존재 차원의 윤회(6도 윤회)를 절대적인 실재로 주장하거나 아니면 완전히 부정하는 허무주의에 빠진다.

현상의 다름을 보는 사람은 수행의 9단계 역시 서로 다른 것으로 보는 흑백 논리의 오류에 빠진다.

그러나 모든 현상은 마음의 소산이다. 그러므로 무엇에도 집착하지 말고 깨어 있는 상태에 머물러 있도록 하라.

마음 밖에 있는 것은 아무 것도 없다. 마음이 모든 현상을 계속 만들어 낸다. 바다와 파도가 둘이 아니듯이, 마음과 현상도 둘이 아니다. 나타나는 현상에 서로 다른 이름을 붙이지만 마음 밖에서 객관적으로 존재하는 것은 아무 것도 없다.

마음은 어디에도 매여 있지 않고 자유롭다. 어느 한 면만을 보고 마음이라고 말할 수 없다. 마음에는 어떤 특정한 상태가 없기 때문에 무엇이라고 말할 수 없다.

마음은 투명한 지성으로 빛나고 있기 때문에 비어 있다고 말할 수도 없다. 마음은 비어 있으면서 투명한 지성으로 충만하다. '비어 있음'과 투명한 지성은 분리할 수 없다.

모든 것이 마음 속에 들어 있다. 그러니 마음을 떠나서 어디서 명상을 하겠는가?

모든 것이 마음 속에 들어 있다. 그러니 마음 밝히는 것 외에 무슨 다른 가르침이 필요하겠는가?

모든 것이 마음 속에 들어 있다. 그러니 마음 밖에서 무슨 행위가 있을 수 있겠는가?

모든 것이 마음 속에 들어 있다. 그러니 마음 밖에서 무슨 목표를 찾을 수 있겠는가?

관조하라! 그대의 마음을 관조하고 또 관조하라!

우주를 이 잡듯 뒤지고 다녀도 마음은 찾을 수 없으리라. 우주란 마음이 만들어 낸 것! 그러니 마음을 찾으려면 그대의 마음을 관조해야 하리라.

그대의 마음은 티 한 점 없이 맑고 깨끗하다. 이 마음이 진리의 몸이며, 자아에 대한 순수한 각성이며, 구름 한 점 없는 하늘에 빛나는 태양처럼 어떤 형태에도 구속되지 않는 '비어 있는' 투명한 빛이다.

이 마음은 언제 어디서나 스스로 밝다. 이 점을 깨닫느냐 깨닫지 못하느냐에 따라 그대의 운명은 크게 달라지리라. 삶과 해탈이 오직 한 마음뿐이니라.

한 마음이 만물의 근원임에도 불구하고 사람들은 이를 알지 못하는구나.

한 마음이 스스로 밝음에도 불구하고 사람들은 이를 보지 못하는구나.

한 마음이 모든 곳에 늘 나타나 있음에도 불구하고 사람들은 이를 깨닫지 못하는구나.

과거, 현재, 미래의 무수한 승리자 붓다들의 8만 4천 가르침이 모두 한 마음을 알아차리라는 것인데 사람들은 이를 알지 못하는구나.

경전이 하늘처럼 수북이 쌓여 있을지라도 요점은 '이것이 그것이다'라는 말일 뿐.

승리자 붓다들의 관심은 오직 한 마음에 있나니.

이것이 번뇌를 여의고 자유의 경지로 들어가는 문이니라.

"생각은 지나가는 강물과도 같다."

가만히 놔두면 저절로 지나가는 것을 붙잡고 앉아서 내가 왜 이런 생각을 하는가? 고민하면 지나가지 못하고 머물게 된다. 고민이라는 것은 내가 생각하는 것처럼 큰 문제는 아니다. 그냥 지나가게 내버려 두라.

숙제 없으면 공부할 만하고,
보초 없으면 군대 생활할 만하고,
슬라이스 없으면 골프할 만하다.

– 리크라테스

골프처세 명심보감

1. 부르는 데가 있거든 무조건 달려가라.

불러도 안 나가면, 다음부터는 부르지도 않는다. 그대를 부르는 것은 아직 그대의 가치가 있음을 증명하는 것이다.

2. 아내와 말싸움은 무조건 져라.

여자에게는 말로서 이길 수가 없고, 혹 이긴다면 그건 소탐대실이다. 밥도 제대로 못 얻어 먹는 수가 생길 것이다.

당신이 골프치러 가면 부인은 Sunday golf widow가 된다.

입장 바꿔 생각해 보라. 허구한 날 골프클럽 메고 나가는 당신의 뒷모습 보는 부인의 가슴은 퍼렇게 멍이 들어 있을 것이다.

3. 일어설 수 있을 때 걸어라.

걷기를 게을리 하면, 일어서지도 못하게 되는 날이 생각보다 일찍 찾아올 것이다. 골프 카트를 멀리 하고 가급적 걸어라. 캐디가 느리다고 하면 뛰어라.

필드에서는 걸어야지, 카트만 타려면 왜 비싼 그린피 내고 골프장 왔나? 카트는 덜 타나 더 타나 요금은 동일하다. 타면 탈수록 손해다.

필드에서 하체를 튼튼히 하려면 가급적 걸어라. 그래야 밤에 부인하고 안 싸운다. 하체가 튼튼한 남편치고 부인한테 욕먹는 경우는 드물다.

4. 남의 경조사에 갈 때처럼 골프장에 갈 때는 단정하고 좋은 옷으로 차려입고 가라.

내 차림새는 나를 위한 뽐냄이 아니라 남을 위한 배려다.
나이 들면 '7 Up' 해야 된다. 그중의 하나가 Dress Up이다.

※ 나이의 7 Up: Clean up, Dress up, Shut up, Show up, Cheer up, Pay up, Give up

※ 골프의 7 Up: Stand up, Balance up, Image up, Speed up, Manner up, Fun up, Shut up.

꼭 비싼 옷이 아니어도 좋다. 명품이 아니어도 좋다. 깔끔한 인상을 주라. 사람은 내면의 것이 밖으로 나오게 마련이다. 지저분한 옷차림은 그대의 인품과 골프 수준이 형편없음을 보여주는 것이다. 메이커로 포장하시는 사모님들! 골프실력도 명품으로 만드시길! 골프장은 패션 전시장이 아니다. 그래도 옷이 날개다...

5. 더 나이 먹기 전에, 아내가 말리는 것 말고는 뭐든지 시작해 보라.

단 골프만 제외하고. 일생 중에 지금이 가장 젊은 때다. 골프는 일찍 시작할수록 좋다. 시작하는 나이에 따라 핸디가 비례한다고 한다. 늦었다고 생각할 때가 가장 빠른 때이다.

아내가 골프를 말린다면...

절대 해서는 안 된다. 골프가 아무리 좋아도 가정만큼 중요하지 않다. 가정의 평화를 깨는 우愚를 범하지 마라. 골프 싱글 하려다가 영원히 싱글(?) 될 수도 있다. 골프보다 마님과 더블이 낫다. 공자님도 "수신제가치국평천하修身齊家治國平天下"라고 하셨다. 논어에서처럼 아내 말씀 잘 듣고 욕심 부리지 말고.

골프 잘하려면 지금이 최적기이다. 다만 당신이 골프에 미치면, 아내는 주말과부는 필수이고 주중과부는 선택이 된다는 사실을 잊지 마라.

6. 옷은 좋은 것부터 입고, 말은 좋은 말부터 해라.

좋은 것만 하여도 할 수 있는 날이 얼마 남지 않았다. 옷은 위에서 충분하게 설파했고, 좋은 말에 대해서 알아보자.

골프장에는 무기 내지는 흉기가 많다. 14개 클럽이 다른 용도로 사용될 수 있음을 잊지 마라. 동반자가 열 받아 있을 때는 침묵을 지켜라. 지적하고 싶어도, 웃고 싶어도 참아라.

골프 우정을 오래 지속하려면 진심으로 동반자에게 격려하고 힘을 실어주는 용어를 써라. "괜찮아" 같은 따뜻한 말이다.

그런데, "오비 내도 괜찮아. 여자들은 오비 내는 남자를 더 좋아한데. 한 번 더 해준다고..." ㅎㅎ 이건 아닌 것 같다!

그래도 유머는 잊지 마라.

7. 동반자를 도와주라. 도움을 청하건 청하지 않건 간에 무조건 도와라. 도와줘야 도움을 받는다.

8. 긍정적으로 골프를 쳐라.

'긍정은 천하를 얻고 부정은 깡통을 찬다'라는 말도 있다. 18홀

도는 동안 인생처럼 많은 어려움이 있을 것이다.

"~~라서 다행이다."

"~~가 아니라서 다행이다."

"비록 ~~지만 ~~라서 다행이다."

제주도에 "3多"가 있듯이 골프장에는 "3다多幸"가 있다 쪼로가 났지만 오비가 안 돼서 다행이다. 비록 해저드에 들어갔지만 오비가 아니라서 다행이다. 등등...

9. 범사에 감사하자. 적어도 세 가지는 감사해야 한다.

첫째, 나를 낳아서 키워준 부모에게,

둘째, 이 날까지 밥 먹고 살게 해 준 직장과 국가에게,

셋째, 한평생 내(외)조하느라 고생한 배우자에게 감사하자.

골프치면서 이 세 가지에 감사함을 모른다면 골퍼의 도리가 아니다. 그리고 여유 있으면 수고하는 골프장 직원들에게도 감사하라. 당신들 즐겁게 운동할 때 그들은 땀 흘리며 운동 아닌 운둥(?)을 하고 있다.

10. 좀 어려운 일이지만 밥도 자진해서 사라.

골프 동반자는 그냥 친구가 아니다. 잘 관리하면 많은 도움이 된다. 사회에서도 '박사博士'보다는 '밥사(Rice Buyer)'가 더 존경받는다. 그리고 나이 들었어도 인기를 바란다면, 입은 닫고 지갑은 열어라. 손자 손녀 만나면 용돈을 주고, 후배들에게는 가끔 한턱을 쏘고, 아내와는 외식을 자주 하라.

11. 어떤 경우에라도 즐겁게 골프를 하라.

비싼 그린피, 그 많은 시간, 좋은 동반자, 좋은 공기와 풍경, 그 밖에 얼마나 좋은 것이 많은가? 미스샷은 빨리 잊어라. 열 받지 말고... 그렇게 하려면 덜어내라.

"스윙에서는 힘力을, 라운드에서는 마음心을..."

12. 끝맺음을 잘하라.

"그 시작은 미약하였으나 그 결과는 창대하리라." 성경에 나오는 말이다. 사람도 골퍼도 뒷모습이 아름다워야 한다. 특히 고수들에게 당부한다. "돈 따서 집 살 것도 아닌데 다 풀고 가라."

조직도 윗물이 맑아야 아랫물이 맑다. 골프 문화는 하수가 주도하는 것이 아니다. 고수들이 모범적인 행동과 모습을 보여줘야 한다.

골프 타수와 경제

- 60타는 나라를 먹여 살리고,
- 70타는 가정을 먹여 살리고,
- 80타는 골프장을 먹여 살리고,
- 90타는 친구를 먹여 살리고,
- 100타는 골프공 회사를 먹여 살린다.

– SNS

핸디캡에 대하여

역사는 두 가지로 남는다. 하나는 뒤에 남는 것이요, 다른 하나는 속에 남는 것이다.

일반적으로 역사라 함은 '뒤에 남는 역사'를 가리켜 하는 말이다. 과거의 사실로 남아 기록으로, 혹은 유물로 후세에 전하게 된다. 그러나 역사는 기록으로 남거나 유물로만 전하게 되는 것만이 아니다. 우리의 삶 속에 생명으로 남아 우리의 얼굴이 되고, 풍속이 되고, 신앙이 되어 우리 '속에 남는 역사'도 있다. 즉, 우리 자신 속에 살아남은 역사다.

'뜻'이란 정신입니다. 좀 더 일찍 이 세상에 온 뜻을 알았어야 했는데 아쉬움이 밀물처럼 몰려옵니다. 정신 못 차리고 살아온 것이지요. 쓸모 없는 존재로...

'세상에는 쓸모 없는 것은 없다'고 했는데, 이제 보니 내가 그리 쓸모 있는 존재가 아니었음을 깨닫게 되었습니다. 이제라도 좀 쓸모 있는 존재가 되어보려고 합니다.

골프에서는 두 가지 핸디캡이 있습니다. 하나는 밖으로 내세우기 위한 것이고, 다른 하나는 내기용입니다. 참고로 클린턴의 핸디캡은 "18"이 아니고 "르윈스키"라네요.^^

과시용과 내기용이 같아야 하는데 골퍼들이 표리가 부동해서 다릅니다. 과시용이나 내기용이나 똑같이 핸디캡을 적용하는 골퍼는 존경을 받습니다. 동반자들의 가슴 속에 참한 골퍼로 남아있게 될 것입니다. 이러한 분들하고는 사업을 같이 해도 전혀 문제가 되지 않을 것이라 확신합니다. 계산이 분명할 것이고 자신에게 유리하게 하지도 않을 것이며, 자신의 언행에 책임을 질 것입니다.

스코어는 숫자에 불과합니다. 한 점 점수보다는 한 점의 양심이 더 중요합니다. 스코어보다는 양심적인 행동, 매너, 배려 등으로 점수를 따기 바랍니다.

아름다운 인생

길을 가다 보면 슬픔이 앉아 있습니다.
또 길을 가다 보면 절망이 앉아 있습니다.

또 길을 가다 보면 고독이 앉아 있습니다.
사람들은 그들을 만나면 안 된다고 말합니다.

왜냐하면 그들과 함께 있으면
그들처럼 불행한 인생이 될 수도 있으니까.

그러나 나는 외면할 수가 없습니다.
가다가 옆에 앉아 이야기도 나누고
때로 손을 잡고 동행도 하였습니다.
그러면서 나는 인생을 알았습니다.

인생이란 아름답고 행복한 것만은 아니라고...
슬픔도 괴로움도 사랑하면

언젠가 기쁨이 되고 행복도 된다고…
그리고 오랜 날이 지나면 흘러간 것은
모두가 아름다운 인생이라고…

－좋은 글 중에서

장인어른의 돌직구

결혼식을 갔는데요
주례없는 결혼식이라
신부의 아버지가 앞에 나와서 감사인사를 했습니다.

“37년이나 썩은 똥차를 치워 준 우리 사위…
내 평생 이 은혜는 잊지 않겠네…
그리고 마지막으로
.
.
.
반품은 절대 사양하네~”
연말 결혼식 대미를 장식하셨습니다.

나이에 대한 시각

- 1세, 누구나 비슷하게 생긴 나이
- 5세, 유치원 선생님을 신봉하는 나이
- 19세, 어떤 영화도 볼 수 있는 나이
- 36세, 절대 E.T. 생각은 못하는 나이
- 44세, 약수터의 약수 물도 믿지 않는 나이
- 53세, 누구도 터프 가이라는 말을 해주지 않는 나이
- 65세, 긴 편지는 꼭 두 번쯤 읽어야 이해가 가는 나이
- 87세, 유령을 봐도 놀라지 않는 나이
- 93세, 한국말도 통역을 해주는 사람이 필요한 나이
- 99세, 가끔 하느님과도 싸울 수 있는 나이
- 100세, 인생의 과제를 다 하고 그냥 노는 나이

나이가 가져다 준 선물

젊은 날에 받은 선물은 그냥 고맙게 받았지만, 지금은 뜨거운 가슴으로 받는다.

젊은 날의 친구의 푸념은 소화해 내기가 부담이 되었지만, 지금은 가슴이 절절해져 옴을 느낀다.

젊은 날에 친구가 잘 되는걸 보면 부러움의 대상이었지만, 지금은 친구가 행복해 하는 만큼 같이 행복하다.

젊은 날에 친구가 흐트러진 모습을 보여주면 이해하기 힘들었지만, 지금은 오히려 자연스럽다.

젊은 날의 친구의 아픔은 그냥 지켜만 보았지만, 지금은 나의 아픔처럼 느껴진다.

젊은 날의 나의 기도는 나를 위한 기도요 나를 위해 흘린 눈물의 기도였지만, 지금의 기도는 남을 위한 기도에 눈물이 더 뜨겁다.

젊은 날의 친구는 지적인 친구를 좋아했지만, 지금의 친구는 눈으로 느낌으로 통하는 마음을 읽어주는 편안한 친구가 좋다.

젊은 날의 친구는 전화로 모든 걸 함께 했지만, 이제는 얼굴 마주보며 따스한 온기를 느끼며 가까운 거리라도 여행으로 대신하고 싶다.

-좋은 글 중에서

나이듦의 장점 - 법륜

나이 드는 것을 있는 그대로 받아들이면 젊었을 때보다 더 좋은 것들을 찾을 수 있습니다.

예전보다 홀가분하게 살 수 있어서 좋고, 앞만 보고 달리느라 보이지 않았던 아름다움도 느낄 수 있고, 자식 키우느라 못했던 일들을 욕심내지 않고 해볼 수도 있습니다.

* 올라갈 때 못 본 그 꽃, 내려올 때 보았네... *

나이가 들면 옛날 것도 알고
요즘 것도 알아서 앞날을
예측할 수 있는 장점이 있습니다.
'예전처럼', '젊었을 때와 같이'를
고집하지 않고 변화를
긍정적으로 받아들이면
나이 들어서도 좋은 것들을
얼마든지 찾을 수 있습니다. ^^
나이, 나이듦, 청춘...
나는 과연 내 나이에 걸맞게 살아가고 있는가?

나이를 먹어 좋은 일이 많습니다.
조금 무뎌졌고,
조금 더 너그러워질 수 있으며,
조금 더 기다릴 수 있습니다.
무엇보다 저 자신에게...

멋지게 나이 들기 위해서는
첫째, 가족에게 베풀고
둘째, 자신에게 투자하고
셋째, 사회와 소통해야 하는데...
여러분은?

골프 실력도 태양같이 서서히 떠오른다

나를 위해 기도하게 하소서

기도하게 하소서. 나를 위해 기도하게 하소서.
남을 위해 기도하기 전에 나를 위해 먼저 기도하게 하소서.

남을 위해 눈물 흘리기 전에 나를 위해 먼저 눈물을 흘리고,
남을 사랑하기 전에 내가 먼저 사랑 받도록 하소서.

내 마음의 호수가 잔잔해야 배를 띄울 수 있고,
내 마음의 등불이 밝아야 길을 나설 수 있으며,
내 가슴에 사랑이 있어야 남의 사랑을 느낄 수 있지요.

남의 잘못을 보기 전에 나의 부끄러움을 알게 하시고,
남을 탓하기 전에 내 자신을 탓하게 하소서.

남 앞에 서기 전에 거울 앞에 내 모습을 비추어 보듯
남에게 말하기 전에 그 말을 나에게 먼저 해보고
그것이 아프면 부드러운 말로 고치게 하소서.

그러나 나를 향한 기도를 통해 내가 이기적이거나
교만하지 않도록 하시고,
언제나 겸손한 마음으로
남을 섬기고 진실로 사랑하게 하소서.^^

골프도 무상無常하다!

글을 마무리하는 시점에서 갑자기 무상이란 생각이 떠오릅니다. 이제 한 해가 가고 또 다른 새해가 오겠지만, 이 우주와 세월의 한없음에 어떤 큰 의미가 있을까요?

꽃이 지면 무상하다는 감상적인 생각이 들고 또 한 해를 보내며 세월의 무상함을 느낍니다. 그런데 이게 진짜 무상일까요? 골프도 이제 칠 만큼 쳤으니 골프도 무상하다고 생각이 드는 것은 어찌보면 당연한 건가요?

세상에는 영원불멸한 것은 없고, 이 세상 유일한 진리는 '모든 것은 변한다'는 것이라고 합니다. 어제와 오늘이 똑같지 않듯이 저도 많이 변한 것 같습니다. 세월의 무상함이 골프에서도 나에게 적용되는 것일까요?

'모든 것은 변화하고 있고 매순간 있다고도 없다고도 할 수 없는 생멸의 반복이다'라는 뜻이 무상입니다.

괴로움도 고민도 화도 많이 없어져 갑니다. 물론 나이 탓도 있겠지만 골프가 나에게 무상함을 일깨워 준 덕분입니다. "하나님! 저에게 골프를 주셔서 감사합니다"라는 말을 이해하게 되었습니다.

무상하다고 생각되니 돈이나 직책, 일, 건강 등 모든 것에 대한 욕심이 적어지는 것 같기도 합니다. 집착하지 않아서 그런가요? 하긴 뭐 때문에 집착해야 할까요? 그냥 내려놓으니 다 편해집니다.

이제까지 어리석고 불편하게 살아왔으니 이제 그만 벗어날 때도 되었지요! 사물과 현상의 무상함을 느끼니, 이제 보이는 것들이 재미있어 보입니다.

정말 득도를 했나요?

골프가 우리의 영혼을 맑게 정화시켜준다는 것을 느끼신다면 어느 정도 삶을 사신 분들이겠죠? 자신을 돌아보고 자신의 존재를 의식한다면 내적 성찰력이 크신 골퍼입니다.

디오게네스가 낮에도 호롱불을 들고 아테네를 찾아다닌 것은 내적 성찰을 한 사람을 찾는 것이었습니다.

골프장에 그가 왔다면 그런 사람을 많이 찾을 수 있었을 겁니다. 단지 골프의 역사가 짧아서 아쉽네요. 그리스 시대에 골프가 있었다면 인문학이 지금보다 훨씬 더 발전했을 겁니다.

영혼이 있는 골프...

골프에 무슨 영혼이 있겠습니까?

골프를 치는 우리들이 골프를 통해서 우리의 영혼을 맑고, 밝게 가꾸어야 한다는 의미로 해석해주었으면 합니다.

자기 스스로를 속이지 않고 기만하지 않는 일은 매우 중요하고 어려운 일입니다. 이 어려운 일을 극복하고 자신에게 당당하려면 골프를 치시기 바랍니다. 그 많은 유혹으로부터 벗어난다면 이제 당신은 행복의 길로 들어선 것입니다.

이 책이 여러분의 입가에 미소를 놀려수고 삶의 여유를 되찾아주기를 바랍니다. 골프로 인해 더 지혜로워지고 행복해지시기를! 그리하여 여러분의 영혼이 더욱 빛나기를!

이 모든 것을 바라면서...

고맙습니다. 그리고 감사합니다.

아들에게 보내는 글

1. 아들아!!!

약속 시간에 늦는 사람하고는 동업하지 말거라. 시간 약속을 지키지 않는 사람은 모든 약속을 지키지 않는다.

2. 아들아!!!

어려서부터 오빠라고 부르는 여자 아이들을 많이 만들어 놓아라. 그중에 하나, 둘은 말도 붙이기 어려울 만큼 예쁜 아가씨로 자랄 것이다.

3. 아들아!!!

목욕할 때에는 다리 사이와 겨드랑이를 깨끗이 씻어라. 치질과 냄새로 고생하는 일이 없을 것이다.

4. 아들아!!!

식당에 가서 맛있는 식사를 하거든 주방장에게 간단한 메모로 칭찬을 전해라. 주방장은 자기 직업을 행복해 할 것이고, 너는 항상 좋은 음식을 먹게 될 것이다.

5. 아들아!!!

좋은 글을 만나거든 반드시 추천을 하여라. 너도 행복하고 세상도 행복해진다.

6. 아들아!!!

여자 아이들에게 짓궂게 하지 말거라.

신사는 어린 여자나 나이 든 여자나 다 좋아 한단다.

7. 아들아!!!

양치질을 거르면 안 된다. 하지만 빡빡 닦지 말거라. 평생 즐거움의 반은 먹는 것에 있단다.

8. 아들아!!!

노래하고 춤추는 것을 부끄러워하지 말거라. 친구가 너를 어려워하지 않을 것이며 아내가 즐거워 할 것이다.

9. 아들아!!!

신을 찾아 보거라. 만약 시간의 역사(호킨스), 노자(김용옥 해설), 요한복음(요한)을 이해한다면, 서른 살을 넘어서면 스스로 서게 될 것이다.

10. 아들아!!!

어려운 말을 사용하는 사람과 너무 예의바른 사람을 집에 초대하지 말거라. 굳이 일부러 피곤함을 만들 필요는 없단다.

11. 아들아!!!

똥은 아침에 일어나자마자 누거라. 일주일만 억지로 해 보면 평생 배 속이 편하고 밖에 나가 창피당하는 일이 없다.

12. 아들아!!!

가까운 친구라도 남의 말을 전하는 사람에게는 절대로 속을 보이지 마라. 그 사람이 바로 네 흉을 보고 다닐 사람이다.

13. 아들아!!!

나이 들어가는 것도 청춘만큼이나 재미있단다. 그러니 겁먹지 말거라. 사실 청춘은... 청춘 그 자체 빼고는 다 별거 아니란다.

14. 아들아!!!

밥을 먹고 난 후에는 빈 그릇을 설거지통에 넣어 주거라. 엄마는 기분이 좋아지고 여자 친구 엄마는 널 사위로 볼 것이며 네 아내는 행복해 할 것이다.

15. 아들아!!!

양말은 반드시 펴서 세탁기에 넣어라. 소파 밑에서 도너츠가 된 양말을 흔드는 사나운 아내를 만나지 않게 될 것이다.

16. 아들아!!!

네가 지금 하는 결정이 당장 행복한 것인지 앞으로도 행복할 것인지를 생각해라. 법과 도덕을 지키는 것은 막상 해보면 그게 더 편하단다.

17. 아들아!!!

돈을 너무 가까이 하지 말거라. 돈에 눈이 멀어진다. 돈을 너무 멀리 하지 말거라. 너의 처자식이 다른 이에게 천대받는다. 돈이 모자라면 필요한 것과 원하는 것을 구별해서 사용해라..

18. 아들아!!!

너는 항상 네 아내를 사랑해라. 그러면 네가 네 아내에게 사랑받을 것이다.

19. 아들아!!!

심각한 병에 걸린 것 같으면 최소한 세 명의 의사 진단을 받아라. 생명에 관한 문제에, 게으르거나 돈을 절약할 생각은 말아라.

20. 아들아!!!!

5년 이상 쓸 물건이라면 너의 경제력 안에서 가장 좋은 것을 사거라. 결과적으로 그것이 절약하는 것이다.

21. 아들아!!!

베개와 침대와 이불은 가장 좋은 것을 사거라. 숙면은 숙변과 더불어 건강에 가장 중요한 문제다.

22. 아들아!!!!

너의 자녀들에게 아버지와 친구가 되어라. 둘 중에 하나를 선택해야 될 것 같으면 아버지를 택해라. 친구는 너 말고도 많겠지만 아버지는 너 하나이기 때문이다.

23. 아들아!!!

오줌을 눌 때에는 바짝 다가서거라. 남자가 흘리지 말아야 될 것이 눈물만 있는 것은 아니다.

24. 이들이!!!

연락이 거의 없던 이가 찾아와 친한 척하면, 다단계로 끌어들이려 함이다. 분명하게 "No"라고 말해라. 돈도 잃고 마음도 상한다.

25. 아들아!!!

네 자녀를 키우면서 효도를 기대하지 말아라. 나도 너를 키우며 너 웃으며 자란 모습으로 벌써 다 받았다.

■ 한빛은행 부행장 김종욱님이 작성하셨다고 합니다.

골프 총정리

골프란 무엇인가?

골프란 선仙이다.

사람人이 산山에 가서 도道 닦는 것이다.

골프 신선이 되기 위해서...

산의 의미를 안다면 이해가 더 쉬워지지 않을까요?

산이란

온갖 새들과 짐승들의 안식처입니다.

시끄러워도 조용해도

산은 말이 없습니다.

좋은 사람이 들어와도

싫은 사람이 들어와도

다 반겨줍니다.

산은 불평하지 않습니다.

산은 말이 없습니다.

어진 사람仁者은 산을 좋아하고

지혜로운 사람智者은 물을 좋아한다.

골퍼(Golfer)는 산을 좋아한다 & 물도 좋아한다.

仁者 樂山, 智者 樂水. 骨師 樂山 & 樂水

자연과 같이… 골프와 같이…

꽃과 바람

세상을 아름답게 살려면 꽃처럼 살면 되고
세상을 편안하게 살려면 바람처럼 살면 됩니다.

꽃은 자신을 자랑하지도 남을 미워하지도 않고
바람은 그물에도 걸리지 않고
험한 산도 아무 생각 없이 오릅니다.

구름과 세월

무심히 떠가는 흰 구름을 보고
어떤 이는 꽃 같다고 말하고
어떤 이는 새 같다고 말합니다.
보는 눈이 달라서가 아니고
서로의 생각이 다르기 때문입니다.

무심히 흐르는 세월을 두고
어떤 이는 빠르다고 말하고
어떤 이는 느리다고 말합니다.
세월의 흐름이 달라서가 아니고
서로의 삶이 다르기 때문입니다.

귀

저절로 열리고 닫히는 귀를 가졌으면 좋겠습니다.
남을 칭찬하는 소리엔 저절로 활짝 열리고
남을 욕하는 소리엔 금방 닫히는
그런 예쁜 귀를 가졌으면 좋겠습니다.
칭찬보다 욕이 많은 세상에 그런 귀를 가졌으면 좋겠습니다.

그때
사람들은 말합니다.
그때 참았더라면...
그때 잘 했더라면...
그때 알았더라면...
그때 조심했더라면...

훗날엔 지금이 바로 그때가 되는데
지금은 아무렇게나 보내면서
자꾸 그때만을 찾는다.
그렇기에
무지개는 잡을 수 없기에 더 신비롭고
꽃은 피었다 시들기에 더 아름답지.
젊음은 붙들 수 없기에 더 소중하고
우정은 깨지기 쉬운 것이기에 더 귀하지.

나 무

태풍을 막아 주는 나무
홍수를 막아 주는 나무
시원한 그늘을 만들어 주고 맑은 공기를 만들어 주는 나무
나무 같은 친구 하나 있었으면 좋겠다.
내가 먼저 누군가의 나무가 되었으면 좋겠다.

골 프

네가 있어서 고마웠다.
나를 알게 해주어서 고맙웠다.
이제는 "안녕"이라고 말해도 받아줄 너라서 좋다.
나를 나보다 더 알아 줄 고마운 벗이라서 좋다.

"이 책만 읽으면 골프가 잘 되나요?
드라이버도 똑바로 300야드 나가고,
아이언도 송곳 같고,
어프로치도 척척 붙고,
퍼팅도 쏙쏙 들어가고,
스코어도 식스 언더를 치는 기술이 들어 있나요?
그리고 마음도 평안해지고 행복해지나요?"

이 책은 골프 기술이 아니라 골프 철학이요
골프를 통한 인생 이야기
골프 유모, 골프 리더십, 골프 인간관계, 골프 인문학

골프 경영학, 골프 행복

이만하면 충분하지 않나요!

^♡♡^

영혼이 있는 골프 인문학

저 자 | 이석광 · 황복주
발행인 | 이구만
발행처 | 유원북스 도서출판
주소 서울특별시 마포구 토정로 198, 204호(121-130)
대표전화 (02) 593-1800
팩스 (02)593-1801
www.uwonbooks.com
출판등록 2011. 9. 6. 제25100-2012-3호

초판 1쇄 인쇄 | 2015. 9. 5.
초판 1쇄 발행 | 2015. 9. 10.

ISBN 978-89-97926-45-9 03190

정가 | 13,000원

편집 | 전충영
편집 디자인 | 홍익m&b
표지 디자인 | 우일미디어
인쇄 | (주)삼신문화
제본 | 광신제책사